Otfried Höffe

ARISTOTELES

亚里士多德

【德】奥特弗里德·赫费｜著　王俊｜译

中国出版集团
研究出版社

图书在版编目(CIP)数据

亚里士多德 / 奥特弗里德•赫费 著. 王俊 译. —— 北京 : 研究出版社, 2022.1

ISBN 978-7-5199-1163-8

Ⅰ. ①亚… Ⅱ. ①奥… Ⅲ. ②王… Ⅲ. ①亚里士多德（Aristotle 前384-前322）—哲学思想—研究 Ⅳ. ①B502.233

中国版本图书馆 CIP 数据核字（2022）第 006120 号

出 品 人：赵卜慧
图书策划：丁　波
责任编辑：张　琨

亚里士多德

出版发行：研究出版社
地　　址：北京市东城区华腾灯市口商务楼五层
电　　话：010-64217619　64217612（发行中心）
经　　销：新华书店
印　　刷：北京中科印刷有限公司
版　　本：2022 年 1 月第 1 版　2022 年 1 月第 1 次印刷
开　　本：880 毫米 ×1230 毫米　1/16
印　　张：27.125
字　　数：300 千字
书　　号：ISBN 978-7-5199-1163-8
定　　价：68.00 元

教育部哲学社会科学研究后期资助项目

即便是在为数不多的伟大哲学家中，亚里士多德也应当享有一个特殊的地位。中世纪晚期他被称为“神一样的亚里士多德”（普罗克洛）。中世纪，从阿尔·法拉比，经由大阿尔伯特，直至托马斯·阿奎那，直接把他看作“哲学家”的代名词。众所周知，黑格尔向他表达了极高的敬意；在海德格尔和分析哲学那里情况也类似。最近，在哲学的行动理论和伦理学中、在论题学和修辞学中、在政治哲学中、在社会理论中，特别是在本体论中，也有了亚里士多德的朋友。

奥特弗里德·赫费，荣休哲学教授，图宾根大学政治哲学研究中心的带头人。他在 C.H.Beck 出版社出版的作品有：《全球化时代的民主》(1999，简装本 2002)，《经济公民，国家公民，世界公民》(2004)，《康德的纯粹理性批判》（2004 第四版，简装本 2011），《哲学简史》（2001，简装本 2005），《伦理学读本》（2012 第五版），《正义》（2010 第四版），《生活艺术与道德，抑或：美德使人幸福？》（2007），《伦理学辞典》（主编，2008 年第七版），《民主能够实现吗？》（2009），《托马斯·霍布斯》（2010），《康德的实践理性批判》（2012），《伦理学》（2013），《伊曼纽尔·康德》（2014 年第八版）以及《道德权力》（2014）。

奥特弗里德·赫费，由于他那些具有文学声望的科学论著，获得了巴伐利亚文学奖（卡尔·沃斯勒奖）。

从亚里士多德开始……

献给伊芙琳

ARISTOTELES
亚里士多德

目录 CONTENTS

四. 伦理学和政治学

目录 CONTENTS

引文缩写方式[1]

An.	De Anima （Peri psychês）: Über die Seele,《论灵魂》
An. post.	Analytica posteriora （Analytika hystera）: Zweite Analytiken,《后分析篇》
An. pr.	Analytica priora （Analytika protera）: Erste Analytiken,《前分析篇》
Ath. pol.	Athênaiôn politeia: Staat der Athener《雅典政制》
Cael.	De Caelo （Peri ouranou）: Vom Himmel《论天》
Cat.	Categoriae （Katêgoriai）: Kategorien《范畴篇》
EE	EthicaEudemia （Ethika Eudêmeia）: Eudemische Ethik《优苔谟伦理学》
EN bzw. Ethik	Ethica Nicomachea （Ethika Nikomacheia）: Nikomachische Ethik《尼各马可伦理学》
Gen. an.	De Generatione Animalium （Peri zôôn geneseôs）: Über die Entstehung der Tiere《论动物的生成》
Gen. corr.	De Generatione et Corruptione （Peri geneseôs kai phthoras）: Vom Werden und Vergehen《论生成与消逝》
Hist. an.	Historia animalium （Peri tôn zôôn historiai）: Tierkunde《动物志》

1 这里的“引文缩写方式”是按德文原书翻译的，是亚里士多德主要著作书名的惯用缩写、拉丁文和希腊文书名，德文书名，以及中文译名，在本书正文中所有亚里士多德作品的书名缩写也都被译成了中文，此处仅供读者在进行相关文献阅读时查阅。——译注

Int.	De Interpretatione （Peri hermêneias）: Hermeneutik《解释篇》
Mem.	De Memoria et Reminiscentia （Peri mnêmês kai anamnêseôs）: Über Gedächtnis und Erinnerung《论记忆与回忆》
Met.	Metaphysica （Ta meta ta physika）: Metaphysik《形而上学》
Meteor.	Meteorologica （Meteôrologika）: Meteorologie《气象学》
MM	Magna Moralia （Ethikôn megalôn）: Große Ethik《大伦理学》
Mot. an.	De motu animalium （Peri zôôn kinêseôs）: Über die Bewegung der Tiere《论动物的运动》
Part. an.	Departibus animalium（Peri zôônmoriôn）: Über die Teile der Tiere《论动物的部分》
Phys.	Physica （Physikê akroasis）: Physik《物理学》
Poet.	Poetica （Peri poiêtikês）: Poetik《诗学》
Pol.	Politica （Politika）: Politik《政治学》
Prot.	Protrepticus （Protreptikos）: Einführungsschrift《劝学篇》
Rhet.	Rhetorica （Rhêtorikê technê）: Rhetorik《修辞学》
Soph. el.	Sophistici Elenchi （Peri sophistikôn elenchôn）: SophistischeWiderlegungen （= Topik IX）《辩谬篇》［=《论题篇IX》］
Top.	Topica （Topika）: Topik《论题篇》

希腊语文本的引用依据的是《牛津古典文本》（Oxford Classical Texts）的版本。文本引用按照如下模式：Met. I 1, 981a15，亦即《形而上学》卷I，第1章，页码981a（按照权威的Bekker版本），第15行。

前言

本书介绍了一位哲学家，即便在伟大哲学家这个小圈子中，他也应占有一个特别的地位。在古代晚期，他被称为“神一样的亚里士多德”（普洛克罗斯）。在中世纪，从阿尔•法拉比到大阿尔伯特乃至托马斯•阿奎那，他直接被视为“哲学家”的代名词。莱布尼茨也谈到他关于自然哲学基本概念的说法，说这些说法“在最大程度上是完全正确的”。

亚里士多德的权威在他身后几十年未曾受到严肃挑战，但在两千年之后——特别是在十七、十八世纪却受到了全面的攻击。这种攻击始于物理学领域（关键人物：伽利略）；并在基础哲学（笛卡尔）和政治哲学（霍布斯）中被向前推进，经过先验哲学（康德）而被强化，除此之外也囊括了伦理学和美学，最终在19世纪末期蔓延到逻辑学。尽管如此，亚里士多德却并未过时。众所周知，黑格尔曾经向他致以崇高敬意；相似的故事也发生在布伦塔诺和海德格尔那里，以及卢卡西维茨[1]和分析哲学那里。甚至在诸如达尔文那样的伟大的生物学家那里，他也享有很高的声望。近来尽管对于亚里士多德的一些观点——比如从本质主义到目的论乃至幸福原则的批评风靡一时，但是在哲学的行为理论和伦理学、论题学和修辞学、政治哲学、社会理论乃至本体论中又有了亚里士多德的支持者。

肯定不能指望每位哲学学习者都能够了解亚里士多德，因此在这里我将尝试做一个全面的推介亚里士多德的引论。由此，关注点将指向一场超越历史距

1 卢卡西维茨（Jan Lukasiewicz,1878–1956），波兰哲学家，与塔斯基同为华沙学派的代表人物。——译者

离的哲学对话。因为如果人们不去考虑事实问题，而只是重复给出纯粹的教条观点，这将索然无味。除此之外，人们恰好总是在亚里士多德这里被引向他所哲思的那些对象。因此，我们感兴趣的是，在这里亚里士多德以其论证方式所谈论的内容，以及他的直观、概念、论据或者至少其哲思的方式保留下来的东西。与亚里士多德的讨论还有助于进一步达到具有两个面向的清晰画像，既面向古代，同样也面向现代。并且还有向现代人开启出一种值得考虑的可能性。

对于一位具有像亚里士多德那样声望的作者来说，研究评论汗牛充栋，但是对此不必害怕。对其中许多文本的阅读都无须特别的准备。对这些思想的表达通常都是如此生动鲜明，以至于只需要一点好奇心和耐心，就可以理解它们。一些文本甚至可以像一本小说一样从头到尾地浏览；但是人们不可以像读侦探小说那样一章一章地囫囵吞枣。初学者应该从《形而上学》（特别是第一章，第1至2节）以及《尼各马可伦理学》（特别是第一章，第1至6节）的引论部分着手，然后可以转向《动物志》的开头部分（第一章第1节）、《范畴篇》的第一章，可能还有《物理学》的开头部分。也有一些比较困难的文本（比如《论灵魂》第三章第5节、《形而上学》第七到第九章、《解释篇》第12至14节、《尼各马可伦理学》第七章，第1至11节），另外一些章节则只有具备了基础知识才能被解读（比如《形而上学》第十三至十四章），并且还有一些人们还不甚明了或者尚有争论的地方，这几乎都是情理之中的。

本书的许多灵感来自一系列课程，在此要感谢我的学生和同事，特别是Christoph Horn博士、Christof Rapp博士，以及Rolf Geigers硕士。

一."哲学家"的代名词?

1 生平与著作

Pantes anthrôpoi tou eidenai oregontai physei：求知是人之本性。这句话是西方最著名的论著之一、亚里士多德的《形而上学》中的首句，这句话不仅指明了人及其认知，同时也揭示出了作者的特质。照此标准，就如这种人类学式的要求，即出自本性的求知欲所真切表达的那样，亚里士多德不仅是一位杰出的思想者，同时也是一个伟大的人。

1.1其人

我们只能带着惊叹之情极为简略地介绍他的品性和生平。仅有的文献来自遗嘱、各种信件和诗歌，以及出自斯塔吉拉、德尔斐[1]和雅典的荣誉政令。但是这些古代的生平描述的可信度有限。后人所撰写的部分，时而依据亚里士多德支持派的倾向，时而依据亚里士多德反对派的

1 斯塔吉拉（Stageira）是亚里士多德的出生地；德尔斐（Delphi）是希腊南部的一个小城，阿波罗神庙所在地，在古希腊被认为是各城邦的宗教中心。——译者

倾向。最著名的文本出自第欧根尼·拉尔修[1]的《名哲言行录》（约公元220年，第五章第1节）。此文本把事实和那些并不总是善意的虚构混淆在一起（参看Düring 1957）；对亚里士多德是这样描述的："他说话时有些口齿不清，腿脚也有些不灵便，小眼睛，但是穿着体面，总是戴着戒指、抹着发油。"

亚里士多德事实上是否具有纨绔子弟的派头，已经无法考证，但是接下来这点在很大程度上是可以确定的：他的一生所处的年代，乃是大量希腊人生活于其中的社会形式丧失了自由的城邦共和国形式、丧失自由度的时期。公元前338年，菲利普二世在开罗内亚［Chaironeia］击败了雅典人和底比斯人［Thebaner］[2]，亚里士多德经历了这次失败。并且他也是菲利普的儿子亚历山大大帝的同时代人。时光飞逝，伯里克利的时代（公元前443至前429年）已经远去了，在那个时代雅典人将他们的政治统治与文化的高度繁荣结合在一起，像伊克提诺斯［Iktinos］和菲底亚斯［Pheidias］这样的艺术家完成了雅典卫城的建筑，索福克勒斯创作了他的悲剧，比如《安提戈涅》和《俄狄浦斯王》，而像阿那克萨哥拉和普罗泰哥拉这样的哲学家也在雅典声誉日隆。

公元前384年，亚里士多德出生于斯塔吉拉［Stageira/Starro］，一

1 第欧根尼·拉尔修（Diogenes Laërtios，希腊文：Διογένης Λαέρτιος, 拉丁文：Diogenes Laertius）是古希腊晚期的哲学史家，公元220年前后撰写过10卷本的希腊哲学史。——译者

2 这里指的是公元前338年，来自巴尔干半岛的国王菲利普二世（Philipp II）在开罗内亚战役中击败了希腊诸城邦。——译者

个位于希腊东北部的小城邦。不像柏拉图那样是雅典上层贵族的后裔，亚里士多德甚至连雅典公民也不是，他只是雅典的无公民权的市民：一个有“居住许可”但是没有政治权利的外邦人。然而他不同于普通的外邦人。他的父亲是马其顿宫廷的御医，作为名门望族的一员，亚里士多德接受了优良的教育——在他父亲早逝之后，他的教育是由一位监护人照管的。可能是由于宫廷里的紧张形势，公元前367年，十七岁的亚里士多德到了希腊的文化中心雅典，向柏拉图求学。柏拉图的学派，即学园［Akademie］，远远超过单纯意义上的公共的“知识训练场”；对那个时代的科学家和哲学家们而言，它是知识的麦加圣地，是一个城邦间的汇聚点、一个时至今日几乎无法重现的理论与研究完美统一的典范。

在其后的二十年间，即“第一次雅典驻留”（公元前367–前347年）期间，亚里士多德熟知了那些出自柏拉图对话，包括后期对话的问题。此外他还追随学园的其他成员学习，比如斯彪西波［Speusipp］，色诺克拉底［Xenokrates］和克尼多斯的尤多克索斯［Eudoxos von Knidos］。然而他当“学生”的时间并不长；在与柏拉图及其同伴的争论中，他很快就发展出了自己的观点。有点类似于知识上的扫罗到保罗的转变经验[1]，这个突然之间的开悟——从柏拉图的追随者转变为柏拉图的批评者，其原因并不为人所知。同样我们未能知晓的还有其哲学上

1 扫罗在斯提反和耶稣的感召下皈依上帝，改名为保罗，参看《圣经》中的《使徒行传》。——译者

的转向，这个转向让晚期亚里士多德或者亚里士多德二世与早期亚里士多德即亚里士多德一世对立起来。因此，亚里士多德的知识传记特别需要力求客观。

在第一次雅典驻留期间，亚里士多德就已在一个讲堂里授过课，

插图1：柏拉图。
依据公元前4世纪中期出现的雕像在提比略王（Kaiser Tiberius）时代所做的复制品（慕尼黑，Glyptothek博物馆）

这个讲堂有一块黑板和其他设施，还有两块壁画和天文学板书（《解释篇》13，22a22；《尼各马可伦理学》II 7，1107a33；《优苔谟伦理学》II 3，1220b37；《前分析篇》I 27，43a35；参看Jackson, H. 1920）。在这个时期出现了内容丰富的材料汇编，首先是自然哲学（“物理学”）、基础哲学（“形而上学”）、伦理学、政治学以及修辞学的最初构想。而那些后来被人们整理进《工具篇》的逻辑学和科学著作以及《诗学》，是否也是在这个时期产生的，尚有争论。

学园的建立者和领导者是柏拉图，他比亚里士多德年长四十五岁，这有点近似柏拉图本人比苏格拉底年轻的岁数。我们还没有关于这位“学生”与他的“老师”之间关系的确切材料。很可能亚里士多德抱有的反对柏拉图的感觉非常类似于柏拉图反对荷马的感觉。亚里士多德在《尼各马可伦理学》（I 4, 1096a11–17）中对柏拉图的批判，其开头部分非常类似于柏拉图在《国家篇》中所做的对荷马和诗人的批判（X, 595b；参看涉及苏格拉底的《裴多篇》91b以下）：“而那样一种研究并非我们所愿，因为正是这些朋友引入了这些观念。但是……必须去拯救真理，不要顾及自己的感觉，因为我们是哲学家……。”后来由此引出了这句名言“amicus Plato, magis amica veritas”，被翻译成：“吾爱柏拉图，但更爱真理”。一个与此类似的评价与批评的结合，也曾被用于苏格拉底（比如《形而上学》XIII 4，1078b17–31；《政治学》II 6, 1265b10–13）。这应该是一件幸事，先是柏拉图之于苏格拉底，后是亚里士多德之于柏拉图，因此连续两次都是一位杰出的哲学家在传承中追随着另一位杰出的哲学家进入其理论，并且在后者深思熟虑的观点的基础上探索出自己的观点。

亚里士多德因为是一个无公民权的外邦人，因此他无法参与城邦的事务，但他却建立了一门独立的关于政治的科学。不过他也没有完全回避政治实践：他接受了在马其顿和不同希腊城邦之间斡旋的任务，“雅典公民们”在一处碑文上对此表达了谢意（杜林：《古代传记传统中的亚里士多德》，1957，第215页）。对于在柏拉图那里很著名、最后失败了的哲学家的政治天职，亚里士多德抱有怀疑，但是他也曾怀有类似的使命感，然而并非是为了政治哲学的“自然”推进。

总的看来，亚里士多德专注于他的学习、自己的研究和独立的课程。如果人们相信那些说法，那么他是一个极富幽默感的演说家，上课清晰而极具吸引力。作为一个勤奋的读者，并由此而成为收藏家和分析家，他可算是一个博学教授的典范，然而同时他又不是那种隐遁避世的样子，而是积极入世的，甚至可以说洞悉时事。这种洞悉在他的智识领域内就可见一斑。亚里士多德不仅熟悉他所属的“学派”，即柏拉图和学园派的观点，同样也熟知智者学派、前苏格拉底哲学家们以及医学家们的著作，此外他还熟知希腊的抒情诗、史诗和戏剧，尤其熟悉当时著名的宪法。

公元前347年柏拉图去世后，他的侄子和继承者斯彪西波（Speusipp，公元前410–前339）被确定为学园的领导者。三十八岁的哲学家亚里士多德则离开了雅典，他的离去并非出于恼怒，而是由于政治上的危险——他是马其顿人的朋友，而马其顿威胁到了希腊的自由。由于政治上的麻烦，他不得不颠沛流离，他的人生因此不再平静，就像人们面对一本精彩的著作时所期待的那样。即使在不利的情况下仍然坚持他的人生使命、他的研究，亚里士多德的这种能力是令人称道的。

接下来十二年的“游历时期”（公元前347–前335/4）他是与其他学园成员一道度过的，最先是同一个早先的同窗一起，即来自阿塔纽斯的赫米亚斯［Hermias von Atarneus］。这位小亚细亚城邦阿索斯［Assos］的君主慷慨地为他提供了一切生活必需品，因此亚里士多德能够不受干扰地投身于哲学与科学。可能就是在阿索斯他认识了他晚期的同事和朋友，即来自埃勒索斯的泰奥弗拉斯特［Theophrast von Eresos，约公元前370–前288］。这位哲学家与赫米亚斯的妹妹（或者侄女）皮蒂娅［Pythias］结婚，并同她有了一个同名的女儿，晚一点又有了一个儿子尼各马可［Nikomachos］。在离开雅典的这些年月里，亚里士多德收集了大量的动物学材料，这些材料连同对它们的研究造就了他作为杰出动物学家的声誉。

在公元前345年赫米亚斯去世之后，他前往莱斯沃斯岛［Lesbos］上的米蒂利尼［Mytilene］。两年之后他应菲利普国王的请求，接受了教育十三岁的亚历山大的任务。这是一个无与伦比的场景，一位最伟大的哲学家接受了教育一位后来最伟大的君主的任务。但是在亚里士多德流传下来的著作中，从未有过关于这位不寻常学生的只言片语。而他应该写过一篇名为《亚历山大或论殖民地》的文章，并且应当引导了他的这位学生了解希腊文化。比如说，他制作了一个荷马的《伊利亚斯》的抄本，亚历山大作为剧中英雄阿喀琉斯的崇拜者在远征途中都带着这个抄本。亚里士多德也力主让一些希腊科学家陪伴在亚历山大身边，以期

插图2：亚历山大大帝和大琉士之间的战争
局部：亚历山大（庞贝，伏恩斯建筑。可能依照来自埃雷特雷亚的
菲罗克西诺斯［Philoxenos von Eretreia］的作品复制）[1]

在他实现军事目标之外，也产生对文化和科学的兴趣。

与此相反，一封只以阿拉伯语流传下来的致亚历山大的信应该不是真实的（Stein：《亚里士多德与世界城邦》，1968）：作为最古

1 这是指发生于公元前333年的伊苏斯之战，作战双方是亚历山大大帝和波斯王大琉士三世，最终大琉士战败。庞贝是位于意大利坎帕尼亚地区的古城。建于公元前2世纪的占地2490平方米的伏恩斯建筑是城中最著名的遗迹，建筑中又以表现伊苏斯之战的镶嵌画最为有名，据说这幅画是根据公元前4世纪希腊画家菲罗克西诺斯的同名壁画复制的。——译者

老的君主劝谏之一，在文中质询了亚历山大在以下的问题上：关于与臣民的关系，关于希腊诸城邦的建立，以及人们是否应该强迫波斯贵族迁移。一种世界国家或宇宙城邦的观点在这里达到极点（参看本书15.3）。

大约在其"游历时期"的末期，亚里士多德接受了来自德尔斐的一项委托，即为寓言比赛中的获胜者立一份名单。他得到这个充满荣誉的任务，说明了他在科学上的声望；而他完成了这项任务，则再一次证明了他在智识上广泛的好奇心；在其他研究方面，他在此时还完成了一些历史著作。由于他的成就，他被授予一项荣誉称号，但是在公元前323年的反对马其顿暴乱中，这项荣誉称号又被撤销了。

通过公元前335年的底比斯［Thebens］平叛，希腊人对马其顿人的反抗活动被平息了，在这之后年近五十岁的亚里士多德回到了他以前受教育的地方。"第二度雅典驻留"时期（公元前335/334–前322）开始了。就在三、四年之前，人们选择了一位哲学家色诺克拉底做了柏拉图学园的掌门人，而亚里士多德在知识、洞察力和头脑灵活性上都远胜这位掌门人。这次选择导致了学园的最终分裂，这个情况当时并未立即出现，但却是可以想见的。至少亚里士多德在接下来的十二年间一直在位于吕卡贝托斯山［Lykabettos］上的吕克昂（Lykeion/Lyceum）学园执教，这是一所任何人都可以进入的知识训练场所。由于其建筑风格，它也被称为回廊［Peripatos］，起源上看这个词的意思是"散步"，而后来也意指"深思的回廊"、"漫步和讨论的大厅"。

当时是否有一个围聚在亚里士多德周围的圈子，团结为一个教学与研究的共同体和工作团队，这一点尚不明确。而具有固定的学习计划、具备考试和学术等级的综合性大学肯定尚未出现。在正式意义上建立学校并非一蹴而就，因为对一个像亚里士多德那样的外邦人而言，购买地产就是被禁止的。总之，在有“民族国家”思想倾向的雅典，他始终是一个遭受怀疑的外国人，并且在智识领域中也始终是一个居于人下的外邦科学家。亚里士多德为吕克昂建立了在当时的情形下可算极为庞大的图书馆，并备置了规模可观的设备。这位哲学家坚持了他所熟悉的源自柏拉图学园的教学与研究的统一，因此在开放的演讲课过程中，他修正了他早先的构想并且将他的教学文本广为传播。此外他还分析了之前收集到的材料。尤其是他还组织了研究工作，将某些研究领域分派给朋友和同事，比如分派给泰奥弗拉斯特［Theophrast］，来自罗德岛的优苔谟［Eudemos von Rhodos］以及枚农［Menon］。

在公元前323年6月亚历山大去世之后，亚里士多德又一次离开了雅典。尽管确切地说，他的政治哲学实际上是与马其顿的方式相对立的，但是他害怕自己成为反马其顿颠覆活动的牺牲品。此外他还被控渎神，以前苏格拉底就是因此被杀害。鉴于那位“当时人间最杰出、最智慧且最正义的人”（柏拉图：《裴多篇》118a）的命运，他已有充分的理由逃离这座城市，他不能让这种情形再度发生，即雅典人第二次在反对哲学上犯下罪孽（伊良：《各种历史》［Aelian, *Varia historia*］III,36）。亚里士多德搬回了他母亲的故乡埃维厄岛［Euboia］上的卡尔基斯［Chalkis］。不久之后，公元前322年的10月，六十二岁的他死于不明疾病。

插图3：苏格拉底。
根据一幅希腊肖像的复制品［罗马，阿尔巴尼庄园（Villa Albani）］

在他的遗嘱中（第欧根尼·拉尔修，第五章1，11–16）我们看到了一个心思周全、为了他的随从们的幸福生活操心的人。安提帕特［Antipater］作为马其顿的统帅以及亚历山大大帝在希腊的总督被确定为遗嘱的执行人，泰奥弗拉斯特被确定为吕克昂学园的继承人。亚里士多德表达了这样的愿望，就是要安葬在他的妻子皮蒂娅旁边，并且通过随员和仆人实现了这一指令。

罗马帝国时期有亚里士多德的半身塑像流传下来，这些塑像都源于一个来自希腊的原创品，这个原创品是亚历山大大帝的宫廷雕塑家吕西普［Lysipp］奉君主之命完成的。雕塑所表现的亚里士多德大约六十岁时的样子，留着长胡子，有着宽阔的嘴和厚实的下唇，并且作为拥

插图4：亚里士多德。
根据公元前4世纪晚期雕塑的罗马时期复制品
（维也纳，艺术史博物馆）

有惊人的知识和精神专注力的标志，他还有一个格外突出的额头。在古代流传的传记中可以找到的他的绰号有"阅读者"（*anagnôstês*: Vita Marciana 6），以及"（系统）探讨之精神"（*noûs tês diatribês*: 菲洛波诺斯［Philoponos］,《世界的永恒性》［*De aeternitate mundi*］VI 27）。

1.2 著作

第欧根尼的亚里士多德著作目录共有146个书名。其中缺了两种在我们看来最重要的著作：《形而上学》和《尼各马可伦理学》。如果他的篇幅说明可信的话，就是445270行，再算上没有被收录的两部著作，从数量上看，我们可以发现一种简直难以置信的创造力，换算为卷数的话，按每卷约300页算，他的毕生著作共有45卷。但是因为他的著作没有像柏拉图的著作那样被精心保护下来，因此迄今还留存的篇幅较大的只有十卷，这看起来还不到他著作总篇幅的四分之一（关于亚里士多德著作的古代目录，参看Moraux 1951）。

亚里士多德的作品可以分为三类。一些文辞较为考究的文本是面向一些受过教育的外行人。因为这些接受者处于学园"之外"，所以这些文本被称为公开文献，换句话说，因为它们面向的是一个较大的圈子，所以也被称为普及性文献。一些关于哲学普及的著作也属于此类，比如《劝学篇》（*Protreptikos*），此外还有很多对话如《论哲学》《论公正》《政治学》和《论诗人》。除了这些"通俗作品"之外，还有

“专业文本”，这些教学文本也被称为未公开作品或者秘传文献，因为这些文本针对的是学园“之内”的学生和同事。奇怪的是，这些专业文本在处理一些核心论题时都是极为简短的。这一点可以如此解释，即亚里士多德在这里也采取了与公开文献一样的立场，并且预先就有了这样的认识：文本总归是要适应在“书籍市场”上流通的。第三类乃是一些研究材料的汇编：关于早期哲学家的理论观点，关于自然研究（特别是关于动物学）以及关于政治、关于谚语、荷马史诗的争论问题，等等。关于“悲剧竞赛”的演出资料集，也就是所谓的曲目集［Didaskalien］，已经遗失了；而最为著名的有关158种希腊宪法的集子，很遗憾只有雅典宪法还为人知。

如果人们将现存的亚里士多德著作与柏拉图的著作相比较，就会发现以下这一点，即在亚里士多德那里，除了少数几个残篇之外，所有著作，特别是文学类型的篇目在希腊晚期就佚失了；而在柏拉图那里则相反，我们熟知的部分恰好就是语言艺术作品和对话。对于这种传承的情形，人们只能以历史的变迁做出回应。因为亚里士多德对话终究没有像柏拉图的对话那么杰出，所以它们没有流传下来。尽管对希腊文化传播极为重要的人物西塞罗似乎特别倚重亚里士多德的对话，但是也不容否认的是，那些较晚的模仿柏拉图对话艺术的尝试，除了亚里士多德和西塞罗外，比如奥古斯丁，或者阿伯拉尔、奥康、伽利略、休谟或者莱布尼茨，几乎都没有达到柏拉图的水准。

那些被认定为应学园的教学需求而写的著作情况有所不同。作为讲座文本和讲究整体布局与修辞的作品之间的一个中间层次，这类著作为一种文本类型做了准备，这类文本被毫无困难地模仿，并且就今天的科学和哲学而言，仍然还是通行的形式。现在据我们所知，亚里士多德在这些著作中记下了他的主要思想。对于其传承的情况来说，由此可以得出第三个、现在看来并非是停留于表面的原因：哲学的需求，以及传承那些对话的需求，已经不复存在了。尽管如此，这些对话的失传仍然让人扼腕。一方面搞清楚亚里士多德思想中的哪一些更受广大读者的青睐，是一件很有意思的事。另一方面，人们也乐于去了解其著作的文学水准，西塞罗赞美了其著作中“如黄金之流般的言辞”（flumen orationis aureum:《学园》［*Academica* ］II，119），他指的是一种本来不甚高雅的日常语言中所包含的韵律上和句法上精心修饰的风格。

这些文本中可能只有《动物志》的设计是针对广大阅读者而非听众的。《前分析篇》和《尼各马可伦理学》也是如此精心的撰写的，没有思想上的跳跃或者纯粹的概述——这两个特点在其他教学文本中都能找到。著作中最大的部分是亚里士多德的学园教学笔记（Pragmatien Kolleghefte）：这些文字并不是为了发表而写的，而是为了备课或者是在课上所做的记录。很可能其中的大部分都是依据最初的记录进行了大幅度的改动，主要是亚里士多德自己的修正，有的部分是由泰奥弗拉斯特和其他学生进行的修订。在修订中，不同的层面以及重新编排、附录、注脚和文献出处都被考虑到了。而有一些文本是由亚里士多德本人最终编辑的，除了《尼各马可伦理学》还有诸如《范畴篇》《论题篇》和《前后分析篇》。值得注意的还有，在一些标题下有不同的文本，比如关于伦理学有《尼各马可伦理学》《优苔谟伦理学》和《大伦理学》

（其可靠性尚存争议）。

随着这些教学文本的流传推广，形成了一门高深的语文学，这种研究具有极强洞察力但也不乏争议，其中包括了确定年代的尝试、对文本发展过程的推测以及对文本的完善（残本补正）。但是这项工作却带有一种危险，即忽视了其中根本上的哲学内涵。并且尽管研究成果已经相当丰富，但是著作的年代顺序时至今日仍有争议，能够确认的只有以下这些：最早的篇章之一《论题篇》不仅先于《范畴篇》，也先于《前分析篇》完成；早期著作还包括《修辞学》，可能还有《诗学》；关于生物学和形而上学的著作采用了涉及逻辑学和证明原理的早期形式（这种形式《论题篇》就包含了），而《分析篇》则体现出较为成熟的技巧；在生物学范围内，《论动物的生成》是最后一部著作；而在本体论范围内，《范畴篇》则比核心著作《形而上学》出现得早；在实践哲学的范围内，《尼各马可伦理学》可能是晚于《政治学》完成的。

由于亚里士多德只能求助于有限的几位前人榜样，因此他可以算是那种朴实风格的科学论文的创作者之一。除此之外，他也是众多专门术语的发明者，这些术语通过拉丁语翻译成为哲学术语的固定组成部分。而随之出现的僵化则与他无关。他的专业词汇是从很多问题中提取出来的；关于范畴，他提出的是“是什么”“多大”“何种形式”“在何处”；关于运动的原理，他说的是“来自何处”“是什么”“因何而来”以及“意欲何为”。无论如何，亚里士多德所探寻的不是哲学上的技术术语，而是精确表达和区分，有时还有对来自日常语言的常用表达的改进。通过这种方式，他获得了一种灵活的、完全非学院式的文风。

亚里士多德的论著大部分时候都很明晰、简短、重点突出，并且充满变化——除了某些公式化的措辞。有时候我们甚至能够发现那种备受西塞罗推崇的风格，比如说《形而上学》第七章的有些部分和《政治学》的某些部分，以及《论动物的部分》中第一章第5节（这里指的是644b22–645a36）。就如同笔记中常见的那样，这些文本一般都书写得比较密集，经常会写成弧形，以便加入一些插入部分；其中也会有一些不连贯之处，有的关联也不甚清楚。对于其他哲学家，人们可能会整段整段地、甚至可能是一章节一章节地阅读，而面对像亚里士多德这样简洁精确的思想家，就要一行一行、一个字一个字地研读。人们须得阅读他，分析他并再次阅读他，由此才能与他共同思考。只有通过这种共同思考，人们才能够领会那些只是隐含其中的证明，并将之补充完整，并且通过对哲学生活的直观经验和追加的相关思考（比如"这究竟说明了什么？"）唤醒那些"干巴巴的"章节。接受这个挑战的人会有一种哲学向他开启，这种哲学在论题的宽广程度、现象的丰富程度、概念的精确程度以及沉思的力度上都是绝无仅有的。

令人遗憾的是，从无与伦比的著作到通俗文本，在亚里士多德去世后不久在知识界很大程度上变得无人问津。大约三个世纪之后第一个较为细致的教材版本才在罗马出现。出版者是来自罗德岛的安德罗尼科，他按照古代的流传，所依据的是几经曲折才到达罗马的原始手稿（参看17.1节）。这个版本确立了整体上未中断的亚里士多德传承传统的基础；它与我们现在有的《亚里士多德文集》大致上是相同的。通过安德罗尼科的编辑，亚里士多德的教学文本很快变得极为有名，并且在安德罗尼科的手上以及之后、特别自公元二世纪之后被作了大量的注解。而人们不应忘记，与对柏拉图的注解不同，对于亚里士多德没有连续的注解传统，对他的注解源自罗马帝国时期。

文本流传的历史还有一个重大的后果：对著作的体系化排序以及将文本分成四个部分并非出自作者本人，而是出自编者。在合乎逻辑地构造哲学体系的理念指导下，安德罗尼科将（1）逻辑学文本和科学原理文本放在开端部分，将之作为入门基础知识。接下来值得注意的包括（2）伦理学和政治学，修辞学和诗学。这个部分之后接着的是（3）自然哲学（包括心理学）的文本。处于结尾部分是（4）关于第一哲学的文本，第一哲学被安置在自然科学、物理学之后（希腊文：*meta*），被称为“后–物理学”（Meta–Physik，形而上学）。另一方面，这种排序在某种程度上符合古代的标准划分：逻辑学–伦理学–物理学，而关于这一点，亚里士多德其实已使用过物理学–伦理学–逻辑学这个顺序（《论题篇》I 14,105b20以下）。安德罗尼科的第二个部分即伦理学，后来被放到最末的位置，自此以后一直居于最末且常常不引人关注，这一点在不少哲学家那里都有反映，相对于理论哲学，实践哲学大体上是受轻视的，然而在亚里士多德那里这二者并没有被区别对待。

尽管中间略有变动，但安德罗尼科的体系理念仍然留存了下来。这个理念一次次地成为僵化的亚里士多德主义的出发点；除了最初在15世纪、之后在19世纪开展的具有创造性的文本编辑和研究工作之外，这个体系理念还引导着直至当代的诠释。一个针对这个体系理念的尖锐异议提出了一个新的诠释，重新划分了其发展历史，这个异议出自语文学家维尔纳·耶格尔［Werner Jaeger］的两本著作（《亚里士多德的形而上学发生史研究》，柏林1912年，以及《亚里士多德：发展史纲要》，柏林 1955年第二版）。在19世纪历史主义思潮的激励下，耶格尔在亚里士多德的著作中看到了知识发展的后果，这个发展过程被很清晰地分成三个阶段：求学时期、游历时期和大师时期。第一次雅典驻留时期是知识教育的青年时期，即"学园时期"，哲学家亚里士多德代表了柏拉图的观点，他可以说是一位"理念论者"。在离开雅典的岁月里，即"游历时期"里，他与这些观点越来越疏远；在返回雅典之后，即在"大师时代"，有一个想法产生并成熟起来，即只从事那些被以现象学方式和经验方式定位的研究。简而言之：理念论的形而上学在实在论和经验主义面前退却了。

同样的解释模式当时也被用于柏拉图，K.F.赫尔曼（K.F.Hermann）早已使用过（《柏拉图哲学的历史与体系》，海德堡1839年）。这个模式甚至可以追溯到公元三世纪，追溯到哲学家及亚里士多德注疏家波菲利［Porphyrios］。因此这个基本思想并不新颖。而时至今日，在语文学家中间总归是有了"一个广泛的共识，即耶格尔的结论无论是在总体构想上还是在很多单个部分中都应被看作是错误的"（Flashar:《亚里士多德》，载于Flaschar编：《哲学史概要，古代哲学（宇伯威克）》，第三卷，巴塞尔/斯图加特 1983，第177页）。如果人们选取诸如生物学以及随之而来的对动物世界的分类，那么就能看到，随着时间的推移一个日渐复杂且饱含经验的"体系"是如何发展起来的。但是由于这个体系中包含了目的论的要素，因此根本说不上是今天我们所理解的经验主义。单单是那个不加批评的回溯——回溯到古代的生平史料和断简残篇，以及一个线型的、几乎是机械的发展模式就是很可疑的。除此之外，人们须得相信亚里士多德这位哲学家是有一个发展过程的，这个过程并不是由各种反对其老师的冲动决定的，而毋宁说是基于理性的见解。然而这个发展的观点为哲学理解所作的贡献总归是太过有限，以至于总是产生出与之相对立的观点，海德格尔在课堂上曾经用一个简洁的句子表达了这个观点："他出生，他工作，他死亡"（《亚里士多德哲学的基本概念》，未发表的讲课手稿，1）。

2 研究者，博学者，哲学家

亚里士多德几乎处理了他那个时代中的所有研究课题。此外增加的领域还有比如包括《辩谬篇》（即《论题篇》IX）在内的论题。根据他自己的说法，他第一个研究了这个课题领域，并很快达到了很高的水准（《论题篇》IX 34，183b16以下）。他发展出一门形式逻辑，一门关于辩论逻辑和一套科学证明的理论，还有一套修辞学理论和一套文学理论。他探讨了不同的知识形式，并建立了一套囊括知识完整构成的理论，即关于科学和哲学的理论。“除此之外”，对我们来说还有那些传统的课题：认识论、本体论和自然神学、哲学心理学（心灵哲学），尤其是包含行动理论的伦理学，以及包含城邦政治制度比较理论的政治哲学和政治社会学。

近代的伟大思想家如康德还能讲授自然科学的课程，在较小的科学领域内还能作出一些值得关注的贡献，但他不再能被算作伟大的自然科学家之一。今天的研究者们则更加习惯于专业细化。与此相反，亚里士多德能够为所有三个层面奉献开创性的成就：经验研究、个别学科理论以及哲学的原理论（元理论）。诚如第欧根尼·拉尔修所言，面对自然界，亚里士多德的研究热情把其他一切都远远地抛在身后，因为他自己总是探寻为哪怕最细微的现象给出根据（参看第五章第一节）。此外他还以博学者著称：作为哲学史家，作为政治制度史家，作为皮提亚运动会的史料编纂者以及作为一门科学式的荷马史诗语文学的代表人物。他甚至在数学领域也做出了重要的贡献——尽管只限于数学方法以及关于数学对象之实在方式的理论。

这些课题中的一部分在今天的讨论中已经变得无足轻重。哪个哲学家还会相信自己能够研究修辞学？哪个哲学家还会相信自己能够研究一门现代戏剧理论？在亚里士多德那里人们则可以看到，对一个问题而言，无论是核心的还是边缘的课题，在任何情况下都只有对这一问题的哲思质量的高或低。

引人注目的较大空白只有一个。医生之子亚里士多德虽然了解医生的能力所及，也熟知那个时代的生理学和解剖学学说（参看《伦理学》注释；以及《形而上学》I 1，981a15–24；《政治学》III 11，1281b40以下，等等），但是他只是在科学原理和自然科学的层面上，以及在文学层面上论及这些内容，没有一门医学的原理即医学哲学。有两个方面可以看成是造成这个情形的原因。一方面在亚里士多德的知识环境中，即在柏拉图的学园里，没有医学研究。另一方面亚里士多德只在存在着最基础的空白之处开辟新的研究领域，就像在动物学中那样。而医学理论长久以来只在特定的圈子里，即在希波格拉底传统之内流传。

因此亚里士多德的全集除了未包括医学和一般意义上的数学之外，乃是一部真正的知识百科全书。那些今天早就已分裂成特殊学科领域并且通常相互间极为疏远的知识，在这部全集中仍然构成一个统一体：自然科学、社会科学、文艺学，在此之上还有精神史。哲学家既进行了描述性的研究，也进行了规范性的研究；他致力于经验性研究，个别学科理论研究，特别是对真正哲学的不同领域的研究。简而言之：亚里士多德是“有史以来最多产且最全面（最深刻）的科学天才之一”（黑格尔：《全集》19，第132页）。

人们或许会认为，他的百科全书式研究是以关于一种本质上同质的统一科学的思想为基础的。但是，亚里士多德早已批判过这种思想中的两个前提，关于一种唯一的研究意向的观念和关于一种均质的对象性的观念。尽管他知道那些为一切科学所共有的方法要素，并且也知道那些共同的基本概念和观点。但是，这些共同点既没有在一门同质的基础哲学中被发展出来，也没有通往一条唯一的、将所有知识安置进一个封闭关联体的原则。哲学家亚里士多德只是在奠基性思想原则之原理的这种朴素形式中，认识到一种最终的论证。此外，除了各学科特殊的原则之外，他也主张共同原则的多样性，而与这种多样性相对应的就有更多的学科：除了形而上学外，还有逻辑学和科学原理的思想，某种程度上还有论题学，以及自然哲学和伦理学的一些部分。

通过对统一科学的批评，亚里士多德将不同的研究领域从那种

“体系化的约束”下解放出来，因此就产生出一大批相对独立的单一学科。对于欧洲科学而言，那种长久以来不言而喻的特殊研究，并不是像有些人所认为的那样，始于黑格尔之后，始于他的《百科全书》的所谓垮台之后，而是要早得多，大体上就是从亚里士多德开始的。在“解放个别学科”的背景下，他划分了三个领域。康德认为，“古希腊哲学被划分进三门科学：物理学、伦理学和逻辑学”（《道德形而上学原理》前言）。虽然亚里士多德也知道这种自斯彪西波之后在学园中很流行的划分（参看1.2），但是在他看来还有另外一种区分更加重要，即理论的知识、实践的知识和“生产型的”知识（《形而上学》VI 1；《论题篇》VI 6，145a15以下）。这种划分将对于对象领域的问题与那种主导性的认识兴趣问题结合在一起（参看示意图），就此而言，这种划分的表述非常现代化。

以永恒不变的自然和知识的结构为目标，这三门理论科学为知识而求知识：（1）数学包括由算术和几何学构成的纯粹数学，以及由天文学、力学、航海学、光学和声学构成的应用数学。（2）物理学，在这里指的是对自然科学和自然哲学的一个宽泛理解，它处理的是现存于运动世界中的全部事物之领域：天体和大地、植物，动物、人和诸神，简而言之：世界。物理学始于哲学之基础，即狭义上的物理学，从天空，即宇宙论，经由天地之间的万物，即天象学，最终到达心理学、动物学和植物学。（3）第一哲学包括了哲学的神学以及本体论和基本思维原则理论；在某种意义上辩证法（论题学）、逻辑学（三段论）和科学理论也属于第一哲学。

图表：

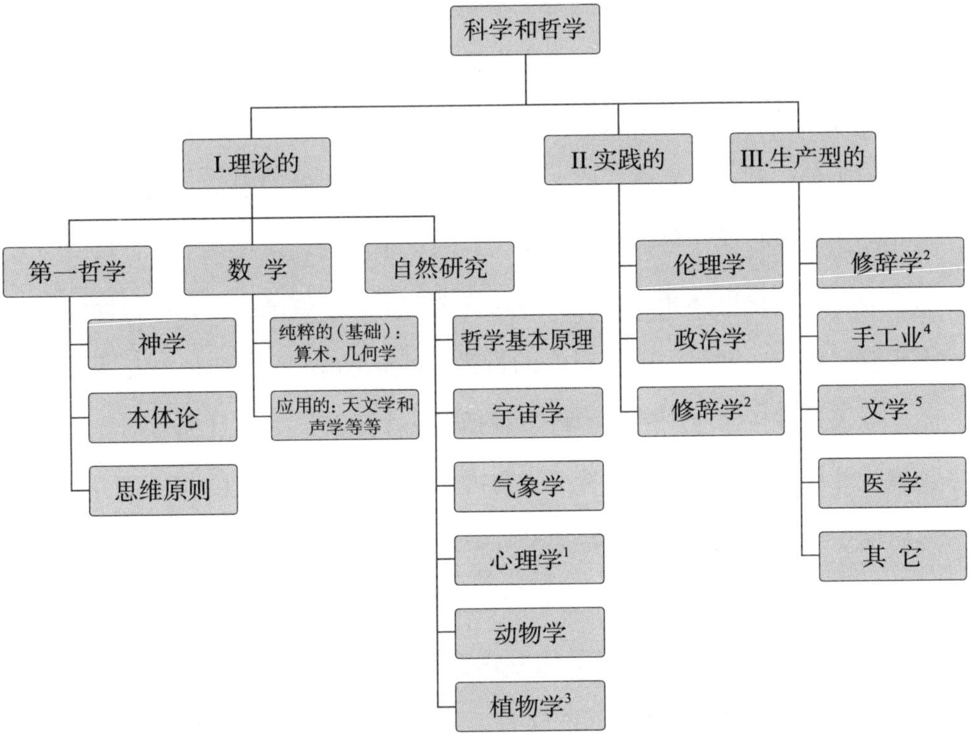

1. 心理学以从属的方式也属于第一哲学。

2. 修辞学属于实践的知识，由于其价值中立性主要属于生产型的知识。

3. 植物学最先是由泰奥弗拉斯特所研究的。

4. 亚里士多德自己并没有从事过手工业。

5. 在亚里士多德那里文学只被看作“文学理论”。

属于实践科学的有伦理学和政治学，也包括经济学。要把握变化中的人类世界以及人能够取得的善，这些学科要追寻的就不仅是知识，而是还要使知识为道德实践服务（参看第12.2节）。最后，这种生产型的（“制造型的”），亦即技术能力指向的乃是创造一个产品。手工业者就属于这个类型，因为他们制造了某些东西；而医生也属于这个类型，因为他们制造了健康；诗人也属于此列，因为他们想要完成一个艺术作品。与此相反，尽管修辞学无法只归于某一类，但是其中一个重要的部分乃是对伦理学和政治学的辅助科学的形式；就是说，它的目标并不仅仅是说服，而是也能够对好的行为［*eupraxia*］、善的行为有所贡献。今天这种指向应用的技术科学囊括了一个更为广大并且更为细分的领域；然而在基本结构上它看上去与古代无异；它时而直接、时而间接地有助于某些产品的制造。在这个划分中，亚里士多德的材料收集和历史研究并没有立足之地。

有一个问题，即如何以最佳方式去接近亚里士多德的著作，这部具有普全性质的科学–哲学百科全书。千百年来，人们在他的著作中寻找一个既真且全的，并且在原则上演绎式地构造起来的哲学学说的体系。尽管这部著作产生于一个特定的历史境遇，人们却认为，它的问题应该是历经所有时代依旧举足轻重，并且其答案应该能够解答几乎所有哲学谜题，并且也能解决绝大部分个别学科中的难题。在这里，人们把亚里士多德的著作看作是一个关于定义和分类的体系、一个关于论证及其三段论关联的体系，因此就把它看作一座学问的大厦，可以概括总结到一本手册、甚至是哲学的教义手册之中，以便可以按照学院化的方式

（“经院式”）教授它。

谁选择这条进路，就要付出高昂的代价。因为人们并没有发自内心地去理解亚里士多德的思想，所以他们就会设定一些通常自己也并未完全了解的重点。由于人们将自己固执于科学研究的某个尽管很高、但是较为原初的状态，所以就对一切新事物闭塞视听，由此鲜活的哲思也转而成为僵死的教条。而相反的作用也很好理解。每个充满自信的哲学家都在对亚里士多德的批评甚至是拒斥中发展他们的思想，因此最终亚里士多德只是作为古代道路的代表，在现代的道路上他是要被直截了当地超越的。

在两种情形中人们无须与亚里士多德进行争论。在一种情形中无须争论，因为他馈赠给我们的是长久不断的哲思、永恒真理的瑰宝；这个馈赠我们在虔心敬佩中只能阅读、评注，并且反复评注。在另一种情形中，人们可以放弃争论，因为亚里士多德属于一个早已被超越的时代：在自然科学中，自伽利略之后他已被超越；在政治哲学中，通过霍布斯他已被超越；在理论哲学和逻辑学中，通过康德和弗雷格他已被超越。除此之外，亚里士多德还与形而上学思想紧密相连，然而时至今日，与形而上学告别已被认作是各种还称得上是严肃哲学的入场券。

接下来的叙述都基于一个完全不同的期待，即对一种树立榜样的、示范性的思想的期待。如果有人从哲学中期待的不仅仅是精神史，而且还有一种世界性知识——这种知识将经验与概念的精确性结合在一起，将方法上的独立与沉思的力量结合在一起，并且将这二者与知识上的开放性结合在一起，那么他在亚里士多德那里就能找到一个杰出的榜样。除此之外，亚里士多德的许多概念在历经千百年之后，时至今日还常常作为定义世界的重要辅助工具。属于此类概念的有对于物的区分，有对于独立存在之物，即实体的区分，以及对于在独立之物之上或之内出现的物，即偶然之物的区分。可以算作此类的区分有对于质料和形式的区分，有对于现实性（行为）和可能性（潜能）的区分，或者对理论、实践和生产性（“技术”）的区分。由于这种区分长久以来对我们而言都已习以为常，因此我们很容易忘记，其中有一部分的拟定以及一部分的阐明，我们要归功于亚里士多德。因此，他的哲学并不仅仅具有一种单纯的树立样板的特征。其中不少的概念，同样地也有不少的结构研究和方法研究直至当代仍被证明是具有现实意义的。

二.知识与科学

科学与哲学总是被装点为知识的顶峰，而一切其他通常也可被称为“知识”的东西则丧失了这个地位。亚里士多德强有力地抵制了这个趋势。连修辞学，特别是诗歌，他都允许其在知识的世界中具有一个固定的位置。尽管他再度为众多科学引入了等级层次，但是他承认不仅仅只有一个唯一的标准，因此也不仅仅只有一个唯一的等级秩序。同样地，他坚持对于不同的科学也有着不同的方法。这种知识论上的灵活性和宽容的后果乃是一个不同寻常的、宽广且多层次的视野。亚里士多德并没有堕入一种无标准的随意性或者一种科学理论上的无政府主义，他不仅赞同严格的程序方法，即形式逻辑和科学证明，而且也对语言分析和辩证法、精神史、修辞学和诗歌持开放态度。

3 知识的现象学

3.1 入门知识？

在流传下来的文本排列顺序中，亚里士多德的著作开始于六篇文章，它们合起来被称为《工具篇》［Organon］，即指工具。根据传统的观点，这是一个有机的整体，一部关于逻辑学和科学理论的系统性教材，它由一门演绎的逻辑，一门关于归纳的学说，一门辩证的逻辑和一门关于错误或谬误的学说所组成。尽管这部教材不属于科学和哲学本身的范围，但是作为其必不可少的前提，它构建了一种前哲学的形式，即一种逻辑–方法论上的入门知识。

粗略地乍一看，《工具篇》的这些文本事实上拼接成了一个系统性的统一体。最先的两个部分，《范畴篇》和《解释篇》（拉丁文是 De interpretatione），看起来讨论的是（可能为真）的命题的要素、概念或者术语，以及它们与简单命题即陈述（命题）之间的关联。接下来的部分是《前分析篇》，探讨了论证中的最小单位，命题到三段论或者结论的关联。因为与证明的关联是在《后分析篇》中被讨论的，因此，在对《工具篇》的前面几个部分的由简单到复杂推进的传统阅读方式中就可以得出一种可分为四个部分的演绎逻辑：概念逻辑（《范畴篇》），接下来依次是命题逻辑（《解释篇》），结论逻辑（《前分析篇》）以及证明或者论证逻辑（《后分析篇》）。第五个部分只是出自《后分析篇》的结论章，所讨论的是关于证明原则的理论，这种理论亚里士多德称之为“归纳法”（epagôgê）。接下来的《论题篇》发展出一种或者是二选一或者是互补的论证形式，即辩证法。关于谬论的理论构成了第七部分，这种理论包含在《论题篇》的最后一部分，即第九部分中，并且还作为《辩谬篇》单独呈现。

认为亚里士多德创作了一部逻辑学教材，并且将之理解成纯粹的工具论，这种传统的解释具有不同寻常的影响力。直至17世纪这种解释还通过著名的《波尔·罗亚尔逻辑》（巴黎 1662）[1]得到了强化，并且直至20世纪它在很多地方仍是哲学课程内的逻辑教学的基础。但是有大量语音学和哲学的论证则对此提出了相反的意见。这类论证的出发点如下：认为除了前后分析篇，其余的文章并不是在《工具篇》体系的意义上相互关联的。除此之外，这些文章就其篇幅而言也是完全不成比例的；选择性论证或者证明理论，即《论题篇》，其篇幅几乎相当于《工

1 《波尔·罗亚尔逻辑》（Port–Royal Logic）又名《逻辑或思维的艺术》（La Logique ou l’ art de penser），国内也常翻译成《王港逻辑》，作者是安托万·阿尔诺（Antoine Arnauld）与皮埃尔·尼古拉（Pierre Nicole），该书在出版后一直是欧洲最有影响的逻辑学著作之一。——译注

具篇》其他部分的总和。此外，那些在第一篇文章的标题中提到的概念，即那些范畴，在亚里士多德的三段论中根本没有出现过。再有，这些文章从来没有被说成是一个统一体。认为逻辑学不应该属于根本意义上的哲学，而仅仅构成了其工具，后来一些亚里士多德学派成员就这样认为，并且与斯多葛派和部分柏拉图主义者发生了争论，但亚里士多德自己从来没有如此解释过。与此相反，《论题篇》（I 14，105b20以下）所援引的逻辑命题乃是作为与伦理学和物理学并列的特有领域。最后还有一些具体论题方面的不同意见。比如对于《解释篇》而言，所涉及的也有语法，但其目的只是为了把逻辑问题搞清楚。《范畴篇》所探讨的是本体论以及语言理论的问题，因此它所探讨的并非工具，而是哲学本身——如果人们已然有了这样的区分的话。特别是“概念逻辑”和“命题逻辑”这样的表达在这里是不适用的。

即便人们将《范畴篇》从《工具篇》中提取出来，把《解释篇》放在一个特殊的位置上，并将《辩谬篇》只看作一个补充部分，经过这样一个彻底的修正，仍然还会有两个理由与传统观点针锋相对。一方面流传下来的文本，即《前后分析篇》和《论题篇》所包含的乃是两篇独立的、内容上“自给自足”的文章。它们既没有预设特定的概念逻辑和命题逻辑，也没有提及与之相关的其他文本。在《分析篇》和《论题篇》中呈现出两种“平行的”逻辑，它们并不能说是不同类型的，但却指向不同方向。另一方面，逻辑–方法论上的思考遍布所有的著作。在《工具篇》的叙述中，所表达的尽管是安德罗尼科版本的主导动机：即把亚里士多德看作一个体系化思想家。除此之外，这种编辑方式也符合亚里士多德主义，这种思潮出现于中世纪并且直至20世纪尚有影响。但是对那种追求原本面貌的亚里士多德研究而言，这种编辑方式显得不负责任。

分散在整部全集中的关于逻辑–方法论的讨论被区分为四种不同的形式：第一，在具体事实研究（关于自然哲学、伦理学、政治学等等）中插入方法上的附加说明，有助于建立一种特殊的科学原理，将普遍的科学原理的原则“运用”到各自的对象上去（比如《尼各马可伦理学》I 1,I 2,I 7和II 2；《论灵魂》I 1,402a–403a）。

第二，我们发现了对一种普遍科学原理的思考，比如在《物理学》（I 1），特别是在《伦理学》中尤为丰富。在论意志薄弱的文章的开头处，就有一条简洁却极富启发性的注释（《尼各马可伦理学》VII 1,1145b2–7）。《伦理学》的第六部分介绍的不只是那种属于道德行动范围的知识，亦即机智及其适用范围。因为《伦理学》将逻各斯［/理性］视为规定人之特征的性能，因此它完全按照百科全书的方式把人的所有行为方式归结为五种基本形式：艺术（技艺technê）、科学（知识epistêmê）、明智（实践智慧phronêsis）、智慧（sophia）和精神（noûs）,还有各种各样的次要形式。对于第二个文本群，人们也能够对那些原本独立的文本进行排列，这些文本后来在一个更大规模的文献中统一起来，但是也可以将之看成有价值的对于科学与哲学的独立导论：（a）《动物的部分》的导论章所谈及的是一种区分，《伦理学》（I 1）中的第一个方法附录也考虑到了一个区分，乃是关于（普遍的）教育和科学的。（b）《形而上学》（I 1–2）的导论章包含了认识论诸可能性的层次顺序，这种顺序最终导向一门知识现象学。（c）

《形而上学》的第二卷提供了一个进入哲学和（自然）科学研究的简短引论。（d）《形而上学》第六卷的导论章将科学的世界分成三个区域（参看第二章）。

第三，当时在《修辞学》和《诗学》中，亚里士多德也研究了知识的非科学形式。第四，上述关于逻辑学和科学原理的文本是存在的，这些文本作为独立的文章流传下来并且被总结进了《工具篇》。

出于上述的原因，人们最好是将《范畴篇》分离出来，并且将《解释篇》不仅仅作为逻辑问题来研究（尽管它有此目的），因此剩下的主要就是前后《分析篇》和包括《辩谬篇》在内的《论题篇》。这当中的每一篇都处理了一个专属的研究领域：形式逻辑、证明理论、商谈理论和谬误理论，亚里士多德抱着与对待本体论、物理学、伦理学和政治学一样的好奇心和细致的态度投入到这些领域的研究。因为这些研究不仅仅是为他者服务——就如《工具篇》所说的那样，也是为了它们自身而被开展起来的，因此人们不能把它们划分为单纯的入门知识层次。逻辑学和科学原理具有双重功能：既是哲学的工具同时又是哲学的对象。

历史上对于《工具篇》众口一词的高度评价在近代以来发生了分歧。而《波尔·罗亚尔逻辑》还是以亚里士多德为基础的，因此如同培根的书名所说的，人们就要寻找一种《新工具》（*Novum organum*, 1620）。针对那种已变得毫无创造力的经院哲学——这种哲学只满足于证明的技艺（*ars demonstrandi*），与之相应地就出现了另一种可能性，即发现的技艺（*ars inveniendi*），这是近代早期的伟大研究工作的开端。从培根、经由笛卡尔、莱布尼茨直至维科、沃尔夫、兰贝特

［Johann Heinrich Lambert］，哲学始终都在寻找一种新的“工具”。这其中所表达的乃是对那种只关心三段论、只承认三段论的逻辑学的反感，但并非针对亚里士多德本身。他的逻辑学中的一个部分，即辩证法是作为一种研究或者检验的技艺（“检审”（*exetastikê*）：《论题篇》I2,101b3）——虽然只是在其他情形下。最重要的是，亚里士多德支配着一个比单一的三段论要丰富得多的论证手段的宝库。从他的文章中可以看出一种精细入微的精神，这在哲学家们那里，尤其是今天的哲学家那里，并不那么经常被发现；这种精细入微的精神指向一种知识论可能性的多样化并且能够有把握地运用这些可能性。此外，还有一种真正的发明创造的技艺，这门技艺可以被传授和学习，这在近代也从未被发现。——我们将从亚里士多德这个不同寻常的思想宝藏中示范性地举出几个部分。在第12章中还有对伦理学的一个补充性探讨。

3.2 知识论的等级结构

《形而上学》（I 1–2；参看《后分析篇》II 19）以认识能力的层次顺序开篇，这种向上和向下都界限分明的层次顺序令人想起黑格尔的《精神现象学》。这种顺序由绝对的第一知识、个体的感知开始，在绝对的最高知识，即哲学那里达到顶峰，它被看作是关于第一原则的认识。就像黑格尔那样，亚里士多德也成功地扩展了认识可能性的丰富性，而没有在单纯多样化中迷失自身。但是与黑格尔不同的是，他提出的是一个相对比较质朴的要求；最终他只是关心了理论内容的领域，而没有去关注关于智慧、以及修辞学和诗的实践知识——这里并不是指在他的作品集中，而是只在《形而上学》中。由此出发，他在对较低级的和较高级的知识形式进行标准化区分的时候，体现了一种认识论上的宽容——这种是一种难得一见的宽容，比如说在黑格尔那里就没有。

从柏拉图经由黑格尔直至胡塞尔和维也纳学派，在他们那里科学和（如科学般严格的）哲学的优先地位贬低了其他知识形式的价值，但是亚里士多德赋予了每个知识论层次一种更大的自身权利。与那种占据上风的认识论统摄模式1相反——按照这种模式，每个较低级的知识层次都被较高级的层次所涵盖（“包含”），或者被认为是过时的，甚至常常被解释成相对非真的知识（“扬弃”），而亚里士多德则提出了一种认识论提升的模式。比如说，感知（*aisthêsis*,参看《分析篇》II5–III2和8），即“个体的决定性认识”（《形而上学》I1,981b10f）所含有的内容，通过更高的层次既没有被扩展也没有在认识论的等级上被贬低。而由于接连出现的新的认识论内容，就形成了一种结构上的提升，只有通过这一提升亚里士多德才讨论更高级的知识（*mallon eidenai*）、以及最终那种最高级的知识（*hê malista epiteme*:《形而上学》I1,982a32以下,

---

1 赫费在这里用了“统摄模式”（Modell der Vereinnahmung）这个概念，这个模式指的是从柏拉图、黑格尔、到胡塞尔和维也纳学派对于知识模式的理解，即金字塔型的知识模式，最顶端是哲学（科学），基于个体感知的知识位于金字塔的最底端，而且底端的知识相较于顶端是缺乏价值的。但是亚里士多德的知识模式与此不同，虽然知识在他那里也有层级差异，但是个体感知的知识也有其充分的价值，赫费称之为“认识论上的宽容”。这条脚注特别感谢刘鑫博士的指教。——译注

以及981a31以下）。

个体感知被认识到之后，就会被固定在记忆（*mnêmê*）之中，并且通过关涉因果关系的经验而得到充实。此外，这两个最先的层次在动物那里也能被找到，第三个层次才是人所特有的。基于丰富的经验不仅仅能知道因果关系是如何的（*hoti*），而且也知道为何（*dihoti*）存在着因果关系，这样才能达到那种由艺术（技艺）和科学所标识的东西、关于普遍之物的那种认识，这种认识掌握了事情的概念及其根源。即使在第四层次还没有达到知识的最高形式，那种较高的要求也已被满足——这种要求在《后分析篇》（I2,71b9ff.）中被称为“现实的认识”（*epistasthai haplôs*）。因为只要人们认识到事情的根源，那么他就知道，事情只能如此，而不能不如此发生：人们不是仅仅偶然地（*kata symbebêkos*）知道，而是直接地知道。

在第四个层次的领域内还要区分不同等级，为此亚里士多德引入了不同的、有部分竞争意味的标准。根据“原则性的”或“无前提的”意义上的“严格性”（*aktibes/aktibeia*）标准，处于这个等级结构最顶端的是数学，接下来安置的层次既有经验的自然研究，也有伦理学和政治学。在数学内部，又有纯粹数学被置于那种类似于物理学的数学（光学、力学、声学还有天文学）之前，并且在纯粹数学内部，算术又被置于几何学之前；最后，数学天文学的等级要比航海天文学要高（《后分析篇》I27；II13,78b39–79a13）。根据第二个标准，即对象的重要性（《形而上学》I2，982a25–28以及《分析篇》I1,402a1–4），在自然研究内天文学即宇宙学享有优先的地位。针对由此而产生的低估生物学及其知识成果的危险，亚里士多德引入了一个更宽泛的尺度——能提供大量知识，并且补充道：每个自然之物就其本性而言都有神奇之处（《论动物的部分》I 5,644b32以下）。而在《伦理学》中他提出了一条对象应有的准确性原则，这条原则提高了实践科学的价值。

关于概念和理由的知识还会被提升为关于第一因和原则的知识（《形而上学》I1,981b28以下；参看《后分析篇》I 9，76a18–25）。当关于普遍知识的论题被提出时，亚里士多德谈及了智慧（*sophia*：《形而上学》I 1,981b28），在其他地方他也谈及第一哲学或主导科学，并且谈到理论（*theôria*），将之理解为一种行动。由于“第一因”至高无上的性质，这个层次已无法被超越；（理论的）知识达到的是对人来说内在固有的完满状态。

这种在如此宽广的范围内被勾画出的知识的等级次序是以目的论的方式（带有目标设定地）被构造的，如果不考虑针对目的论的现代怀疑，它是完全可信的。有人仅仅追寻感知、而不追寻感知的固定持存，进一步说：有人觉得记忆就足够了，而没有认识到记忆之间的关联，更进一步：有人收集经验，却对相关的普遍性（概念和理由）不感兴趣，最后，有人满足于简单的普遍性，这些人都错失了认识论的可能性。与此相反，那些最高级的普遍性是至高无上的。此外，为了这两个最高的层次，还有一个附加的论据被提出：谁认识了理由，谁就占据了认识论的独立性；他也就领会了如何去传授这件事情（《形而上学》I 1,981b5–10）。

亚里士多德通过以下做法来对抗对于前科学知识的贬低，即承认两个最高的知识层次仅仅具有一种支配性意义。这种在先的知识不会像在统摄模式中那样必然被囊括；较低的层次也不是在黑格尔的意义上在较高层次中被扬弃。就像经验所证实的，认识到普遍之物的人并不能同时也认识到在其中包含的一切特殊之物。在这个意义上，即便一个科学家也可能会缺乏个体化的认识，以下情形可当作例子：一个人掌握了自然科学的知识并且还掌握了诊断和治疗的技术，但并不理所当然地就成为一个有经验的医生（参看《形而上学》I 1,981a18以下；关于经验的价值也可参看《尼各马可伦理学》VI 8，1141b18）。类似地，哲学的职能范围也不包括个别学科的范围。哲学之于科学的关系等级并不像幸运之于实践，哲学不是完美无缺的知识，这一情况有助于在知识论上解放单一学科。

简单地说，对于普遍知识，“经验论的”贬低和“理念论的”高估，这二者构成了知识论上的对立，哲学史中常见的就是这种对立。亚里士多德关于认识论提升的理论走了一条介于这两种立场之间的有成功希望的中间道路。尽管较高级的知识指向某种普遍知识，并且在其中展示了一种优越性，但是较低的层次也具有自身价值；这种价值提醒那些较高的层次保持更多的谦逊。而在占用模式中（包含亦即扬弃），关于最普遍之物的知识是完满的，因此在认识论层面上看，仅仅要成为一个哲学家这种知识是足够的，然而根据提升的模式（纯粹的支配地位），亚里士多德自身的实践则是必要的：一种对个别之物丰富性的兴趣——人们只能经验地去研究它。

关于亚里士多德的偏好，也有两个层面上的论证，既是科学政治的论证也是科学史的论证：当哲学过高地评估了它的承担能力时，在科学中就会产生这样的需求，即诸科学要将自身从哲学中解放出来，甚至否定其具有任何价值，由此那种认识论层面上的错误评估被证明为是无效的。与此相反，如果单一科学的价值被承认，那么这种错误评估就会像后黑格尔时期反对哲学或者像中世纪晚期和近代早期反对神学那样被放弃；取而代之的，会有一种富有创造性的合作呈现出来。这里有一个双层的、科学政治的和科学历史的论证，支持了亚里士多德的思想。

人们可以在两个方向上熟悉知识的层次顺序。并非在《形而上学》的开头，而是在《伦理学》的第二个方法附录中（I2,1095a30ff.），以及相似地在《物理学》的开头（I 1），亚里士多德通过引用柏拉图区分了那种导向原则（*epitas archas*）的“归纳”道路和导离原则（*apo tôn archôn*；参看《前分析篇》I 2,71b21以下；《论题篇》VI 4,141b3以下；《形而上学》VII 3，1029b3–5）的“演绎”道路。在这里，通过“逻辑”的观察，人们从那种“自在的熟知”（*gnôrimon tê physei*），即从普遍知识或者根据——开始，这是在最高程度上可知的东西，然后下降到一个“从顶部往下”的过程，降到特殊知识。从另一角度，通过“发生性的”观察，人们从“切近之物”开始，从“为我的熟知”（*gnôrimon hêmin*）特别是感知开始，并且在一个“从底部往上”的过程中达到普遍知识：“就像蝙蝠的眼睛与日光之间的对立关系，我们灵魂中的精神与万物中那种按本性最显眼之物，也有类似的关系”（《形而上学》II1，9993b9–11）。

3.3 自由和自我实现

亚里士多德的现象学并非以目的论的方式开始，而是以引用一个人类学命题开始："求知是人之本性"。不考虑今天流行的针对人类学的怀疑，这个命题是令人信服的。它并不导致一门最优的人类学，其结果不是人之存在的完满，而是导致一门最低限度的人类学，导向每个人的基本构成的一个要素。除此之外，还有一个明确的证据：由于人类先天固有的好奇心和探索欲，人们偏爱（*agapêsis*）感官感知（《形而上学》I 1,980a21以下）。对于五种感官的偏爱可以发生变化；有一种听觉的兴趣，也有一种触觉的兴趣，第三种是味觉的兴趣，第四种是嗅觉的兴趣；而亚里士多德说，最重要的是有看的欲望、视觉的兴趣。在这里，"从本性出发"有双重含义，既意味着那种发自内心的认同——求知欲出自人本身，同时也意味着以下状态，即通过这个命题人被标识为人。

今天的研究能毫无困难地证明这两重含义：关于个体开端的发展心理学和关于种属历史的人种学。而那种基本形式要先被证明，对感知的兴趣——这种兴趣为人和动物所共有。但是对于更高级的、特殊的人的知识形式中，还有一种由内而发的认同。在对柏拉图的《泰阿太德篇》（155d）的影射中，亚里士多德以惊异（*thaumazein*:《形而上学》I 2,982b12–17）为基础，然而这并不意味着对宇宙和谐的一种重视，而是一种对不和谐的惊异，一种面对尚难以解释之现实的怀疑的惊奇。谁要是寻求原因或者根据，那么这一行为就使他具有了一种对更高层次知识的兴趣。

在以下两种情形中，即在直接而纯洁的求知欲和较高层次上被反思的求知欲中，人们考察了非实用的（*chôris tês chreias* （《形而上学》I 1，980a22）），即不指向效用（*mê pros chrêsin* （981b19f.；参看I 2,982b21））的世界。无关乎一切需求和实用性，人们寻求那种纯粹作为知识的知识。但是我们仍然会关注可用性，因此在每个知识层次之内都展现出两种选择：知识作为自身目的以及服务型的知识。然而亚里士多德只在第四个层次上引入了相应的区别；只有在这里他将纯粹的科学、知识（*epistême*）与技术（*technê*）分离开来——“技术”这个词作为外来词“Technik”进入到所有欧洲语言之中。这些相应的术语我们虽然最先是在《伦理学》（VI 3–4）中看到，但是在《形而上学》中就已经有“理论的”和“生产型的”（*poietisch*）科学被谈及。知识（*epistême*）现在满足的是“自身目的”的标准，技术（*technê*）即生产型的科学并不满足这个标准。

在基础阶段的情形中，亚里士多德看到了所有人都有一种与实用无关的求知欲，而在科学和哲学的情形中则仅有很少人有这种求知欲。对于这种局限，《形而上学》指出了一种经济史和社会史的根据，并且是以一种令人惊异的方式将之置于一种较新的研究方向之前，即置于科学原理与科学史和科学社会学的联系之前：这种与实用无关的好奇心作为气质和兴趣属于人类的基本构成；但是这种好奇心只有伴随着那种相对较高的经济发展水平，才能在科学和哲学中完全实现，在这一发展中，人们为了生活的必需和安逸已经劳心劳力（《形而上学》I 1,981b 20–25；也可参看柏拉图，《克里提亚》［*Kritias*］110a）。但是亚里士多德没有再提出附加条件：那些标准适用范围比较狭窄，因此人也必须相对比较节制。否则，即便特别富有的文明和置身于其中的特别富有的个体，对于科学和哲学来说也太贫乏了。另外一个条件在古代一般不会被考虑：即科学家也会有的生活需求，必须要由其他人为之操劳；那种与实用无关的科学在经济方面也是一种贵族的活动。

通过“以自身为目的的知识”，现代［Neuzeit］才艰难地从培根（《新工具》（*Novum Organum*），箴言序 I 81）和笛卡尔（《谈谈方法》［*Discours de la méthode*］，第六部分）那里开始。在关于引导认识的兴趣的较新的定理中，每一门科学都具有一种相应的兴趣：自然科学有一种控制的兴趣，精神科学有理解和定向的兴趣，批判性科学有解放和启蒙的兴趣。通过区分理论的、生产型的（“技术的”）和实践的思考，虽然亚里士多德承认了那些引导认识的兴趣的不同可能性，但是却拒绝了那种排他性的要求。在相应的文章中——从《物理学》［*Physik*］（作为关于运动、空间、实践和连续性的理论）到《论灵魂》［*De anima*］（作为关于人和动物的认知能力和非认知能力的理论），直至本体论和哲学神学，一种“非实用（*chôris tês chreias*）的知识”之含义事实上得到了实践。在所有这些情形中，有一种指向普遍性层次的知识，这种知识所思考的既不是控制也不是定向或者解放，而只是有那种从生活的必需和安逸中解放出来，这种解放标识了一门完全与实用无关的科学。

重视对纯粹知识的好奇心，这能够使一门新的科学伦理学注意到一种它原本易于遗忘的合法形式，注意到一种与实用无关的、纯粹科学内部的合法性。在亚里士多德那里，这种合法性有两个论据——如果人们另外再算上那个惊异之情的人类学等级，那就有三个论据。第一个是政治学论据，它以令人惊奇的方式出现于《形而上学》里（I 2,982b26以下），它奠基于具有充分权利的市民这一特征：一门科学只有不为了外在的服务而存在，才是自由的（*eleutheros*）。今天人们对于科学自由的理解就是自己有权利去选择课题、方法和假设，但是在亚里士多德那里我们看到了另一种含义。在认识论的领域内那门科学（始自培根，还有笛卡尔，然而是被曲解的笛卡尔）是自由的，就是说它拒绝任何一种形式的被役使，更准确地说，是在无外在任务的情况下寻找到它的意义和目标。

亚里士多德的第二个论据出现于《伦理学》的结尾一章（X 6–7），处理了伦理学中的幸福原则，将之理解为在一个客观的、人类学意义上的自我实现：出于其自身意愿而追寻科学的人，就实现了对他而言最本真的能力、实现了逻各斯。而定向性知识和启蒙知识还必须要寻找的东西，在这里已经被找到，就是人性的当下。最终在其中包含了一种与实用无关的研究的价值；它并不仅仅是人类意愿的一个媒介，而且是这种意愿本身的一个当前表达。（阿尔贝·加缪在他的自传《第一人》［*Le premier homme*］中指出，类似的情形在最初的水平上已有可能："在日耳曼先生的班级里"，在市民学校里，"他们第一次感觉到，他们存在着并且是众人高度关注的对象：人们认为通过他们有助于发现世界。"）

4 理性的形式

三段论、亚里士多德的辩证法、修辞学以及诗学乍一看好像只是衍生的课题。除了深刻的差别之外，它们还有着一个共同之处；它们是人类知识得以阐述的方式：理性的形式。

4.1 三段论

在一种总归是令人惊奇的效果历史的范围中，亚里士多德的逻辑学具有一个特殊的等级。在今天，当其哲学的其他部分饱受批评的同时，这门逻辑学则受到康德（《纯粹理性批判》，第二版前言）和黑格尔（《逻辑学》：全集第6卷，269）无保留的赞誉。在乔治·布尔、德·摩根和弗雷格对逻辑学进行重新定位之后，亚里士多德的逻辑学本身对其课题而言仍然有效——它是通过三个概念进行操作的结论性学说，三段论。它也以其引人关注的原创性而闻名于世。在前期基础工作几乎空白的情况下，亚里士多德将逻辑学构造成一门独立的科学：清晰，周密，毫无疏漏并且第一次运用了一种逻辑专业语言的基本概念。

罗素对这门逻辑学的轻视（81975，212）并不具有代表性，长久以来主流观点认为，亚里士多德所呈现的是一部具有“示例般的严格性和逻辑纯粹性”的著作（Patzig，31969，199）。那个主要文本，即《前分析篇》，清除了一切心理学的、人类学的和形而上学的观点。在他严格的计划和对本质之物的高度关注之中，亚里士多德奉献出了他所流传下来的著作中最杰出的文本之一。

可能会有一种方法被带到这个概念上来——这种方法是在学园的辩论机制中先行形成，除此之外也已在日常争论中得到了实践并且在诸多科学中，特别是地理学中被完善。作为这种方法的基本要素，亚里士多德发现了那种确实可靠或者无法反驳的结论（三段论的必然性［*syllogismos apodeiktikos*］），而作为这一方法的基石，他发现了如下命题：这个命题根据某事物肯定或否定某事物，因此就可能是真的或者假的（参看《解释篇》4）：即陈述（《前分析篇》I 1,24a16 以下）。简单的陈述以四种形式（变式）出现：按照质的属性，就是肯定的陈述（*kataphatikê*:肯定的）和否定的陈述（*apophatikê*:否定的），按照量的属性，则是普遍（*katholou*）陈述和个别（*en merei*）陈述。

一个结论（三段论式的）乃是由某些论断按以下形式构成：“从某些确定的设定出发必然（*ex anankês*）得出不同的东西”（《前分析篇》I 1，24b18–20,I 4,25b37–39）。这个三段论形式依据其核心乃是从其前件（前提）出发推论（演绎）出一个后件（结论），在这里，后件是否为真仅只取决于前件的真理性：这里所涉及的是一种纯粹形式的结论。

更宽泛意义上的这个结论已经出现于（“前三段论的”）《论题

篇》（I 1,100a 25；参看《修辞学》I 2,1356b 16–18；《辩谬篇》1，164b 27–165a 2）。在《前分析篇》中，它通过结论部分数量的附加条件而具有更严格的意义。这个自此以后我们深信不疑的三段论是一个由两个前提和三个概念组成的让人信服的结论。它的标准组成形式如下："如果所有B都是A并且所有C都是B，那么必然得出所有C都是A"。为了搞清楚这一点，即这里所涉及的不是内容，而是只有形式上的结构，亚里士多德用概念变量（A，B，C……）来处理有效的结论；只有面对无效结论时他才使用具体的例子，比如像动物、人、石头（比如《前分析篇》I 4，26a9）。（关于三段论也可参看J.Corcoran主编：《古代逻辑学及其现代诠释》，Dordrecht 1974。）

三段论的目标乃是要指出，在什么程度上有效的结论是有效的，以及它所指示的是哪些普遍可描述的结构——这里的普遍是指形式上的。

中世纪的经院哲学用三音节的标记词标识有效的结论。在这里被确定为肯定式（"我赞成"）和否定式（"我反对"）的元音展现了以下变式：a＝全称肯定命题，i＝部分肯定命题，e＝全称否定命题，o＝部分否定命题。其中最重要的结论"Barbara"由三个肯定的全称命题组成，其次重要的结论"Celarent"是由一个否定的全称前提（e）和一个肯定的全称前提（a），从中得出一个否定的全称命题（e）。

对于纯粹的逻辑思维，人们担心从中或许得不出什么新的东西。事实上它给出了一种虽然不是质料上、然而却是形式上的创新性。那种最先只是假设的两个概念之间的联结（horoi），像必死性（＝A）和雅典人（＝C），将会通过一个联结性的中间概念的指示，这里是人（＝B），从而由纯粹观点的领域提升到确定的知识层次：因为所有人（=a）都是要死的，而所有雅典人都是人，所以所有雅典人都是要死的。用公式表示就是（Barbara结论）：AaB & BaC → AaC。

而从古代后期开始，这个（让人信服的）结论乃是由三个命题组成——“所有人都是要死的。苏格拉底是人。因此：苏格拉底是要死的”，在亚里士多德那里有一种使逻辑形式更为清晰的形式占据着支配地位。这是一个一体的、被分成三个部分的条件命题，有两个前提（*protaseis*：前件）和结论（*symperasma*：后件）。系词（“ist”）被避免用到；亚里士多德说，某物“在一个与整体有异的它者中”被包含（*en holô einai heteron heterô*）——在这里这个结论形式乃是合乎集合论地被解释，或者某物“由每一个他者陈述”（*kata pantos katêgoreisthai*：《前分析篇》I 1，24b26–30；I 4，25b39）。亚里士多德有时候也会谈到“适宜”或者“正确”（*hyparchein*：比如《前分析篇》I 2，25a1 以下），偶尔也用“被……提及”（*legesthai kata*：比如《前分析篇》II 15，64a14 以下）。

在亚里士多德那里，对于让人信服的三段论来说只有中间普遍性［/全称性］的概念是有问题的，这些概念一方面是由特殊概念表述的，而另一方面又可以由更为普遍的概念来表述。在这个意义上既没有使用单数概念，比如像卡里亚斯［Kallias］或者苏格拉底这样的专有名词（参看《前分析篇》，I 27，43b12 以下），也没有使用范畴。这二者都是通过以下任务得到说明，即保证个别学科的知识。缺少范畴，是因为范畴并不关心每门个别学科的特殊性，缺少单数概念，则是因为在亚里士多德看来那种个别之物是不可认知的（关于实践的三段论参看13.3章节）。

根据中间概念的位置又可以区分出三种样式（*schêmata*）：

样式I：AxB & BxC → AxC；

样式 II：BxA & BxC → AxC；

样式 III: AxB & CxB → AxC

或者也可写成：

I.	II.	III.	（IV.）
AxB	BxA	AxB	BxA
BxC	BxC	CxB	CxB
AxC	AxC	AxC	AxC

由于亚里士多德要求“体系”的整齐性（《前分析篇》I 23，41b1–3），因此缺少了模式IV：BxA & CxB → AxC。卢卡西维茨（J.Lukasiewicz：《从现代形式逻辑立场出发的亚里士多德三段论》，Oxford 1958第三版）把这看成是由于疏忽造成的错误；而在普兰特（K.Prantl：《西方逻辑史》，第一卷，格拉茨/柏林 1955年第三版，I 367）看来，模式IV在科学上“完全是无价值的”；康德将之称为“非自然的”（科学院版全集，II 53；相似的观点参看W.D.Ross：《亚里士多德》，伦敦 1949，34页以下），帕齐希（J.Patzig：《亚里士多德的三段论。关于〈前分析篇〉卷A的逻辑哲学研究》，哥廷根 1969年第三版，§25）则认为，模式IV在亚里士多德的方法范围内与模式I是无法区分的。但是在《前分析篇》I 4（25b37–39）的标准构型中模式IV是可定义的；除此之外亚里士多德也承认模式IV下所有三段论式的非直接的（转

换的）等值性。

在这些样式的公式中，“x”意味着变式。三个分命题组成的样式中每个有四个变式，共有三种样式，从中得出了3乘以43＝192种可能性，其中共有4 x 6＝24种被证明为是有效的三段论。因为亚里士多德没有把那些带有非全称结论命题的原本有效的样式计算在内，因此他只认识到14种变式（I＝4个变式，II＝4个变式，III＝6个变式：《前分析篇》I 4–6），对于样式I到III而言完整的有：只有第一个样式的有效结论是完善的，其他结论的有效性必须要通过回溯到完善的结论中才能证明（参看《前分析篇》I 1）。因此就有三种证明方式可使用：换位法，对概念进行转换（转变），使之成为前提之一（比如“A e B”转换成“B e A”），归谬法，穷诘至不可能［*Reductio ad impossibile*］即归谬［*ad absurdum*］（在相反假设中证明矛盾），以及很少用到的、只在模态逻辑中要求的解释法［*Ekthesis*］（提取，比如设定一个从属概念）。因为只有在样式I中才有完善的结论，并且由于只有在样式I中才能导出所有的四种变式（a，e，i，o），所以样式I就理应具有优先地位；在样式II中只有a结论句和e结论句，在样式III中只有i结论句和o结论句。除了这四种样式，如果人们另外引入它的变化，那么三段论在其他情形下就都是以唯一的样式出现的。

一个概念如何归因到另一个概念，从这个形式，也就是从这个情态出发来看，就有必然为真的（必然的：*ex anankês*）命题、事实上正确的（事实上的：*hyparchein*）命题和有疑问的（可能的：*endechesthai*）命题。因为在这里两次谈及必然性，因此亚里士多德区分了必然性的两种形式（《前分析篇》I 10，30b32–40）。一是三段论的、相对的必然性（*toutôn ontôn anankaion*:《前分析篇》I 10，30b38 以下），就是那种条件–结果关系的推论正确性——这种条件–结果关系也适用于广义上的三段论。这种必然性标识出多个（局部）命题的句法上的关联："这是必然的：如果AaB并且BaC，那么AaC。"另外一种是模态的、未被限制的或者绝对的必然性（*haplôs anankaion*：《前分析篇》I 10，30b40），与第一种相反，这种必然性涉及的是在唯一一个（局部）命题内的主语和谓述的关联："A必然导致B"。

除了断然明见的逻辑学，亚里士多德还处理了并且极为细致地革新了三段论式的模态逻辑学，即模态三段论（《前分析篇》I 2以及8–22；关于潜在可能的将来表述可参看《解释篇》9）。从其256个有效的三段论中他提取出不少于111乃至148个（参看Ross 1949，286页以下）。在其他样式下他注意到，绝然明见的命题并不是只来自绝然明见的命题，而是仅出自与断然明见的命题的一种关联之中。首先他指出，从断然明见的命题中得不出绝然明见的命题，这一点引发了近代经验科学的基本原则，即单纯借助于经验命题是无法获得定理的。但是人们能够借助于已知定理从经验命题中推导出新的定理，即符合不同基本原则的东西（参看Wieland，1992第三版）。

如果利用较为晚近的谓述逻辑学的工具对亚里士多德的模态逻辑进行一次重构，那么这种重构可以将那种事实上清晰可见的明显的差异过程表现出来，对于这种差异过程亚里士多德自身还没有合适的描述工具可用。在这里亚里士多德的有效性诉求总体上是在令人惊奇的高标准中被证实的（Nortmann 1996）。

亚里士多德相信，数学证明必须服从于三段论、更准确地说是服从三段论的第一个样式。巴内斯（J.Barnes，1994第二版，155页）就认为这个观点完全是错误的。以对泰勒斯命题（《后分析篇》II 11,94a28–34）的重构为例，戴特尔（W.Detel，I 177–182）就与此相反地要求一种不同的评价。按照亚里士多德的看法，尽管那种创造性的几何学成就纯粹是在数学归纳中形成，但是那种对证明极为重要的逻辑步骤却要借助于三段论才能被构想。

人们看三段论的时候更喜欢从上往下，从前提到结论命题，因此是演绎的。但是相应的运用在亚里士多德的著作中却很少见，他看起来似乎忽视了他自己的逻辑学。然而以纯粹逻辑的方式看，我们可以用两种方式审视三段论，既可以以演绎的方式：从上向下，也可以以说明的方式，从下往上。在这个意义上亚里士多德自己给三段论规定了双重任务；从论证原理上看，三段论应该有助于认识结论的有效性，而从论证实践上看，三段论应该有助于建立这些结论（*poiein*［制作，建立］：《前分析篇》I 27，43a22–24），因此关于那些已经知道的事态，解释性的前提要被寻求（参看5.1章）。并且在这第二个功能中，即在解释和论证的功能中，三段论应被看成是那种亚里士多德事实上以实践的方式设置问题的论证风格。除此之外，那个无须太多思量便有能力承担决定性任务者，即去发现相应的概念工具，是由于洞察力而显得与众不同（《后分析篇》I 34，89b10–20）。

4.2 辩证法（论题）

“辩证法”这个表达在哲学家那里可以唤起很高的期待。人们不仅在柏拉图那里，还有在黑格尔和马克思那里，都可以发现这种知识，它超越了单一学科有限的可能性，并且认为可以掌握整体（经验）事实的基础。在对*Dialegesthai*，即“商谈”这个词原初的、非沉思的含义的使用中，亚里士多德扩展了其使用的领域并且同时划分出了知识论等级。辩证法处理的是知识论辩的某种形式。它主要涉及的范围既不是最高等级的真理，也不是“通常意义上的”哲学与科学，而是涉及一种技艺、一个抨击对手的命题或者为自己的命题辩护的技艺，辩证法推进了希腊人所特有的、借助于知识工具的辩论比赛，包括掩饰（*krypsis*）的技艺，这种掩饰让对手不知道论证的目标（《论题篇》VIII 1）。对于哲学而言，辩证法是重要的，但仅仅是辅助科学的一种形式；因为它“尝试去处理的，都是哲学已认识到的东西”（《形而上学》IV 2，1004b25 以下）。

就像科学的论证一样，三段论的辩证法也是如此起作用的；相关的文本《论题篇》（I 1，100a25–27）对它的定义与《前分析篇》无异。差别并不在于形式逻辑的严格性——《论题篇》所涉及的不是一种相对柔弱、干巴巴的逻辑学，毋宁说差别一方面在于那种尚未取得资格，亦即尚未标准化的形式（参看4.1章），另一方面则在于前提的知识等级。科学的论证奠基于自身明见的命题，辩证法的结论奠基于所谓的“共同意见”（*endoxa*）（《论题篇》I 1，100a20 以下）。在这个前提下亚里士多德所理解的命题，与一门科学的原则不同，这种命题并不是由于自身而成为可靠的，而是一部分就像在《修辞学》中，完全是存在于通常习惯的意见中、存在于大多数人的观点中，另一部分则主要存在于学院内的、哲学的辩论中，完全令人信服、完善地被论证。“共同意见”——这个著名的定义是在《论题篇》的开头提出的，被所有人或者大多数人，或者专业人士认为是真的，并且经由专业人士再一次被所有人、大多数人或者最有名望的人认为是真的（《论题篇》I 1，100b18–23；参看I 10,104a8以下；I 14，105a34以下）。以这种方式取得其地位的“共同意见”乃是得到普遍承认的观点。

人们更喜欢用“可能的命题”来翻译“共同意见”这个词（比如Rolfes）。但是“共同意见”与客观的（静态的）可能性（或然性）无关，既与那种掷骰子式的先天可能性无关，也与那种经验可能性、与事件发生的相对频率无关。人们在这里所指的不是一种受主体限制的确定性（与真理的相似性），最后也不是那种认识论的状态，即对一些命题而言它只给出了清楚的却并非充分的根据。这个表达被认为不是渐弱的，而是渐强的；它关涉到这样一些命题，按照命题接受者所知道的所有知识进行判断，这些命题都是正确的——这些接受者可以是群众或者是专业人士。

因此亚里士多德既不支持一种朴素的真理概念，也不支持选择唯科学主义的理性，而是主张一种与生活关联和言谈情形紧密联结的形式。在《修辞学》中他有所节制地发展出一门“理性的生活世界理论”（Bubner：《辩证法作为论题》，1990）。但是在《论题篇》中却没有发生这种情况，因为他将“共同意见”作为论证的前提，而不是作为论证的结果来使用。辩证法不会导致一种关于真理的同意理论。因为“共同意见”并不是作为真理的标准，而是作为一个前提，在这个前提下人们可以检验命题中的真理。由于每一场辩论都是在实践中被论证的，而不必遵循有效逻辑的方式以辩论方彼此分有的观点开始，因此每一场辩论都是辩证法式的。除此之外亚里士多德的很多例子都是真的。有一部分乃是人所共知的真理，有一部分是被专业人士所承认的观点在任何情况下的前提，每一个严肃对待辩论的人都无法执拗地拒绝接受它们。

因为辩证法不能再追问其前提，即“共同意见”，因此它最后就无法被证明为众多命题的内在关联、证明为这些命题的协调一致：即命题的可靠性和关联性。假如亚里士多德没有在他早期的《论题篇》中、晚一些通过一种（现在是很讲究的）辩证法获得了第一原则（《后分析篇》已经沿这个方向解释了,《后分析篇》I 11，77a 26–35；参看Irwin 1989），那么他就会满足于一种真理的关联性理论，亦即一种关联性的科学和哲学理解（与此相反，可参看Bolton：Devereux/Pellegrin 1990以及Smith 1993）。举个例子，比如为了把亚里士多德论证矛盾律（参看5.2节）的证明理解为关联性的，就需要一个很广义的关于关联性的概念，这个概念不再局限于大量的命题，而是包含了整体上的生活方式，在这里就是始终在最低限度上运用理论理性和实践理性。

辩证法在三个方面是实用性的：练习、为了交流思想以及为了哲学（《论题篇》I 2，101a26–28）。共同之处在于，它们都关系到一个他者（VIII 1，155b10以下）；辩证法式的论证一般来说发生在驳斥和尝试证明的对立之中。但是也有那种与自身的辩论（VIII 14，163b3以下；参看VIII 1，155b5以下），这总共有四种形式。所有这些形式都遵循同一种论证逻辑：在条理分明地进行的论辩练习中（VIII 2，158a16以下）一个人抛出一个选择性提问、一个问题，比如说："'用两条腿直立行走的动物'是对人的定义抑或不是？"（I 4，101b28–31）。就这个问题，辩护者（回应者，捍卫者）选择支持两个命题中的一个，而攻讦者（提问者，反对者）则尝试着，把辩护者置于谬论或者两难矛盾中，那么辩护者就必须收回他的命题。这种相应的过程在中世纪大学的辩论中继续留存。

但是对于竞争性的论辩培训来说，最重要并不只是胜利，一种通过不正当方式取得的胜利是完全不值一提的。因为在亚里士多德那里，辩证法是服务于真理的，与苏格拉底和柏拉图一样，他把辩证法与智者学派的诡诈的小聪明区别开来（《形而上学》IV 2，1004b26），智者们以辩论的技艺为业，这种职业通过分裂的结论（争论的结论）去寻求胜利本身，而不惜牺牲真理（《论题篇》I 1，100b23以下以及《辩谬篇》11）。但是因为人面对真理所承担的责任并非是通过内部论证来确保的，而且人们与此相对地把辩证法当成纯粹的技术乃是一种误用，所以除了知识上的熟练之外，辩证法还需要一种善的（道德上的）本性（*euphyia*）。"辩证法"必须要包含选择真理和避免错误（《论题篇》VIII 14，163b12–16）。

辩证法式争论的另外两种形式并不是如此合乎形式地进行。在思想交流中，亦即在偶然的讨论中与那些未受训练的人们讨论，这种讨论以人们自身的观点为基础。而在哲学或者科学的讨论中，首先是所有意见都被呈现出来，然后对这些意见的赞同和反对进行阐明。在这里辩证法服务于一种知识上的论辩文化，其模式是从审判过程中得出的（《形而上学》III 1，995b2–4）。最终的判决有着更完善的准备，它从对立的两方面详尽地权衡了那些最大限度完整地得到展现的论据。

最后，那种今天人们常常会讥之为“孤独思想家”的人也会使用辩证法：如果他没有辩论的对手，那他就与自己练习（《论题篇》VIII 14，163b3以下）。在所有的四种情形中，批判功能应当居于中心位置：命题被反驳，观点被驳斥，立场被推翻。但是辩证法也是间接肯定的；与批判尝试相对立的命题作为有效证明被保留下来。

谁想要很好地论辩，就要始终具备那些相关的观点，他要很清楚地了解这些观点（《论题篇》VIII，14，163b17–23）。《论题篇》的绝大部分内容都恰好致力于这个目标，它致力于讨论逻辑学中在今天备受冷落的部分，其分歧的部分总的是由两个独立的部分构成的：对那种非科学的、但“共同意见式”的前提的使用学说，以及由部目［Topoi］（字面上看：所在地）[1]所引出的、对论据的寻找或设计。令人惊奇的是，“论题”的基本概念在该书中从来没有被定义——既没有从其本身被定

1 Topos（复数Topoi），是亚里士多德在修辞学中使用的概念，在希腊文中这个词的原意是“位置，所在地”。在修辞学中，亚里士多德用这个概念指同类事例的所在地，每一个部目就是一系列同类的事例。它是人们对所观察到的事物进行抽象概括、综合分析的结果。部目是修辞式论证所依据的题材，在论辩中，论辩者必须通过“部目”来获得论据支持，捍卫自身观点。——译注

义，也没有在与“共同意见”的关系中被定义：根据《修辞学》（I 2，1358a 12–14）“论题”所涉及的乃是普遍的观点（*koinoi*），这些观点对于公理，比如正义性、自然、政治和很多其他类似的东西都有效。按照在《论题篇》中展示的各种情形，这里所涉及的是论证模式，这些模式就其完整的（然而实际上并不总是完整的）构成而言乃是由四个要素构成的：程序指引、普遍的合法性、对于使用范围的提示以及实例。部目为一个已给出的结论提供一个合适的前提。如果这个前提属于“共同意见”，那么它就要面对对立观点。如果论辩者承认这个前提，那么重新借助于部目，亦即借助于在部目中已被论述的程序，才能够得出结论。

《论题篇》的卷一解释了相应的基础：任务、方法、应用和工具（*prothesis*，*methodos*，*chrêsimon*，*organa*），卷八则给出了实践性的建议，从卷二到卷七是《论题篇》的主要部分，这是列举论证模式的目录或参考资料，这些模式使得捍卫者有能力设计他们的辩护，同时也使论辩对手有能力设计他们的驳斥。除此之外，《修辞学》（不仅仅是在II 23–25中）补充了关于真实的和虚拟的修辞式推论［Enthymeme］以及关于反驳的部目集合（参看第4.3节）。（关于《修辞学》中的部目可参看Sprute 1982，第三部分。）

为了实现尽可能全面的集合，为了围绕着命题句和问题，《论题篇》遵循了四个元观点，即所谓的范畴和谓述。它从偶然的部目（卷二至卷三）和类属的部目（卷四）开始，接下来是关于特性（Propria：（卷五））的部目和定义（卷六至卷七）的部目。为了选取那个唯一的局部领域：对于众多东西中哪一个更值得追求的问题，亚里士多德为一种比较价值判断的原理收集了基石（卷三；参看《修辞学》I 7）——这些比较的价值判断由于一种经济上的和社会科学上的优先权今天仍然能够吸引人们的兴趣。因此更值得追求的是：更坚固的东西，就其自身而言更值得追求的东西，与善的非本质之物相区别的起源之物，那种一般的、并非仅处于特殊情形中的值得追求的东西，在两个中介工具中选取与目标相距较近的那个，诸如此类。

因为很多部目都应当是源自学园中的课程目录，所以《论题篇》考察了这种宽广的能力，当时人们期待最杰出的学生就应该具备这种能力。作为关于逻辑学的最古老的文本（Brandis 1835的著作已如此认为），《论题篇》除此之外还揭示了逻辑学“处于生活之中”的特征。西方的逻辑学并非源自那种（内在于逻辑的）兴趣，也不是纯粹为了其自身、远离应用地把思想的形式结构制成标本，而是从论证实践性的兴趣出发，把一切仅仅是可能的论据以以下方式分门别类地归入确定的类型：这些论据纯粹按照其形式、与内容无关地被使用。在这个方面人们可以说，其起源处于一种熟练展开的对话之中，处于科学的讨论之中（Kapp 1920）。因为这种“合乎自然”并没有被限制于某个领域，所以认为论题学亦即辩证法只是某个领域中的逻辑学，这一观点遭到了怀疑，它所涉及的范围应该有法哲学（Ch.Perelman，Th.Viehweg）或政治学或实践哲学（W.Hennis）。事实上它适用于每一个学科，而不仅仅只适合一个特殊的学科（清楚地可参看《修辞学》I 1，1354a1–3）。

4.3 修辞学

对于修辞学，人们常常只把它理解为一种极为考究地构建话语的技艺，有时甚至理解为那种纯粹的说服技术，这种技术使用那种不客观的论据，甚至委身于一种只顾及感官的犬儒式定位。亚里士多德在实践的方面使这种话语在职责上承担起人的引导性目标，即幸福（《修辞学》I 5，1360b4以下），而在认知方面使这种话语在职责上承担各个不同的信仰之物（*pithana peri hekaston*：I 1，1355b11；II 1，1355b25 以下），前者只是在课题的意义上，即它处理的是同一个对象，而不是在承担一种德性生活和正义城邦的规范意义上。因为在这里，幸福所指的是“经验意义上的”、日常意义上被承认的引导性目标，而不是关于一种善恶尺度（应有个体的尺度和城邦的尺度）的“规范”意义。由此亚里士多德揭示出修辞学的价值中立性：它可被设定为善的，也可被设定为恶的。这与西塞罗（Cecero：《论演说者》II 85）和昆提良（Quintilian：《演说者的培养》XII 2）的观点相反，这二人认为修辞学有一个内在的固有的自动机制，它可以阻止恶人使用修辞学工具。与之相反，亚里士多德并不持这个观点，即认为仅凭话语（logoi）就能够使那些追随激情的大众变得更善良（《尼各马可伦理学》X 10，1179b4以下）。但是他认为，对修辞学的一种道德上善的使用是值得追求的（I 1，1355a31），并且他相信那些具备贵族气质的人具有强化德性的力量（《尼各马可伦理学》X 10，1179b7–9）。

就前一个职责而言，修辞学属于伦理学和政治学；而通过第二个职责，修辞学则在亚里士多德那个层次丰富的知识论中获得了一个固定位置。修辞学所涉及的那些课题领域，在其中没有必然性的命题、而只有大多数情形下有效的命题，并且在这些领域中，由于没有职业化的熟练能力（*technai*），所以人们要从自身和他人角度多方面斟酌（参看《修辞学》I 2，1357a2以下）。在此亚里士多德假设，关于真理和正义的内容从其本性出发就比其对立面更强大，此外也更容易去证明，简而言之：更加容易使人信服。因为如果人是如此被“构造”的，即身体可以有助于自身，而逻各斯［话语 Logos］却不能，就可能会显得很古怪（I 1，1355a21以下以及a37以下）。在这里，修辞学承担的真理所涉及的并不是必然的事态——这些必然的事态应该是那些证明性科学要涉及的，而修辞学涉及的是这样一些事态，它们可以以不同的方式构成展开，并且对于这些事态只有那些大多数情况下都有效的（*hôs epi to poly*）命题才有可能表达。这个领域所包含的恰好是这样一些东西，关于这些东西人们可以从自身或他人多方面去考虑斟酌（I 2，1357a2以下）。

由于修辞学对可信之物负有职责，因此人们可以将它放在“生活世界的理性原理”之中，其前提是引入三种资格能力。第一，亚里士多德的修辞学未切中每一个反科学主义的制高点。第二，它不应只重视理性部分、逻各斯、价值。与之一样重要的还有两个前理性的要素，一是习性（*êthos*），亦即聪明、美德和令人感到舒服，通过这些演说者才变得可信（II 1，1378a8），二是激情（*pathê*：II 2–11），蔑视的激情、爱、恨，以及害怕、与其对立情绪，即信任，演说者必须懂得在听众那里激发出这些激情。第三，修辞学所掌握的不是总体上的生活世界，而只是其中被划出的一块，即在与政治相关的三种类型中的开放话语，换句话说就是商谈的话语、祝词以及审判话语，缺少了一个更为重要的生活领域，比如经济的和政治上的谈判。

然而这相应的一块内容需要从特别多的方面加以阐释。因此亚里士多德已经投身于今天我们称之为“语言实用主义”的倾向。在这个倾向最普遍的部分内，他既研究了三分的基本关系：演说者、演说所涉及的对象和听众（《修辞学》I 3，1358a37以下），也研究了所谓的三种说服工具（pisteis：I 2，1356a1以下）：习性［Ethos］、激情［Pathos］和话语［Logos］。而在其特殊的部分中，他研究了公开话语的三种类型的对象，研究了它们在公开生活中的位置以及它们的引导性目标（I 4–15；I 3，1358b20以下）。除此之外亚里士多德还探究了心理学的、伦理学的和政治学的条件，演说者借助于这些条件能够激发听众的判断能力并且获得他们的赞同。第I章5–7节（还有I 9）包含了一门伦理学的概述，涉及的题目有诸如幸福和美德、外在的善、兴趣和友爱等；在第I章第8节中我们看到一种宪法学说的概述；第I章10–12节则包含了一种责任学说的基石（犯罪心理学），即对无意行为和有意行为之区分的准确注解，以及对不正当行为的动机类型和心理学的提示；第II章12–14节展开论述了一门与年龄有关的细致入微的心理学。而且如前所述，一个优秀演讲者的知识应该极为广博，所以人们就要深入了解当时的社会、法律和政治情况；对于希腊的社会历史学而言，《修辞学》提供了一个真正的宝藏。

来源上完全独立的第III卷在前十二章中包含了一门文体学的要素——关于文体类型的教科书最早是由泰奥弗拉斯特写的（《论表达》

［*Peri lexeôs*］），然后第III卷处理了为演讲分段的问题（III 13–19）。亚里士多德要求明晰性、美观，还有原创性；他谈到了文体错误、语言的纯粹性（*hellênismos*）、机智（*asteia*），并且强调了口头表达和书面表达之间的区别。他对流传下来的词的使用，即比喻有着特别的关注（比如《修辞学》III 2，4，6和10–11；也可参看《诗学》21）。比喻所牵涉的乃是一种精简的而且逐渐聚拢达到同一的比较。亚里士多德强调了开启知识的力量。比如说有人把老年人称为庄稼茬子，就是那种庄稼收割后留下的茎杆，这就引发了一个学习的过程。他间离了事物却同时又使事物清楚地呈现在眼前。类似的情况也发生在笑话和谜语之中；发现骰子上的点数很有乐趣，同时也提供了教益（《修辞学》III 11，1412a26以下以及b22以下）。从西塞罗开始，在一个极为漫长的时间里——即经历巴洛克时期并一直往后延续，《修辞学》的第三卷连同《诗学》在文学和关于文学的科学中获得了一种简直可称之为经典的重要地位（参看Lausberg 1973年第二版）。但是西塞罗的“有德性的演说家”的概念（vir bonus），还有“完美的演说家”的概念（orator perfectus）对亚里士多德来说则是陌生的。

很长时间以来，这样一部极为考究的作品未受到研究工作的重视——较为重要的研究文献来自斯潘格（Spengel 1851），科佩（Cope 1877/1970），F.马克思（F.Marx 1900）和索姆森（Solmsen 1921），直到最近它才再次赢得关注（参看Kennedy 1991，Furley/Nehamas 1994和Rorty 1990，在此之前已有Grimaldi 1980），这一情况就反映出近现代哲学对于严格科学性的偏爱，可能还有对于修辞学的“柏拉图式的”偏见。与此相反，在古希腊这二者同时受到高度重视：既重视严格的科学性，也重视修辞学的论证（关于希腊的修辞学参看Kennedy 1963，Cole 1991）。

就其论题的广泛程度而言，并且由于其哲学意向，亚里士多德的《修辞学》远远超越了他的前人们的著作，比如像智者学派的高尔吉亚［Gorgias von Leontinoi］、莱西亚斯［Lysias］和特拉西马库斯［Thrasymachos von Chalkedon］，以及形式–文体学的修辞学的缔造者伊索克拉底斯［Isokrates］。后来大名鼎鼎的西塞罗的《修辞学艺术》［*Ars rhetorica*］，在哲学层面上也不能与亚里士多德的《修辞学》相提并论。亚里士多德说，他的前人们比较偏爱审判的话语，而他就补充性地研究了政治的话语和祝词。当这些前人们专注于纯熟地掌握那些煽动激情的工具时，亚里士多德则更看重逻各斯，并且要求去发现其中对修辞学极为特殊的要素：修辞式推论［Enthymem］的重要价值（I 1，1354a11以下）。另一方面他并没有高估修辞学的价值。只有像西塞罗那样首先能被看作修辞学家的知识分子，才能把它当作完满哲学的象征，即能够运用丰富的语词并且优美地述说那些最重要的问题（“copiose...ornateque dicere”：《图斯库卢姆谈话录》［*Gespräche in Tusculum*］I 7）。

为什么柏拉图对修辞学的著名批评会如此尖锐，关于其原因人们可以提出几个猜想：可能不仅柏拉图，还有他的榜样苏格拉底，都无法否认他们对智者的修辞学的某种接近；在这种竞争关系之下就可以理解，为什么柏拉图在对话《高尔吉亚》中要与对手划清界限。每一个不必为生计发愁的人都可以谈论这种批评的某一个部分。另一方面柏拉图的尖锐之处可能也来自于一种信念，即相信苏格拉底对一种浮浅的演说技艺的拒斥应该是他在审判中遭受（最终死亡的）失败的原因之一。除此之外，如果说远在亚里士多德的《修辞学》之前，对于智者和修辞学者之间的划分就属于哲学的鉴别创举，那么这种划分就完全不同于那种基于纯粹的熟练性之上的技巧——这种技巧服务于一些目标比如追求权力或者获得乐趣。在其他的对话中，对一种更好的形式，亦即对一门修辞学的诉求总归是遭到了一个总体的拒绝，尽管这门修辞学是基建于知识的基础之上并且通过（柏拉图的）辩证法认识到事物的真理（《斐得若篇》266b以下，276e以下）。

亚里士多德认真对待《高尔吉亚》中的反对意见。除此之外，他还尝试着去满足出自《斐得若篇》的那些要求，尽管只是部分的满足。因为总的来看这些要求将导致一个假设，即真正的演说者必然会成为哲学家。遵照他对一门统一科学的批评，亚里士多德拒绝了这种统揽为一的策略。作为替代，他寻找一种修辞学所特有的能力，这种能力只能在民主化的意义上被每一个公民掌握。与柏拉图相反，在他这里这些课题并不是各自“基于根据之中”被处理，而总是在与话语情境之类型的关联中被处理。（关于与柏拉图的关系可参看Hellwig 1973。）当亚里士多德从事伦理学或者心理学研究之时，他所致力于的不是“基础研究”，而毋宁说是“应用伦理学”和“应用心理学”。

从科学体系上来看，修辞学被定位在辩证法和实践哲学之间（《修辞学》I 2，1356a26以下）。跟辩证法一样，对于那些并非自身明见的、却仍然可以指望得到肯定的观点，修辞学就需要回溯它们的所源出之处。修辞学可以与辩证法式的辩论进行比较类比在于，演说者也叙述那种与听众所期待的意见和论据相反的反对论据。在这里，听众也同时成为审判者；因为关于论据是否无效的决断只能是由听众做出的（《修辞学》II 18，1391b11以下）。相反，另外一个一致之处在于，当修辞学与辩证法同样研究一个所有科学所共有的对象时（《修辞学》I 1，1354a1以下），则只是有所局限地切中实际。作为科学分支学科的辩证法所处理的乃是普遍之物，而修辞学更多地则是处理特殊之物（I 2，1358a23以下），因为修辞学本身而不是其论题致力于研究听众的心理学，研究听众的倾向和声音。修辞学这样做之所以也是“理所当然的”，是由于它所迎合的是更大的群体，甚至可能是绝大部分人，人们是无法与这个绝大部分进行对话的。

因此修辞学又与伦理学和政治学较为接近，因为演说者想要影响决断并且由此将它看作政治实践的一个部分。此外，它并不想要说服，而是既服务于伦理实践的引导性目标，也服务于政治实践的引导性目标，致力于幸福，尽管它始终处在其价值中立的概念之中。只有在这个比较弱的意义上，并且因为它不是理所当然要致力于善行，所以修辞学陷于道德上的模棱两可之中，但亚里士多德却能在肯定意义上评价它，并且能够解决之前碰到的“智者反对柏拉图”的选择。

一门致力于寻求可信之事的修辞学，除了演说者的本性和煽动激情的能力之外，也包括他的论据话语（*logoi*：II 18–26；也可参看I）。在这里修辞学就像证明性科学一样，原则上可支配两种论证工具：归纳和演绎。但是这二者也都是为修辞学所特有的目标而设置的，一方面是为了简洁精辟（参看II 22，1395b23以下；III 18，1419a20以下），另一方面是为了那种仅仅是或然的真理之事（*eikos*：比如II 24，1402a等）。出于这两个原因，演说者没有使用一般意义上的归纳，而是使用恰当的例子（*paradeigma*；参看II 20）。例子应该具有一个近似先例的等级，并且在三种形式中呈现出来：作为神话的或者历史的叙述，作为比喻以及作为动物寓言。修辞学的归纳所特有的乃是一种对普遍命题的隐秘使用，因为这种普遍命题看上去完全自明，但实际上却不是在每种情形中都有效。为了从个别情形中得出一条有效的建议，这种论证工具首先会在建议式的演说中被探询；因为“我们是从已发生之事出发，预言式地判断未来之事的”（I 9，1368a30以下）。

第二个、在论证意义上最严格的并且几乎不受情绪影响的修辞学工具，就是修辞式推论［Enthymem］，亦即修辞学式的三段论，它应当构成了修辞学论证的核心部分（*sôma tês pisteôs*：I 1，1354a15）。事实上这种提供了根据和证明的修辞式推论在审判中会特别地被探询；因为在这里那个已发生的事态还没有得到解释（a32以下）。根据古典的描述，在修辞式推论（Enthymem字面上理解就是：念头，思想）中结论的部分是未言说出来的（*en thymô*：在心中的）。这并不是说，演说者“在玩被盖住的纸牌”，毋宁说或者是他漏过了其中的一条假设——因为他可以把这条假设预设为已知的，或者是他为了取得更好的效果，让听众自己把结论联系到之前表述过的个别情形中去；无论如何，那种不言而喻的东西是没有言说出来的。但是亚里士多德却没有给出过这种“未言说出来的”解释。按照修辞学的标准，即简洁精辟，修辞式推论也可以存在于以下情形中，即“不必从远处开始”进行推论：无须经过很多中间步骤，也无须牵强附会的论据。除此之外，修辞学推论所处理的事情并不必然有效，并且因此需要一种协商。（关于修辞式推论的问题可参看Sprute 1982，第二部分，以及Burnyeat的文章，收于Furley/Nehamas 1994以及Rapp 1996。）作为一种协商的理论，修辞学允许一种现实化过程，这种现实化比我们熟知的在社会科学、交流和媒体科学领域中的现实化要宽广得多。今天的商谈理论正是依据哲学内部讨论的模式来理解公开争论的——这种哲学内部讨论指向事物的最终基础。事实上，那些基础性的约束已经预先被给出了，比如像基本权利和人权。在公开争论中，一般来说并不是这种预先规定有争论，有争论的是以下的问题：如何在合乎各自情形的前提下，将这些预先规定具体化，以及如何在具有竞争要求的情形中权衡这些预先规定之间的关系。此外，这些争论是在非理想化的条件下发生的，因为没有任何一方是严格意义上中立的。由于亚里士多德正是以这种情况为课题，即以全神贯注的并且受激情影响的参与者之间的争论为课题，所以他提供了对商谈理论的一种修正，甚至是另一种选择。他的《修辞学》包含了一种“公民商谈”理论的基石，这种“公民商谈”指的是一种在（享有平等权利的）公民中展开的话语和反对话语的理论。

4.4 诗：悲剧

亚里士多德是这样一位哲学家，他在众多伟大思想家中可被称为诗人，事实上他的哲学是与一种艺术的诉求密不可分的，他在诗歌中看到了一种对抗的紧张关系，而他拒绝这种对抗。柏拉图不顾所有人对诗的喜爱和对荷马的敬仰（《国家篇》X 595b–c；参看1.1章），从道德原因，以及政治和本体论的原因出发抵制“模仿的”诗歌（《国家篇》II–III和X；《智者篇》235e以下；《法义》VII 816d–817e）。诗歌生造出对于神、正义和不义的歪曲想象；除此之外它煽动了欲望和激情，蒙蔽了明晰的理智。根据智者高尔吉亚的观点（Diels/Kranz 82 B 11和23），诗歌甚至就是欺骗，它像魔术和巫术那样发挥作用。

在这里亚里士多德又一次与柏拉图、同时也与智者学派划清了界限。他的看法与希腊的传统相符合，诗人属于大众最好的教师；引发强烈的情绪波动甚至就是他们的任务。我们在亚里士多德的现象学中极为赞赏的那种知识论上的宽容，曾出现在辩证法和修辞学中，现在再度出现在诗学中。就像已介绍过的知识的论辩和公开的演讲一样，诗歌也不能按照一种单一层面的理性理解去衡量，而只能按照其自身特有的标准去衡量。因此亚里士多德毫不犹豫地承认，人们通过诗歌也能获得一种知识。在不对哲学中这个特殊门类加以削弱的情况下，他赞同埃斯库罗斯的诗句*pathei mathos*，“从苦难中学习”（《阿伽门农》V.177）。从情感冲突和情感崩溃的经验中，人们也完全能够学到东西，甚至在情感意义上学到的东西比在知识意义上学到的还要多。

与《修辞学》相似，亚里士多德的《诗学》（“诗的技艺”）也属于那类时至今日仍然最有影响的著作。关于启蒙时代我们可以提到莱辛，他在《汉堡剧评》中就是援引亚里士多德来批评新近的法国戏剧。布莱希特（《关于戏剧的文献》第3卷，1963）发展了他的戏剧文学，尽管他称自己的戏剧是“非亚里士多德式的”，但“实质上是基于亚里士多德的概论基础上的”（Flaschar 1974，35）。此外亚里士多德对于诗歌的兴趣绝不仅限于《诗学》。这位哲学家还创作了一篇对话《论诗人》（*Peri poiêtôn*）；他系统地收集材料，编写目录索引；并且在《关于荷马的争议问题》（*Aporêmata Homêrika*）中致力于研究荷马语音学的问题。但是从效果史上看，重要的只有《诗学》（关于这个文本可参看Lucas 1968，Fuhrmann 1992第二版，Halliwell 1986，Rorty 1992）。

根据题目的字面含义，亚里士多德乃是想为生产型的技艺（*poiêtikê*）写点什么。尽管原初地看这里所涉及的并不是针对文学的艺术作品的评判标准、不是文学批评，也不涉及普遍有效的文学原理，但是其中却包含了对二者而言值得关注的要素。毋宁说，亚里士多德是想向他的同时代人指出，人们如何能够“生产出”优美的文学作品（参看《诗学》1，1447a8以下）。然而在这里，面对一种普遍流行的目标用途，他以一种或许可称之为聪明的方式克制着未说出那种原本明确的用途。为了这个目标，在详尽的奠基性说明（1–5章）之后，他讨论了当时最为重要的文学类型。亚里士多德提出了一门类型化的诗学，它极为详尽地探讨了悲剧（6–22章），然后探讨了史诗（23–25章），结尾一章则对史诗和悲剧进行了相互比较。与之相反，那种在奠基性说明中多次提及的第三种类型，喜剧，则只能是在那些已失传的部分中被讨论（参看《诗学》6，1450a21以下）。讨论悲剧的部分在结尾处（20–21章）还提出了关于语言形式（lexis）的一些普遍化思考，这些思考形成了一门基本的语法学，研究连词、冠词、名词、动词、变格和句子。

“间离”（*xenikon*）这个概念我们一般会把它视为典型的现代概念，实际上它第一次在文学理论的相关讨论中出现是在关于悲剧的结尾一章（22，1458a22；相似的可参看《修辞学》III 2，1404b36）。然而亚里士多德只将这个概念当作语言的工具（人们使用讽刺、比喻、扩展等取代通常意义上的表达），还没有联系到这种戏剧的技术。但是依据以下情况，“间离”也是当代性的，即在*para tên doxan*（与期待相反：《诗学》9，1452a4）这个提示词下它意味着：出乎意料的、令人惊异的事件形成了很好的故事（*mythoi*）。

然而《诗学》中美学的基本概念乃是“模仿”［*Mimesis*］，这个概念听上去更像是一种前现代的文学理论，特别是当用“仿制”这个词来翻译它的时候。因为对于绘画来说，几乎乱真地摹画一串葡萄是完全可能的，画中的葡萄如此逼真，以至于小鸟围绕着它飞行啄食；而无论是史诗、悲剧和喜剧或者音乐，当被提出这种模仿的要求时，它们都无法做这种尝试（《诗学》I，1447a13–16；参看《政治学》VIII 5，1340a39）。亚里士多德的“模仿”可能要用“描摹”或者“描绘”来翻译，艺术家并不需要如此，也不用像后来霍拉茨［Horaz］的《诗学艺术》［*Ars poetica*］（V.268以下）那样竭力去仿效经典的模式，他就像在自然主义的幻想剧中那样反映现实性。与那些过分耽于想象的发明相反，“模仿”意味着描摹或者制造相似之物的每一种形式，它应该像实在之物曾经所是或者现在所是的样子（对于悲剧：欧里庇得斯），就像人们所说的或者所相信的那样，它应该是——或者也可以说——像实在之物应该所是的样子（索福克勒斯；25，1460b10以下以及33以下）。对于诗歌而言，这所有的三种情形并不取决于是否对现实之物的表面特征进行了描摹，而是取决于对内在相符的行为过程和本性的描绘。除此之外，悲剧所涉及的是那些比我们在现实生活中遇到的更高贵的人，而喜剧所涉及的则是那些比我们在现实生活中遇到的更平凡的人（《诗学》2，1448a16–18）。并且“模仿”的第二个含义，即投入场景、角色，在戏剧艺术中与在绘画或者纯粹的叙述故事中所表达的意思是有所不同的。（这两种含义在柏拉图的《国家篇》中就出现了：在III 392d–94c中戏剧的模仿和在X 597c中对于相似之物的普遍性描绘。）

这种诗歌所特有的模仿，源于日常意义上的模仿：即源于一种对人来说自孩童时代就生而固有的模仿的倾向中，这种倾向与一种和谐与调和的感觉密不可分（4,1448b5以下，以及b20以下）。基于学习的兴趣（b12以下），视模仿为己任的诗歌也参与认识了人的命运。亚里士多德甚至认为诗歌比历史写作更富哲学意味，因为诗人通过对人之可能性的模式化表述，理解如何使普遍有效之物显现出来，而历史写作则滞留在特殊之物的领域之中（9，1451b1以下）。

神话乃是“悲剧的灵魂”（6，1450a38）。而随着神话中宗教力量的不断消失，它不再仅仅意味着虚妄之谈：一个故事，亦即一段“精心设计的情节”［plot］。诗人从三个来源中获取相应的素材：不仅仅是（1）来自真实的生活，而且还有那种证实诗歌虚构性的东西（2）来自于信念，相信事物应该是如此的，以及（3）来自口头的或笔头的流传，在其中流传来下的神话未被改动（14，1453b22以下）。与分散情节组成的叙事诗不同，有一种独立且自由的行动得以形成：当其中某一个部分被改变，整体都会改变（8，1451a32–35）。在这里行动应该先于性格（6，1450a26）；主角的命运、他们的幸福与不幸，都取决于一个个的行动。

在亚里士多德所有文献中被提到的概念中，几乎没有哪个能像“悲剧的快感”（*tragôdias hêdonê*：13，1453a35以下，参看14，1453b12）这个概念一样（尽管未得到进一步阐明），自文艺复兴以来引起了如此多的文献讨论。通过这个概念，亚里士多德在其类型诗学的范围内关注了接受美学，并且除此之外，当人们考虑到后来“教化或者娱乐的戏剧”之选择的时候（参看Horaz：《诗学艺术》V.333：aut prodesse volunt aut delectare poetae），他又倾向于后者。观众并不能直接地从中获得一种道德的或者知识的教益，毋宁说只能获得一种美学上的享受（*hêdonê*）。在同情和畏惧感（di’ eleou kai phobou：《诗学》6，1449b27；14，1453b12以下）的作用下会有一种净化过程（*katharsis*）发生，由此亚里士多德认为悲剧在道德上是无害的，在这一点上他与柏拉图观点相左。

在情感上这里所涉及的并不是某些表面上的肤浅感受，而是那种触及人类生存核心的某种程度上本质化的感受。比如说对那些卓尔不群的、既声望卓越又安享幸福、而恰是因此特别遭受危难的人来说，那种每个平常人都会遭遇到的悲剧就不啻一场灾难，在这场灾难中人不是由于自然或者他人的专横，而是至少部分地是由于自身而崩溃的。但我们却热衷于一种不同的解释，比如说对于戏剧《安提戈涅》我们会想画一幅黑白分明的道德化画像，依据这幅画像，道德上起表率作用的主人公承担了针对不道德暴君的英雄式反抗。但是在亚里士多德那里，这出戏剧所涉及的人既非完全具有道德也不是彻底的邪恶，因此他们既不是圣人也不是罪犯。对他们来说悲剧展示了，他们是如何由于对感受和追求的狂热的束缚，从而造成了这个过错（*hamartia*：《诗学》13，1453a8–10）。在索福克勒斯那里，两个英雄被自以为是所蒙蔽，过于简单地看待一个复杂的情势，因此犯了错。克里翁虽然身负以下任务，即惩罚国家的背叛者、安提戈涅的兄长波吕涅克斯；但是却大可不必以拒绝掩埋他的尸首来实施这个任务。安提戈涅虽然冒险争取了掩埋兄长的权利，但是却因其强硬犯了过错。

以下要点也属于那种对欧洲戏剧史有着重大影响的悲剧“理论”：亚里士多德将希腊悲剧的一个特定阶段，即索福克勒斯以及其作品《俄狄浦斯王》提升到一个理念的层面。俄狄浦斯作为“凡人中的最优秀者”（《俄狄浦斯王》V.46），到最后成了“道德最败坏的人”（V.1433），这一点就表明了，事实上那种为悲剧所特有的声望和幸福的失去只是在极为细微的一线之间；转瞬之间主人公英雄就会从名望的顶峰摔落到最深重的耻辱深渊之中。另一方面欧里庇得斯“比其他诗人都要更悲剧化”（13，1453a29以下）。

俄狄浦斯的命运是在最大限度的痛苦中终结的，尽管他只身负有限的罪行——弑父以及与生母结婚都只是在不知晓的情形下发生的，他的命运把人类的生存推到荒谬的边缘。无论是基于宗教还是不基于宗教：那种被尼采理解为悲观主义的艺术品的悲剧（《悲剧的诞生》，1872）表明了，整体上的使人高兴和令人安慰的意义是根本不可能的。除了这样的观点之外，即认为人服从于一种（难以解释的）神的意志，在那种未能真正理解世界进程的意识中，悲剧发展出一种无法理解的语言，它产生于抱怨、祈祷、悲伤、悲叹和惊慌。现在这里所谈的是治疗的功能，这种功能在流传下来《诗学》中未得到阐释，而在《政治学》中却有所提及（VIII7，1341b39以下）。

这个决定性的概念“净化过程”［Katharsis］在亚里士多德之前有两个含义：在医学上它指称呕吐疗法和排泄疗法的后果，在宗教生活中它指称那种对“不洁的”人所进行的仪式上的清洁过程。与医学相似地去理解，悲剧的净化过程意味着，悲剧以某种方式激发情感——既包括对一种一定范围内发生的痛苦的同情，也包括对那种最美好意愿失败的惧怕，——并且这种激发是通过行为的构建、而不是通过那些舞台背景（14，1453b3以下）实现的，这就像一种物理疾病先是爆发出来然后慢慢减退，那种最终重新获得的内心平静就被感觉为一种减负感；而恰好是在这其中有一种悲剧的快感。

为了与一种对同情的所谓人道主义的和基督教的理解保持距离，沙德瓦尔特（Schadewaldt 1955,收于Luserke 1991，254页）认为情感甚至应该如此被激发：对被关注者而言，痛苦会“使心灵柔弱并且令眼泪涌入眼眶”。单纯从亚里士多德的畏惧和同情概念来看（《修辞学》II 5以及II 8），这个解释是站不住脚的，但是若从被讲述的故事（神话）来看：既有主人公极端充溢的情感，也有那种伟大的，却不走运的行为以及最重要的最大程度上的不幸：比如兄弟杀死了兄弟（厄特俄克勒斯和波吕涅克斯），或者儿子杀死了父亲（俄狄浦斯），或者母亲杀死了儿子（美狄亚），或者儿子杀死了母亲（俄瑞斯忒斯），这就与这个阐释有关（14，1453b20以下）。

依据其他的、并不那么可信的解释，悲剧应当通过令人惊悚的例子来教化观众，让观众与悲剧中的英雄相反地克制自己的情感。这种在意大利文艺复兴和法国古典时期占据主流的道德–说教阐释是由莱辛构想的，目的是为了以下任务，即通过净化过程使情感转变为道德完善性。而在歌德看来（《亚里士多德诗学拾遗》），这种净化过程不是一个可能的效果，而是悲剧的一个结构标志（也可参看Bernays 1880，Flashar和Pohlenz 收于Luserke 1991；Halliwell 1986，附录）。人们或许可以对亚里士多德的悲剧理论提出这样的异议，即在听众那里激发的情感并非首先由悲剧诗人所规定。但是作者和导演都在努力做这些相应的尝试；而尝试进一步成功与否则是质量的标志。对以下状况的批判略显牵强，即亚里士多德没有探讨那种中不起眼的“理性”部分，这些部分遵循了他自己的伦理学。这一点固然是正确的，即《诗学》既没有关注配角的审慎镇定，如《安提戈涅》中的伊斯墨涅和《俄狄浦斯王》中的克里翁，也没有关注《奥瑞斯提亚》的结局：雅典人明白了通过理性的劝说使图谋报仇的厄里倪厄斯［复仇女神］平静下来，但是此类因素几乎不属于那种对亚里士多德来说至关重要的东西，不属于悲剧不可或缺的核心。令人惊奇的不如说是以下这点，即悲剧在《伦理学》中无关轻重。在有关快感的文章中悲剧根本没有出现，而在关于主动的研究中，根据亚里士多德的观点，它只出现在一个不可理解的形式中；欧里庇得斯的阿伽门农为何被挑动杀害母亲的原因，乃是“很可笑的”（《尼各马可伦理学》III 1，1110a27–29）。

我们可以设想很充分的理由，亚里士多德诗学的这两个主要概念，即模仿和净化过程，直至今日也仍然没有失去其有效性。无论是舞台剧还是电影，在其主要情节中它们都是示范性地表述生活的可能性。在其中它们并不满足于简单的交流，也不取决于一种道德福音的传播。毋宁说，它们呈现出一种巨大的激情，逼迫着我们去同情，并且在相应的同情之后，最后获得一种轻松状态。甚至可能可以说，对于面对不断变动的社会的一项重要任务、对于面对新问题形势的“合时宜的文化”，悲剧可以作为典范发挥作用（参看赫费 1993，第16章）。索福克勒斯的《安提戈涅》则指明了一种反面的情形［e contrario］，这对那些作为第一要务的新型任务非常重要。只有那些逃脱了那种压倒克里翁和安提戈涅的危险的人，逃脱了那种由自负产生的迷失理智的危险的人，才能真正对新情况的复杂性感兴趣。并且在这种兴趣出现之处，人们“只”需要进行一种彻底的思考，他的兴趣就是由此被确立的。

5 证明与原则

5.1 对证明理性的批判

哲学发端于爱奥尼亚学派的自然哲学家那里，而科学理论作为特有的学科是两个世纪之后才开始的。然而科学理论通过《后分析篇》达到了一个很高的水准，很多个世纪以来对这个文本的诠释史一直伴随着科学理论的历史在深入延续。然而从来没有无中生有的凭空创造。亚里士多德与那些当时已出现的且相互间竞争的观点中最重要的一些进行了争论，比如与柏拉图的回忆学说［*anamnêsis*］，与二分法（《前分析篇》I 31和《后分析篇》II 5），与安提西尼针对科学可能性的怀疑，以及与色诺克拉底的观点，即认为这种可能性只处于一种循环论证的形式之中。最重要的是研究对象的高度发展并且出现了极为丰富的实例，尤其是数学；在第II章第11节和13节还出现了生物学、医学、历史学和伦理学。在诸科学深入展开的实践性基础上，得出了一门元科学。

今天，一般意义上形式的元科学都是以遵循经验化–重构的方式出现的；它用这个概念表达诸科学的实践、目标、方法和前提。这种选择性的、批判的理论在寻找不同类型的认识兴趣，目的在于随后对这些兴趣做出评价。亚里士多德退回一步，回到了两种可能性之后。他追问一种未经消减的知识，追问那种“最直接的知识”（*epistastbai haplôs*《后分析篇》I 2，71b9），这种知识无外乎就是完整地满足那种始终被提出的知识需求。人们既不能以有不同的认识兴趣为借口，也不能由于知识上的满足而放弃这种类型的理想目标。

在《后分析篇》中，那种尝试着实现这种理想的知识［Wissen］就成了科学［Wissenschaft］，获得了一种原则上的合法性。只有当亚里士多德提出的标准被满足的时候，并且只有当人们首先在事态上也认识到了起源亦即根据［*aitiai*］，其次人们具有解释能力亦即指明根据的能力之时，只有在这个时候，人们从那些被陈述的事态中才能得知他们只能采取这个态度而不能采取其他态度（《后分析篇》I 2，71b9–12），此时那种自然的求知欲才获得了其本身内在固有的完满。所以这一点并不令人惊奇，即亚里士多德的理想及其标准一直还是被承认的，尽管几乎不是在科学理论中被承认，但却在知识实践中被承认。直到今天，当缺乏根据或者事实上无能力解释的时候，我们还是将之看作一种知识上的缺乏。除此之外，亚里士多德的证明所关涉到的不仅仅是必然之物，而是也包含大多数情形下的有效之物，但不涉及偶然之物（《后分析篇》I 30；参看《物理学》II 4和《形而上学》VI 2）。

在当代重新转向亚里士多德的潮流中却令人惊异地缺少了科学理论。关于科学理论，除了那些研究文献之外——比如麦克基拉汉［R.D.McKirahan］1992和戴特尔［W.Detel］1993，此前还有巴内斯［J.Barnes］1975（1994第二版），再早还有罗斯［W.D.Ross］1949——没有系统的关注兴趣可以与亚里士多德的本体论和实践哲学的“重振声望”相比，也无法与对其逻辑学的重视相比。安斯康姆［G.E.M.Anscombe］和基希［P.T.Geach］（1973，第6页）甚至解释说：“亚里士多德关于‘科学证明’的理论在某种程度上需要他所要求的‘宽恕’。”这个批评在一般意义上乃是联系到一种由三部分构成的标准诠释。一门亚里士多德式的科学应该（1）将其内容压缩到极少的、不能再推导的基本命题之中，压缩到公理之中，这些公理是通过归纳（*epagôgê*）和直观（*noûs*）被掌握的，总是为真，因此也是不可逆的；（2）归功于这种公理和其他的原则，一种所谓的最终根据是可能的；（3）诸科学指向本体论的实质（“本质”）并且指向因果律的世界关联。因此人们说，科学的特质是公理论［Axiomatik］、基础主义［Fundamentalismus］和本质主义［Essentialismus］，简而言之：一种“AFE–理想”（对此可以参看Detel 1993,II 263以下）。

很明显，从这样一种理想的吸引力出发，我可以预见近代的理性主义，那种依据几何学建构的体系，它来自笛卡尔、霍布斯和斯宾诺莎。但是就科学实践的立场而言，就有一些引人注目的争论：按严格的公理标准来看，可能只有一门科学，它的公理不会提出真理要求，这就是数学；人们通过归纳不能获得必然的真理；科学的命题有可能是错误的，永远只是暂时有效；还有本质主义由于其形而上学的性质，乃是过时的。事实上，那些抱有AFE–理想的人就是逼迫诸科学穿上一件原本不属于它们的紧身衣。另一方面，这种陈腐的理想倒是有助于一种戏剧化的自导自演；它可以令迄今为止的科学理论崩溃，其独特的贡献却是承认了一种伟大的新思想。

初看《后分析篇》，人们会找到一些支持标准诠释的证明，比如说就一种近代意义上的公理而言的证明在第II章3–7节之中。但是通过更仔细地阅读，人们会发现一种构想上更为丰富的、完全开明的且某种程度上很微妙的理论。虽然它并不总是可以抵御各种观点，但是完全可以满足今天的标准。向着经验性重构和批判性理论退回一步，这种思想已经很值得关注。

令人印象深刻的还有，亚里士多德这样对科学理论幼稚性的抵制——这种抵制时而是清晰的，时而是没有明言的，比如说抵制一种归纳逻辑，这种逻辑相信其有效运作无需对普遍之物有预先掌握。大体上这个文本的许多部分都要被看成指示，以避免某种方法论上的谬误。更进一步，人们可以克服科学史上的神话，这种论证思想的三重困境（“明希豪森三重困境”）乃是在19世纪才由弗里斯［Fries］认识到并且在当代的波普学派中被重新发现。除此之外，对于那种在近代理性主义中被追求的，但是今天却已经过时了的基础主义，亚里士多德提出了一个值得考虑的不同选择。从《论题篇》（II 3，110a32037以及VIII 2，157a34–b33）开始他就已经知道了，普遍命题有可能包含错误。特别是《后分析篇》还提供了科学论文的一个范本；作者简洁、冷静地论证，依据与过往的例子相反的所有表象公正地论证。

文本以一个纲领性的句子开始，即以一个命题为开端：除了感知之外的一切知识都奠基于一种前知识（相似的可参看《形而上学》

I 9，992b30以下以及《尼各马可伦理学》VI 3，1139b26–36）。在巴内斯看来（Barnes 1994第二版，导言），对于一切知识而言，以教科书的方式表述的理论都是不自然的。这里所谈及的并不仅仅是数学和其他科学，而是也涉及辩证法（这里指的是logoi，辩论）以及修辞学（《后分析篇》I 1，71a3–11），但是从这个状况中就产生了一个疑问；亚里士多德并不是仅仅对所有科学的一种百科全书式研究抱有兴趣。对他而言，这里所涉及的也不仅仅是教育学的问题，即研究人们如何传播知识。在出自柏拉图《美诺篇》的难题（80d以下；参看《裴多篇》72e-77b）的背景之下，即人“或者学不到任何东西，或者只能学到人们已知的东西”（《后分析篇》I 1，71a29以下），亚里士多德关注了研究和教学的必要基石，简而言之：是知识获取的所有形式的必要基石。

那种为此所要求的前知识，人们可以在启发式的和传记体的意义上去理解：学习知识总是在某个情境中学习。知识不会无中生有；它只是补充或者纠正了人们已知的东西。然而亚里士多德提出了一个论证逻辑的问题，并且用一种完全先在的和绝对的前知识来做回答；真的且不受限制的第一命题、原则构成了体系化的开端。由于这个原因，科学是从两个完全不同的要素的相互作用出发构建而成的，这两个要素是：三段论的（“演绎的”）证明和对那种不再能证明的原则性（归纳的）洞见。

一般来说，人们把证明（*apodeixis*，拉丁语*demonstratio*）理解为一个“从上到下的过程”，那种从其他命题推导或者引导出命题的过程，我们将这种过程视为从原则出发的道路（3.2章）。但是人们若要在亚里士多德的基本哲学中寻找这种类型的过程，即那种“几何学的方法”，一定是徒劳无功的。即使人们找到了三段论，它们也不会与一个受原则支持的知识体系融合到一起，既不会与体系整体也不会与局部体系融合到一起。因此，在《后分析篇》的科学理想和亚里士多德的事实实践中间就存在着一条鸿沟，那么人们是否因此就必须要将亚里士多德的科学理论或者他的哲学视为一种缺陷呢？

在更深入的研读中这个矛盾是可以解决的。就像证明的基石、一个（已成立的）三段论那样，这个证明本身也不仅仅是从上往下的，而是也可以颠倒过来去看：面对可能的论断，就要去寻找起源和根据，而循着这些起源和根据将会一直追溯到原则。这种推进过程也被称为“证明”，与之相应的是一个一半科学、一半非科学的问题：“您也可以证明这个推导过程吗？”对其的回答首先遵循一个“从下往上的过程”。面对一个已经被接受为真的命题，要寻找一个做出解释的根据，比如对于命题“直角是90度的角”（公式：“AaC”），或者对于以下观点：发生了月食。一种亚里士多德式的科学最先感兴趣的是解释亦即论证，而其次才会在检验的意义上关注推导。在证明的最根本基石即三段论中，论据有着一个精确规定的任务。因为需要证明的命题具有“AaC”的形式，那么他们就有责任借助于中间概念去证明A和C两个概念之间的联系：之所以“直角”（A）是“所有”（a）“90度的角”（C），是因为“90度对应于直角”（B）（《后分析篇》II 11，94a28–36）。

波普认为论证思想是处于一个疑难困境中的，具体地说就是纠缠在以下这个三重困境之中，所有三种选择都只是拒绝了可思考的可能性：无穷回溯和逻辑循环并不能承担论证，而随着中断论证过程人们只得到教条化的观念。从与安提西尼和色诺克拉底的争论中（参看《后分析篇》I 3，13和19–22；关于无穷回溯也可参看《形而上学》IV 7，1012a12–15），亚里士多德了解这个三重困境——至少了解其开端模式。因为他同意安提西尼对于无穷回溯和中断论证过程的批评，只在第三种选择上有不同意见。针对这种选择，即循环论证，AC从AB和BC中推导出来，AB又是从AC和BC的逆向形式中推导出来，CB也与此一样（参看《前分析篇》II 5），有三条反对的论据（《后分析篇》I 3）。一个循环论证依据这样一个论据（73a6–20）是完全有可能的，但是仅仅是借助于一些可转换的命题（BC→CB），这些命题的概念指称的是一个事物的固有特性（propria）（《后分析篇》I 3，73a7），并且因此支配着同一个的概念范围，比如说对于人“掌握语法的”和“会笑的”。更重要的是另外一个反对意见，在这里一个证明的条件，即从更早的和更熟悉的东西出发，这是不完整的（72b25–32）。依据第三条反对意见，一个循环论证最后会导致一种无意义性：“如果A，那么A”；就这个方面而言，通过循环论证一切都可以被论证，但实际上什么也没有被论证（72b32–73a6）。

亚里士多德通过将批评相对化来应对那些对论证思想的批评。在这里，人们可以在康德的意义上谈及一种对证明理性的批判。《后分析篇》的主要部分是这样一种“对证明理性的分析”，即证明理性通过一些条件也扩展了证明的权利和任务。以下观点就属于这种分析，即那些在证明中使用的概念——既包括主语也包括它的谓述，这些概念被排列为一种等级关系，这种等级结构既可以向下——即向着特殊之物的方向被整齐地限定，也可以向上——即向着普遍之物的方向被整齐地限定（《后分析篇》I 22）。在这个方面亚里士多德相信，回溯是可以发生的。对于科学的主体，以及它们的本质或者部分本质来说，亚里士多德完全令人信服地指出了往下推导的界限在个体之中，比如说在生物学中，界限就在一个自然种类的个体样本，而向上推导的界限在此对象定义的最高级的种属中，在这里就是：生物。还有对于那些可能的谓述、特性以及特征，他注意到了一种双重的界限：向下它们不能再有比个体更进一步的特殊性尺度，它们本身就是这些个体的特性，而向上，它们最终导向（有限多的）范畴中的一个。关于这个中间连接的问题，即这些范畴是从何而来的，亚里士多德并没有找到最终的支持根据，他更倾向于在实际中截断这种回溯（参看11.1章）。

但是亚里士多德也反对那种自视为绝对的证明的僭越。他的“证明理性辩证法”由两个部分组成，一个部分是对原则的认识，这是对证明的必要补充（《后分析篇》I 18，31，II 19），另一个部分是对方法论错误的提示：对那种无穷回溯和循环论证的提示（I 2），对证明的诡辩样式（I 5）和把仅从特征出发的论证混淆为真正的证明（I 13）的提示，对放弃感知和归纳（I 18）或者过高评价它们（I 31；关于这二者也可参看II 19）的提示，更多的还有对以下错误的提示，即认为通过概念的二分法（Dihairesen）可以证明本质（*ti estin*）（II 5）。

5.2 公理和其他原则

那种为证明所要求的前知识乃是由一些前提组成的，这些前提既无法证明也无须一个证明，它们就是原则（*archai*，字面上看：开端；关于这个词包含的多种含义参看《形而上学》V 1）。倘若原则赋予所有知识一个基础——康德很恰当地将之译为“开端根据”，那么亚里士多德的科学理论事实上就具有一种“基础主义的”性质。而以下列举的三种样式却有充分的理由今天在科学中还能被找到。原则是（1）较少的公理，它们就像矛盾律，是为一切知识，甚至每一个行为所预设的；（2）假设以及（3）定义——二者一起也被称为命题（《后分析篇》I 2，72a14–24），它们各自被相应的知识领域所要求（*ta idia*；参看I 30）。当亚里士多德极为看重各门科学各自特有的原则的时候，他就中止了一门大一统科学的计划，但是却没有否定一门基础哲学。所以不同研究领域的独立是从一种科学理论的洞见出发而出现的。

1. 假设和定义。亚里士多德理解的一个“假设”，并非某种临时性的规定，而是面对基础对象的一种存在假定，这种对象具有的本质是通过定义被掌握的。算术的假设宣称，存在着数，几何学的假设宣称，存在着点、线、面，生物学的假设宣称，存在着生物。假设虽然是在证明链条中被预设的，但却不是作为证明的原则被使用的。

定义（*horismoi*）看上去就有所不同。它作为证明的前提出现，却并非以这样的方式，即人们在任意的或者习惯的规定中将它置于最前头。临时性的定义复述了流行的观点；完全有效的定义则具有说明的力量，并且是相应思考的结果。鉴于其重要性，亚里士多德把第二卷中的大半篇幅都用来讨论定义学说（II 1–10；对部分较为艰涩的文本的诠释可以参看Detel 1993 I 324以下以及II 542以下）。在对难点进行了详尽的解说（II 3–7）之后，作者紧接着处理了四种定义形式，这些形式对应于数量一样多的对于“这是什么？”这个问题的不同回答（*ti esti*：《后分析篇》II 1,93b29）。第一种形式被称为名词性的定义——就如自密尔后来所称的那样，这种定义仅仅确定了，一个名称（三角形）或者与之相应的一个表达所称谓的是什么（*ti sêmainei*：《后分析篇》II 10，93b30）。因为这种定义缺少一一论证，所以它具有一种科学上临时性的特征，并且在清算式的逐一列举中不再出现（II 10，94a11以下）。

那种在名词性定义中尚未解决的问题“这是为什么？”（93b32），对它的回答是由第二种定义形式通过一个具有说服力的根据做出的。它与一种论证亦即说明意义上的“证明”十分相似（参看94a12以下），并且仅仅是通过外在的规定与这种证明区别开来。在亚里士多德的例子“打雷”中，证明陈述如下：“因为火在云中熄灭了，所以打雷了”，而说明性的且同时是完全有效的定义就是：“雷是一种声响，当火在云中熄灭的时候它就出现了”。若不考虑数学的话，这种被规定的与证明的关联时至今日仍然准确。这种定义构成了一门科学的体系化却非启发式的开端，它们不会简单地被确立，而是要回溯到认识之中。第三种定义形式根本上只是第二种的一个次级形式；它对应于一个证明的结论句：“雷是云中的一个声响”（《后分析篇》II 10，94a7

以下）。

如果人们用第二和第三种形式去定义那些等级较低的对象的话，那么第四种形式涉及的就是一门科学的奠基性对象。人们通过对特性的一种专门集合获得这第四种形式；我们可以用自然数为例解释这种集合（II 13，96a24-b1），对这些数进行定义开始于毕达哥拉斯主义者、一些哲学家，除此之外没有希腊数学家尝试去定义它们。根据亚里士多德的“捆绑理论”，人们在寻找一种众多特性的捆绑——比如说对于数字“3”，它是“数”、“奇数”以及“按某种特定方式是排第一的”，这些特性就其自身来说虽然要比那个有待定义的事物丰富得多，但是放在一起却只以此种方式涉及一个要素。

《形而上学》VIII 2（1043a14以下）还包含了一个额外补充性的、非科学理论式的、但却是本体论意义上的定义学说。如果人们追溯质料与形式这对本体论概念，对于质料，在这里就是石头、砖瓦和木料，人们可以将之定义为一座可能的房子，而如果是一座真实的房子则需要一个形式。除了一个类型事实之外，在事物的功能中还有形式；房子是一个建筑物（字面上：容器），它为事物和生物提供一个顶盖。（关于定义学说也可参看《形而上学》VII 5，10–12和VIII 6，以及《论题篇》VI-VII。）

定义以两种方式归属于那种必要的前知识。对于那些奠基性的对象，人们必须预先知道，它们的含义是什么以及它们存在着。而与此相反，对于那些人们可以认定一个对象具有或者不具有的特性，含义就足够了。（亚里士多德的例子是三角形，它是被误解的，因为人们倾向于把它看作对象，但是实际上它意味着点和线的特性。）只有当一个人满足了这三重前提（参看《后分析篇》I 10），并在几何学的情形中（1）认识到对那些奠基性主体（点，线，面，诸如此类）的定义以及（2）它们的存在，还要认识到（3）关于那种可能的特性的定义（偶数、弯曲的、三角形，诸如此类），并且除此之外，他还要知晓第四种而现在已是一般性的前提，即知晓那种普遍的思考原则，这样证明才能进行。

2. 公理。这个词所指的是那种囊括了所有学科的原则，它源自古代的论辩技艺。它指称的是这些命题，在争论对话一开始人们就可以要求接受它们。基本词*axioun*的意思是：值得的、配得上的；公理是这样的命题，它们使每个人解除那种本非无的放矢的怀疑，在严格意义上是可信的。在面对某一个课题的时候，这个条件是切合实际的；按照此条件一个相应地受限制的先天之物呈现出来。在《后分析篇》（I 10，76b14）中，同样地也在《形而上学》中（IV 3–4和7；参看III 3，997a5–15；XI 4，1061b17–33），这个词则失去了这种相对性，并且仅仅指称某些前提，这些前提在每一场争论，甚至在每一种实践中都被造就。除此之外，这种形式的公理是最为肯定的原则——人们不会低估它，并且是最大程度上是可认知的，简而言之：它们具有一种绝对先天之物的地位。

因为所有事物在某个方面都可以用数量来表示，因此在亚里士多德看来，普遍的数学命题是有效的，举个例子，偶数减去偶数得出的还是偶数，这类命题不仅对数学有效，而是对所有知识都有效。除此之外，其他相应的命题都不会被他称为公理（《后分析篇》I 10，76a41以及b21；I 11，77a30），因为这种命题并不是完全的，而是只在某个特定的方面才与数量化一样（参看《范畴篇》6，6a26以下；《形而上学》V 15，1021a12），具有普遍的有效性。

事实上的第一公理就是矛盾律，这个命题规定，某物（比如说“人”这个称谓）不可能同时（这里是在逻辑意义上，不是在时态意义上）且通过同样的关系既属于又不属于同一个事物。依据第二公理，即排中律［排除第三选择的命题］，在相互矛盾的规定中不存在中间道路，毋宁说，矛盾的双方，其中之一要么接受另一个的规定，要么驳倒它。在两种情形中，今天人们可能会谈及逻辑定理，并且或许会补充说，它们应当是直接明见的。由于三值逻辑（卢卡西维茨，新近的还有U.Blau等），排除第三选择的命题看上去似乎过时了；通过其第三真值——除了“真”和“假”还有“不确定”，这三种真值把那些面向偶然性的未来命题而提出的问题形式化了。但是亚里士多德只是在处理一对相互矛盾的命题时使用这一公理，在这一情形下中不确定性被排除了；什么时候才考虑这个情况，这个问题他在《解释篇》6–9中做了说明。

尽管公理是不可证明的，但是其有效性不是直接被规定的。亚里士多德设计了一个对话式的反驳形式中的证明游戏（*elenchos*：《形而上学》IV 4；参看Cassin/Narcy 1989，Rapp 1993）。矛盾命题的反对者被要求具备最低限度的知识，然后被教导说，在这里他已经预设了这个矛盾命题。那些被要求的知识内容可以存在于某一个规定之中，比如说矛盾命题不是普遍有效的。亚里士多德有充分的理由从中看到一种“循环论证”（*petitio principii*）；因为谁要是规定了一个事态，他就已经把矛盾命题作为有效的接受下来了（1006a8–21）。一个根本上的反驳早已在知识层面上设定了，只要反对者说点什么（a12以下），那么他就理所当然地指称了这个内容，对于辩论的双方这个内容都应该是有效的（a21）。只要在这个指称行为中有一种明晰性——意指的是这个有限部分、而非那个，被认为是真实的，那么反对者事实上就已经使用了那种在协商中提出的公理。因此矛盾命题在最低限度的知识内容中，以及同样地在最少的语言交流中就已经被使用了。今天人们可能会说，作为认识和语言交流之可能性的条件，矛盾命题具有一种先验的性质，然而只是在一种否定性标准的意义上。

在亚里士多德既细致入微又极富洞察力的论证中，矛盾命题获得了最为基础的含义。在康德眼中，这种矛盾命题仅仅是所有分析判断的一个基本原则（《纯粹理性批判》，B 189以下）。但在亚里士多德看来，甚至每个具体的指称行为都处于矛盾命题的职权范围之内，所以留给反对者的出路只有一条，沉默不语。然而之后他可以不像一个反对者那样去认识，就像亚里士多德直观地说的那样，他脱离一个人的身份，就跟一株植物无异（《形而上学》IV 4，1006a14以下以及1008b10–12）。但是这种可能性本身与他的生存实践是矛盾的。如果反对者相信，可以随波逐流，那么他也会那么做，而不是处于沉默之中；因此他投身于一件确定之事。他也不会像早上跳入一个水井那样，同样也不会像跃入一条深渊那样，因为这种水井或深渊只是很偶然地出现在径直的道路上（《形而上学》IV 4，1008b 14–17）。因此我们也在一种前理论的日常生活中运用这种命题；并且这种运用是在极少涉及自身规定和周遭环境的情形下发生更新的，而这种极少量实际上已经在从属于人的领域中发端了。因为我们在宽泛意义上的理论理性之下，所理解的是一种掌握知识内容的能力，相应地在实践理性之下，我们理解的就是一种自身规定的能力，所以矛盾命题就被证明为可能性的条件，既是所有理论理性的条件也是所有实践理性的条件。在一个关于关联性的宽泛概念上，这种论证可以作为一种关联之物生效（参看4.2章）。

自戴维·希尔伯特［D.Hilbert］之后，逻辑学和数学使用的乃是那种所谓的公理方法，它们会将其他的形式化科学容纳于其中。在这里，公理关系到那些可限定范围的单一学科并且具有两种特征：它们是无矛盾的，并且相互间无条件关系；不然人们就无法确立它们。公理是不可替换的；它规定一个独一无二的命题系统，并且具有一种传统的亦即决断主义的特性，比如像欧几里德几何学中的平行线公理。与此不同的是，亚里士多德的公理乃是对每一门科学都有效，甚至对所有行为都有效。作为那种最重要的并且不可替换的，因此是别无他选的命题，人们普遍地承认它们的有效性——就像它在认识和行为的生存实践中所呈现的那样；这些命题不是由具体学科的科学家们研究（《形而上学》IV 3，1005a29以下），而是由哲学家们研究的（1005a21）。

通过对AFE–解释的观察，我们做出如下总结。一个公理如矛盾命题并不只是一个逻辑理论，并且也是一种其有效范围囊括了行动的理论，具体地说：既是理论理性也是实践理性的元理论。在这里，不会有公理在AFE—模式的意义上呈现出来；从亚里士多德的公理出发，人们既不能推导出知识，也不能推导出行为准则。当它们在过程中被证实的时候，它们就有了一种执行的特性。它们的确定性并不存在于一种不可否弃的、命题式的知识之中，而是处于以下状况中，即每一次言谈、每一个行为只有在与公理保持一致时才有可能施行。一种在这个意义上最确定的知识占据了最终论证的地位，而不必去考虑今天流行的对此的批评。亚里士多德通过他的公理理论，至少在矛盾命题的情形中成功地实现了一种决定性的并且同时是完整地得到论证的基础主义。他获得了一种最终陈述，而无需将之解释为一个理论或者实践体系的基础。这种公理的本质主义具有不小的说服力，而对于认识和行动它所指称的是一个不可变动的、仅是最小的本质核心：那种人们一直以来还要称谓和处理或者要求的东西，如果在这里实现了某种清楚区分，人们就要承认矛盾命题。

这个基本的定义要求一种继续推进的本质主义。科学家并不是在对语言表达（名词性定义）的说明中，而是在完全有效的概念（实在定义）中对所涉及的事物说出点本质内容。比如说，一个关于动物生命的概念会表明，这个相应的生命与其他实体差别之处何在，以及作为这样一种存在它究竟是什么。当亚里士多德在动物学中尝试着以一种足够下定义的精确性去规定某个动物类型的特殊性时，他的本质主义也就完全不会令人生疑。本来这里就无须那种关于物理学类型的近代自然科学所特有的法则。

简而言之：尽管有一些细节上的批评，但是亚里士多德的基础主义并不能基于论证或者科学理论的理由被摒弃；并且他的本质主义也不含有疑问重重的形而上学前提。

5.3 归纳和精神

《后分析篇》的结尾一章解释了，人们如何去认识那种无法再证明的前提（《后分析篇》II 19，也可参看I 18）。亚里士多德通过以下论据摒弃了柏拉图的关于天生固有的原则性知识的思想：没有人一出生就知道一切（参看《形而上学》I 9，993a1以下）。但是通过对引导性命题的回溯——没有前知识就没有认知，他也摒弃了那种与之相对立的观点，即认为原则性知识不是天生固有的。与上述二者不同，他发展出了一种观点，这种观点既承认了那些被拒斥的观点，同时又将之相对化为抽象的环节。作为天生固有之物的原则知识只在可能性（*dynamei*）的意义上有效。相反，对于实在性，它则需要三种要素的共同作用：感知（*aisthêsis*）、推导或者归纳（*epagôgê*）以及奴斯（*noûs*），这个概念有时被翻成智性，有时被翻成精神（黑格尔）或者洞见，偶尔也被翻成理性。在《伦理学》中（I 7，1098b3以下；参看I 2，1095b4），它还额外地需要一种归纳（*epagôgê*）的实践形式，即习惯（*ethismos*）。

亚里士多德并没有去追问以下问题：这三重要素究竟是如何共同作用的。归纳和智性的关系从未被当作课题来研究；两个要素只是分开各自被处理（关于归纳参看《前分析篇》II 24；《后分析篇》I 18；II 19，100a1–b5；《论题篇》I 12；VIII 14，164a12–15；《形而上学》

X 3–4；《尼各马可伦理学》VI 3，1139b27以下；关于智性［奴斯］参看《后分析篇》II 19，100b5–17；《论灵魂》III 4–8以及《尼各马可伦理学》VI 6和12）。此外尤为引人注目的是，《后分析篇》一开篇就提及了三种类型的原则，但是对公理的说明则交给了形而上学（III 2，997a4以下和IV 3–4）。而《后分析篇》II 19中的论证，如果不将它联系到公理，而是仅仅联系到另两种原则，联系到那些为一门科学所特有的普遍概念和与之相应的存在设定，那么它就更容易理解。

由于相应的原则性认识是从感知开始的，所以这就导致了一种经验性的解释，根据这种解释人们是通过纯粹的抽象从感知中得出普遍概念的。但是感知也可以仅仅是某个阶段，在其中原则认识被现实化了。（关于感知参看《后分析篇》I 18和I 31，《论灵魂》II 5–III 2，还有III 6和8；以及《形而上学》IV 5–6和*Peri aisthêseôs*/《关于感知》；参看Modrak 1987，Welsch 1987和Detel 1993，第I卷 233页以下）。依据非经验主义的解释，尽管感知涉及的是个别之物，比如苏格拉底，但是它所指向的并不是个别之物的特殊性，而是指向普遍之物，比如指向人。对于认识而言，感知是不可放弃的；但是对感知而言，普遍之物只是以潜在的方式被给予的。要达到实在性首先需要借助于精神，也就是通过一种更高的自身功能，然而却不是一蹴而就，而是有一个认识过程，这个过程被称为归纳，它从感知开始，经由回忆和经验最后达到原则性认识。

亚里士多德没有发展出一种更详细的归纳理论。在《形而上学》的开头，谈到的只是感知，而没有涉及归纳，相反在《后分析篇》的纲领性章节（I 1–6）中谈到的是归纳，而没有涉及感知。人们如何从观察中得出经验性的全称命题？自波普以降，在认识论层面上，归纳法就被认为无助于回答这个问题。亚里士多德并非愚笨至此，以至于将归纳法置于那种波普最明晰地考虑到的命题、那种否定的单数存在命题（比如“不存在独角兽”）之先；他只是提出了肯定的全称命题，这类命题在波普看来也可能是最根本的问题情形。但是与之不同的只是，仅有很少的例子来自一种自然研究——这种自然研究提出了法则或者与之相似的规定。归纳并不在关于动物研究的事实集合中，即《动物志》中出现，而是在关于普遍的自然哲学基本法则的讨论中出现（比如说《物理学》I 2，185a14；V 1，224b30；V 5，229b3；《论天》I 7，276a14以下），以及在极为普遍的哲学理论中出现（比如《后分析篇》II 7，92a37以下；《论题篇》I 8，103b3；《形而上学》X 3,1054b33；X 4，1055b17），特别是在修辞学的领域中，然而在这里只涉及少数情形（《修辞学》II 20，1394a11–14）。

依据《论题篇》的说法（I 12），归纳存在于从特殊之物上升（*ephodos*）到普遍之物的过程中，对此有几个情形就足以说明：“如果最好的舵手就是那个精通他的事情的人，而对于车辆驾驶员也是如此，那么一般而言，最好的那个就是精通各自事情的那个人。”谁要是在这里提到“不完全的归纳”，那他就忽视了最重要的东西：很少几个具有代表性的情形就已经足够了。因此亚里士多德在这里引进了一种“示范性的归纳”，而没有去考虑，这种归纳能够达到什么目标并且是在何种条件下生效、何时无效；比如说，对于长寿和少动肝火之间的所谓关联，归纳就无效（《前分析篇》II 23，68b15以下）。在《论题篇》的例子中，全称命题可以具备一个特征，这个特征说的不是长寿和少动肝火之间的关联，它是分析的："擅长一门手艺"（＝A）就意味着"将一门手艺掌握得很好"（＝B）。在这里仍然还是获得了一些知识；因为归纳从已知的东西、从特殊之物推导到未知之物、普遍之物，在这里：就是推导到A和B的相同含义。除此之外，亚里士多德并不认为把个别情形普遍化为一种一般意义上的事实状况具有很重大的科学意义。在逻辑学著作中，这种普遍化只是偶尔被提及，并且只是作为证明的次级形式（《前分析篇》II 23，68b35–37）。它没有提供一个（普遍化的）论证，而是仅仅证明了一个（一般意义上的）事实状况。

因为示范性的归纳满足于少量的几个情形，因此它与例证（*paradeigma*）很相似（参看《修辞学》II 20 1393a26以下以及1394a9以下；还有《前分析篇》II 24和《后分析篇》I 1，71a10以下）。一个恰当的例子，也就是那个基于修辞学的目标被精简的、省略的归纳，在科学的争论中也有其位置。通过对多个个别情形的列举，反对者也会别无选择地承认这个普遍的命题；因为若有人既没有反对的证据，又拒绝承认的话，那他看起来就是一个"逃避者"。众所周知，一个（示范性的）归纳"是更有说服力的，更清楚的，更为感知所熟知并且被大部分人信赖，这一点比三段论（相反地）更有说服力并且对反驳更有效果"（《论题篇》I 12，105a16–19），但是在专业的辩论中，一位有经验的辩手更看重结果，在一般的日常讨论中相反地乃是运用归纳。

在《后分析篇》的开篇，亚里士多德实践了另外一种、为今天的科学原理信赖的形式，即一般意义上的或者列举式的归纳。在对前知识的必要性的证明中，他追求一种完全性（《后分析篇》I 1，71a3–11）。除此之外亚里士多德也偏爱作为“开启过程”的全称命题。就跟《后分析篇》一样，《物理学》以及《论动物的部分》的文章，还有《形而上学》《伦理学》和《政治学》都是以一个普遍有效的命题为开端的，归纳始终为这种命题奠基。在解说的推进过程中，归纳是在两个结构中展开的，即作为列举式的归纳和作为示范性的归纳，这二者同样扮演了重要的角色。

在对原则的认识中，当人们从对个别之物的感知一步步推进到普遍之物的时候，归纳就会出现。在这里，至关重要的既不是对所有个别情形尽可能全面的逐一查看，人们也不能从已有的少量观察中就得出普遍之物。就一种直觉的归纳而言，在这里呈现出来的既不是一种示范性的、也不是一种列举式的归纳，毋宁说是某个第三种形式，这种形式人们可以暂时将之视为一种富有成就的洞见。亚里士多德把它与一支重新排成队列的军队比较，在这个队列中会有人站到逃跑者的位置上，其他人逐步接纳他，直至重新回复到一开始的秩序（《后分析篇》II 19，100a11–13）。这个图景并不是来说明，平静是如何从运动中产生的，而是说明从纯粹的杂多性、一群士兵中，他们的原则、军队的秩序如何得到实现。就像那些逃跑的士兵只表明了一种可能潜在的秩序，但是由此通过坚持那个原初的形式依然出现，所以人们通过对感知的坚持得到的是那个在他们中始终潜在的对实在性的保持。

属于此范围的还有一种自身的知识权能性，那种继感知和归纳之后的第三个、决定性的要素：智性/精神（*noûs*）。虽然对原则的认识开始于感知，但却不是起源于此。根本上它是一种意向活动的认识，是基于那种从个别之物中把握普遍之物的能力，并且这种把握不是逐步的，而是直接的。现在一个归纳一步步地展开，因此严格意义上说不存在一个直觉的归纳，而是只有一个为直觉做准备的归纳（参看Liske 1994）。感知处理的是个别之物；精神则承担了对普遍之物的逐步领会；一部分是作为对可能性的尝试，另一部分是作为对一个洞见的领会，归纳以推理的方式经历了一条从特殊之物向普遍之物延伸的道路，这条道路以直觉的方式、"一击中的"地达到了精神。

6 四条方法上的准则

如前所述，亚里士多德方法论的观点不仅在工具论中，也在那些“穿插于”他文章中的附录或者注解之中。出自《伦理学》的一处观点（VII 1，1145b2–7）就很精辟，而这一观点也适用于其他论题。根据这个文本，一般而言有三点至关重要：（1）人们必须确保现象（*tithenai ta phainomena*），（2）钻研难点（*diaporêsai*）以及（3）证明可靠的观点（共同意见［*endoxa*］），至少是大多数人都有的且最重要的观点。“因为如果难点被解决了，留下那些可靠的观点，人们就可以充分地证明了”。（相似的可见《物理学》IV 4，211a7–11以及《优苔谟伦理学》VII 1以下，1235a4–1235b18。）尽管根据《论灵魂》（I 1，402a10–22），不存在统一的、对所有科学无差别的、同样的方法，但是这与之前所提到的观点并非真的有矛盾。因为这三个要点并不具有详细过程方式的含义，而是只意味着方法上的准则。除此之外，它们也没有造就亚里士多德的全套工具；特别是缺少了语言分析——语言分析应该补充性地、在某种意义上作为第四条准则被阐释。

6.1 确保现象

以下情形对所有人都习以为常，即每个人都信赖某种特定的行为方式，且除此之外不会习惯其他的方式。接下来我们要说到意志薄弱或者缺乏自制力（aksia）。但在苏格拉底看来，根本不存在如此这般的东西，在这个观点中亚里士多德看到了一个与现象相悖的明显矛盾（《尼各马可伦理学》VII 3，1145b22–28）。为了拯救现象，他发展出一种理论，这种理论认真对待苏格拉底的考虑，却没有否定缺乏自制力的可能性。他以相似的方式处理了巴门尼德、麦里梭和色诺芬尼的观点，即认为除了存在者之外不会有其他东西实存（《形而上学》I 5，986b18以下）。他做了如下尝试，针对一种清晰的现象基础他创立了一种理论，以面对缺失的后果。尽管巴门尼德依据这个概念仅仅认识到那个“太一”，但是他依据感知准许了更多东西进入，由此他迫使自己服从现象——在这里现象就是：日常经验。除此以外，巴门尼德的“服从性”比麦里梭和色诺芬尼“笨拙的观点”说得要清晰得多。

在其他地方亚里士多德也提到了日常经验，比如在基于经验的目的论中，从一颗橡树籽总是能长出一棵橡树的现象，从怀孕的过程中总是能产生一个人的现象。现象在天文学同样得到了确保，因为在天文学中如果不这样做，人们就无法信赖大量的观察（《前分析篇》I 30，46a20；参看《后分析篇》I 13，78b39以及79a2–6；《论天》III 7，306a5–17），类似的情况也发生在动物学中，因为一种对动物世界的描述必须先于以现象状况为基础的分类行为进行（《论动物的部分》

I 1，639b5–10以及640a13–15）。有时候亚里士多德也悄悄地遵循第一条准则，就像在对认为不存在科学的这个观点的批评中一样（《后分析篇》I 3）。并且他还在一般意义上提醒了以下危险，即人们总是使现象适应于一个预先掌握的原理，而不是寻找一个适合于现象的原理（《论天》II 13，293a23–30）。

就如欧文（G.E.L.Owen 1961）所说的，这里所涉及的并不总是同一种形式的现象。天文学、动物学和其他经验科学，在它们研究为什么（*dihoti*）、根源和原因之前，必须要取得它们的经验基础、那种“具体是什么”（*hoti*）。在这里现象对应的是经验事实。而在哲学中则相反，在科学理论、自然哲学、伦理学和本体论中，现象被表述为解释和观点，因此第一方法准则过渡到了第二方法准则。而在第一准则中能使人联想起第二准则没有连带表达的那些内容：担忧，一种与惯常的观点殊为不同的思想，这会导致一种无稽之谈（*atopos*：比如《物理学》I 2，185a11）。面对这些解释，“确保现象”意味着，论证一种直觉上可信的、但起初还是模糊的观点并且使之达到概念上的精确性。而通过最终提出的理论，现象不仅是可理解的，而且也可以更精确地被解释，并且时常可以有所不同地、有时甚至是根本上不同地被解释。

6.2 学说

面对他的读者，亚里士多德做出了以下预设：关于文本的思想很少能与关于世界的文本相匹配：这里指的是关于讨论和认识的世界，关于诗歌和公开言谈的世界，而首要的是关于自然和社会的世界。基于这个原因，与今天的很多哲学家不同，亚里士多德一般都是直接从事实开始，而甚少从迄今为止所进行的讨论的历史开始。另一方面，亚里士多德并不是第一个对世界进行思考的人，并且他也不想造成这样的印象，即在他那里这种思考才从根本上第一次发生。相反地，他赋予那些早期的学说（*doxai*）一个极为宽广的空间。几乎在他所有的文章和论题中他都谈及了他的前辈学人。在此他并不是单单陈述争论各方的立场。泰奥弗拉斯特依据问题罗列自然哲学家（*physikoi*）的学说，把这些学说直接收集到他的著作《自然哲学家的学说》（*Physikôn doxai*）中，与他不同，亚里士多德更乐于遵守“疑难书”［Aporienbuch］中的准则：人们只能在以下程度上接受他们的前人，即他们代表了那些相互间不同的，并且与他也不同的看法（《形而上学》III 1，995a24–27）。

在与前人的争论中亚里士多德获益匪浅：很多在学园争论中整理出来的内容已经属于生活化的学院知识；有些意见甚至累积成为一种固定的公式。此外，他依据不同的对象分门别类地从所写的记录中做了摘要（《论题篇》I 14，105b12–15）。尤其是他具备一种简明扼要地表达陌生意见的能力；比如说，值得注意的有《形而上学》XII 1（1069a34–36）中的简短表述，在那里他用了三行就列举了三种意见：柏拉图、色诺克拉底和斯彪西波。但是有时他也以一种几乎是学究式的繁复方式表述那些早期的意见。在一篇文章中对于数和自然原则之形式的问题（《形而上学》I 3–10；类似的参看《物理学》I 2–9），他就评价了泰勒斯、阿那克西美尼和来自阿波罗尼亚的第欧根尼［Diogenes von Apollonia］的贡献；他将赫庞［Hippon］弃于一边，相反却认为赫拔索斯［Hippasos］值得提及，值得提及的还有赫拉克利特、恩裴多克勒和阿那克萨哥拉；他关注赫西俄德、巴门尼德、留基伯和德谟克里特，之后是毕达哥拉斯学派和苏格拉底；他还特别详尽地讨论了柏拉图，包括他那些未成文的学说（*agrapha dogmata*）。

因为学说［*Lehrmeinung*］在希腊语中被称为doxai［观点，信念］，因此人们就说有一种“观点的方法”［doxastische Methode］。在这里亚里士多德承认了两个最为重要的科学伦理规定，“一方面我们研究事物本身，而另一方面我们受教于其他研究者，并且在此情形下必然会接受他们那些与我们不尽相同的看法”（《形而上学》XII 8，1073b13–17；参看《论天》III 7，306a11以下）。亚里士多德阐释了前人们的看法，并且毫无妒忌地承认了他们的成就；对于那些自相矛盾的命题，他尝试着为其中的每一个保留某种正当性（《优苔谟伦理学》VII 2，1235b16以下）；只有在有充分根据的情况下，他才会要求一种原则上的原创性；他克服了狭隘化和其他的缺陷并且使之有利于自身思想，由此他就满足了自康德之后隶属于科学性的一个条件（《纯粹理性批判》，第二版前言）：他协助哲学取得了明显的进步（参看《辩谬篇》34，183b17以下和184b3–8）。

有时候情况看上去是这样的，似乎亚里士多德只是想要“筛选”那被承认的观点，目的是为了把真理的麦粒从谬误的糠秕中分离开来。但是与此相反，那个已经提到过的要求所说的是，研究事物本身，特别是有些事物常常处于未被关注的状态中（《形而上学》III 1，995a27以下）。即使一个题目已经预先深入地被讨论过了，亚里士多德仍然是从有独创性的判别过程中得出他的立场，而且常常是通过某条否定性的道路。《形而上学》的导言卷（I 3–9）的“四因说”即是如此，这个学说既避免了许多前人“更为质朴”的原则学说，也绕开了阿那克萨哥拉对无限多原则的相反假设。相似的情形在以下著作中也有出现：《论天》I 10，279b4以下和III 1，308a4以下；《论灵魂》I 2–5；《论生成与消逝》I 1–2；《形而上学》XIII；《尼各马可伦理学》VII 3以及《政治学》II。

这些文本给人一个印象，即在此之前还没有严肃的哲学产生；这些文本使作者看上去像一个超凡脱俗的天才、一个知识上的规则制定者，他为未来的后代预先规定了方向和标准。亚里士多德放弃了这种样子的自导自演；除了少量具有充分根据的例外：三段论、论题学和动物学中的大部分，他没有做出很多具有原创性的发现。毋宁说，他满足于更为丰富的思想集合和一种总结式的明晰性。首先是在实践哲学中，科学学说还要由日常看法进行补充（*legomena*；比如《尼各马可伦理学》I 2，1095a18以下；I 8，1098b10以下和I 9，1098b27以下）或者与这些日常看法交织在一起（比如《尼各马可伦理学》I 9，1098b22–29）。并且有时候专业人士的看法与大多数人是有矛盾的（《尼各马可伦理学》I 3，1095b19以下）。为了接下来必需进行的选择，亚里士多德列举了一些时至今日看上去仍然可信的标准：广泛的传播、论证的确定程度、令人敬畏的年纪和已获认可的权威的支持（比如《尼各马可伦理学》I 8，1098b16–18；9，1098b27以下）。

在他谈及前人的方式中，所表达的远远超出以下期待：即只是根据基本的文本研究使科学–哲学的进步成为可能。那个被视为进步，甚至被看作一长串科学家和哲学家之巅峰的人，却拒绝了直线型进步的想法，在此他在某种程度上仅对那些柏拉图说援引为例证的古老思想家；他承认，开端乃是整体中最大的一个部分（《辩谬篇》34，183b22以下）并且由此承认在大多数研究领域中更多的成就要归于前人；他最终要以那些非科学家者为基础，比如基于立法者梭伦，基于希腊的文学，基于历史记录（比如希罗多德：《诗学》9，1451b2）以及基于格言智慧（比如《形而上学》I 2，983a3），这些非科学家们展示了对于精神历史的精细感知。近代思想家们的昂扬激情，那种从头开始重新规定哲学的要求，与亚里士多德肯定是格格不入的。

亚里士多德越是频繁地提及学说或者那些流行的看法，他在其中看到的真理标准也就越少。他将对真理的猜测归于普遍分有的观点，因为所有人都在自身中承担了一些与真理有关联的东西（《优苔谟伦理学》I 6，1216b30以下）；并且所有人作为整体是不会错失真理的（《形而上学》II 1，993a30以下）。但是得到承认的观点至多是真的，却并不清晰。有些观点过于狭隘，而有些又过于宽泛，还有一些则很肤浅或者很驳杂，因此哲学家们责无旁贷地要推动这些观点达到清晰性（*to saphôs*）（《优苔谟伦理学》I 6，1216b33以下）。比如说在对“有智慧者”进行解释的时候，亚里士多德首先收集了那些流行的意见（*hypolêpseis*）并且接下来指出那些从中得出的、并具有代表性的特征（《形而上学》I 2，982a8–21）。在许多其他地方情形也很类似。

自汉密尔顿之后，人们更倾向于在常识哲学的意义上诠释亚里士多德对那些被承认的观点的回溯；从西格维克［H.Sidgwick］经由摩尔［G.E.Moore］直至罗尔斯，人们都把亚里士多德的伦理学看作对希腊人常识道德的表达。事实上亚里士多德提出了一个更高的真理诉求。他并不认同一些前苏格拉底哲学家们的偏好，将他人的学说构造为一个两难困境，构造为那种与大众意见相左的观点，他也不具有柏拉图那样的教育热情，他不认同那种在洞穴比喻中出现的呼唤灵魂转向的呼声。但是这一点并不妨碍他出于事实的动机直接抛弃大多数人的意见。对于常识来说，幸福被理解为快感、财富或者名誉（《尼各马可伦理学》I 2，1095a22以下），但是在为理论生活的辩护中则有一种与之相对的非常识出现。关于无限之物的文章也与人们惯常对它的理解相反（《物理学》III 6，206b33）。在其他地方亚里士多德总是只基于专业人士（*sophoi*）的立场。除此之外，他并不忌讳去构造一些与日常理解不同的概念，比如说“不动的推动者”的概念（参看10.2章），“最具目标性的目标”的概念（参看14.1章），以及区分“被动的理智”和“主动的理智”（参看8.3章）。特别是他的本体论中最核心的内容在于一种毫无疑问与常识格格不入的思想中，在精神的“自发思考”中（参看10.2章）。简而言之：对于常识和流行的意见，亚里士多德持有一种极为不同的、部分解释学式的、部分批判式的、部分肯定的态度，在此意义上他也可被归为常识哲学家。总的来看，人们可以将之看作一种经过检验的、对于批判持开放态度的常识思想。

6.3 难点

由于亚里士多德的文章本身与《前后分析篇》中的知识理念并不相符，所以一般而言，人们或许可以否认这些文章具有体系化的诉求，并且将之视为一种只是陷于困难之中的思考。虽然这种反体系化的解释对于整个亚里士多德的哲学未必正确，但是切中了其中的主要部分。Aporia字面上意思是“走不通的道路”。*Aporien*就是事物中所包含的困难或者问题，它们常常以疑问的形式显现出来，并且接着在亚里士多德辩证法的意义上被“有条不紊”地呈现出来：呈现为相互对立的可能性，呈现为选择。除此之外，占很大比重的困难也是不可忽视的（参看《论题篇》I 2，101a34–36），这个状况与之前提及的常识化解释是相反的。

《后分析篇》中的定义学说提供了一个很好的例子；在对众多难点进行详尽的说明之后（II 3–7），才能得出自身的理论（II 8–10）。相似的情形亚里士多德在关于原则认识的理论中处理过；在构想这个理论之前，他指出并且阐释了三个难点（《后分析篇》II 19，99b20–32）。对时间的分析也与对其难点的详尽阐释密不可分（《物理学》IV 10；VI 1–8），与此相同的还有关于意志薄弱的文章（《尼各马可伦理学》VII 3）。《形而上学》甚至将整整一卷都用来讨论难点，即问题或者难点卷III，基础哲学不得不面对这些难点（参看《形而上学》XI 1–2）。在另外一些地方，这些难点与对前人的批评交织在一起（比如《论灵魂》I 2–5），而有时候它们则成为对自身学说的间接证明

（比如《形而上学》XII 10，1075a25以下）。

亚里士多德并没有想着要尽快解决这些难点；毋宁说，他首先是要使这些难点详尽地展现出来。那些之前被深信的观点——日常的看法或者众所周知的观点，首先被带有疑问地提出，然后在对其可疑点进行研究的过程中被中止了，常见的转向（di–aporêsai）（比如《物理学》IV 10，217b30；《形而上学》I 9，991a9；III 1，995a28；《后分析篇》II 19，99b23）字面上就意味着这个研究过程。人们可以以这个方式与亚里士多德一道,体验他在科学和哲学上的洞见的形成过程。因此，难点卷的导言章（《形而上学》III 1，995a27–32）是以一个的否定为基础的。从对A–porien［非–通道，难点］详细且尽可能完整的认识出发——这里难点也被称为“走不通的道路”，可以得出Eu–porie［好的通道］，一条“好的且容易走通的道路”。对疑难的解释将自己定位于论证的第一个部分；事实上哲学是在以下问题上被提问的，即哪里有以“棘手问题”的形式出现的阻碍。但是在第二个部分它就触及了边界。哲学不应该仅仅表述这些阻碍，而是也要清理它们，由此它所承担的才比一种纯粹的中介手段、一种漫无边际的寻找要多得多。所以哲学家具有两种能力：除了敏锐的感觉和问题意识，还有一种高超的“构建”能力。

一般而言，阻碍产生于一种过于简化的观点或理论，抑或产生于自相矛盾的观点或理论。对于难点的讨论则导向一种复杂且无矛盾的理论。在这里亚里士多德实践了一种根底上的理性乐观主义，这种乐观主义表达的是一种与“教条化的”可谬论相对立的立场：谁认识到了这些阻碍，谁也就知道如何去清除这些阻碍；谁准确地看到了这些困难，谁也就有能力去解决它们。在《伦理学》中（VII 4，1146b7以下）他一针见血地指出：解决困难就是发现（真理）。事实上只有当那些事关重大的难点被清理掉的时候，人们才能提出一个真理的诉求。而这种诉求也不意味着是绝对的；一旦有新的阻碍产生，人们就必须重新去处理它们。

6.4 语言分析

语言分析乃是对难点的处理过程中最重要的环节之一，甚至是亚里士多德哲思中的最重要环节之一。一个方面，即概念的区分，根据《论题篇》（I 13，105a21–25）可算作四种“工具”（*organa*）之一——这些工具有助于发现三段论形式。《形而上学》则重新提供了一个清晰的例证。第五卷，这是第一部流传下来且时至今日仍然有阅读价值的概念辞典，它介绍了不少于三十个基本概念，这些概念都带有多重含义（*pollachôs legetai*；也可参看*dichôs legetai*，双重含义：比如《后分析篇》I 2，71b33；《物理学》I 8，191b2；《论生成与消逝》I 7，324a26以下；《形而上学》V 23，1023a27；《尼各马可伦理学》VII 13，1152b27）。在这些文章中还补充进了一系列概念，诸如“无限的”（《物理学》III 4–8），“生命”（《论灵魂》II 1，413a22）和“行为”（《尼各马可伦理学》12，1136b29以下）。通过这种概念的区分，那些起先未加区分的所谈之物被分隔开来（《形而上学》

VII 17，1041b1以下）。通过这样的和其他的环节，亚里士多德比当代哲学先行一步。将真理之物与现象区分开来（《辩谬篇》1，164a20以下），使人想起康德的先验辩证法；而哲学可以成为救治理智之魔障的良方——这些魔障譬如是由歧义性或者物与其指称符号的混淆（《辩谬篇》1，165a6以下）以及其他的语言陷阱所引起的，这一点使人想起我们时代的语言分析哲学。亚里士多德始终坚持一种以语言为基础的哲学研究，但是在这下面有多种不同的方法；现代哲学所具有的排他性要求，即认为哲学所致力的除了对语言结构的描述别无他物，这一观点在亚里士多德那里还不曾出现。

至关重要的是对世界之可认识性的一种信任在整体上占据优先地位，以及同时产生的针对最初表象的一种怀疑。这种关联性才解释了为什么通常情况下亚里士多德会具有如此强大的说服力。由于经验层面上的信任，承担起研究的努力变得有价值；由于针对那些所谓的显而易见之物的怀疑，这种研究努力也是必需的。在这里，一种对根本上的真理能力抱有疑惑的怀疑主义并未出现。如果每位哲学家都能像亚里士多德那样，从一种对辩论状况的认识出发、通过敏锐的认识和建设性思想获得一种新知识的充实，那么或许他们中的每一人都可以从自己的立场出发对原则性的怀疑抱有怀疑。

三.物理学与形而上学

7 自然哲学

作为自然研究者的亚里士多德在近代受到了严厉的谴责。相关谴责最早可以追溯到培根：他否认亚里士多德具备“自然知识的萌芽”（《新工具》I，箴言63）——但是却承认类似的萌芽在阿那克萨哥拉和德谟克里特、巴门尼德和恩培多克勒身上是有的。有一种指责，认为亚里士多德在将近两千年时间里阻碍了科学的进步，基于此各种各样的批评也尘嚣日上。但是这个指责即便对于当时的亚里士多德主义也是不恰当的。在有些地方，亚里士多德主义由于教条式的僵化阻碍了自然研究，这点固然没有错。但是在另外一些地方，自然研究是从一个深受亚里士多德影响的学派，即帕多瓦学派中产生的（参看18.1章）。并且对于亚里士多德本身来说，有很大一部分的批评是不符合时代特征的，比如说，对于地心说世界图景的批评就是如此，因为当时所有伟大的数学家和天文学家都是从这个世界图景出发的。除此之外，一种极为现代的理论，比如次生学说，也可以说是奠基于亚里士多德（参看8.2章）。一般而言，谁要是研究了亚里士多德，谁就可以对那种内容丰富的且与近代差异并不明显的自然研究有所认识。

7.1 亚里士多德的自然研究

有人说，亚里士多德对现代意义上的实验一无所知。事实上，他对直接的观察极为倚重，其中一部分是对自然本身的观察，一部分是对与此相关的语言中的反映的观察；他并没有借助诸如望远镜和显微镜这样的工具。但是他对处于萌芽状态的实验还是有所认识的。因此，他已经对动物进行了解剖，比如说在《动物志》中描述了对田鼠的解剖（参看8.1章）。他也通过一窝鸡蛋的孵化成形观察了胚胎的发展（《动物志》VI 3，561a6–562a20），并且通过这种观察捍卫了他自己的理论，这种理论反对那种竞争性理论。除此之外，我们也要看到，对于亚里士多德生物学研究的方式来说，“实验的方法”确实不是太重要。

就物理学方面而言，亚里士多德与伽利略的命题应该是相差甚远的——伽利略认为，关于自然的著作应该以数学的语言来书写。不容否认的是，亚里士多德不仅看到了数学和物理学之间的差别，也看到了它们的共同之处（《物理学》II 2，193b23–25），并且他在《物理学》中研究了那些同样涉及到数学和物理学的课题，比如无穷之物和连续性（参看7.4章）。在这里，他解释了那些数学思想工具的概念前提。通过这些工具，近代物理学学会了去处理其中的永恒性问题和无穷小问题。此外，他还把那些数学化在其中大行其道的自然科学归于应用数学：力学、光学和天文学。但是在他为经验性自然研究做出最大贡献的学科中，即在生物学中，更确切地说是在动物学中，即便到了近代，数学命题的地位也不及对构成的描述（形态学）和对功能的描述（生理学）来得重要。

在那种言过其实的批评中，有一个部分其实源自对亚里士多德和亚里士多德主义的混淆。对普全目的论的批评就属于这类批评，按照这种普全目的论，整个宇宙是受合目的性统治的。那种时至今日在“受过哲学训练的”生物学家中仍然占上风的观点认为，在亚里士多德那里，世界是一个在自身中充满意义的、指向价值、目标和目的的并且在本体论层次上内涵丰富的关联，是一种真正的、纯洁的源自自身的能动自然［*natura naturans*］，但是这个观点实际上根本不是来自亚里士多德。这类批评中的另外一部分源自以下情形，即我们在某种程度上是以错误的视角阅读了亚里士多德，我们不是从生物学而是从物理学出发，在此便是从“日常物理学”出发，而不是从一种奠基性研究出发——这种奠基性研究阐释了诸如无穷之物和连续性这样的课题。从某个方面来看，亚里士多德的工作简直与现代的研究者们无异。与一些过度耽于沉思的柏拉图主义者不同，亚里士多德赋予那种对经验的寻求一个固定的位置（参看《论天》III 7，306a5–17），并且要求对每一个自然过程做一种独特的、轮廓清晰的并且有限度的解释。与一种不带有理论的“向前推进实验”的做法相对立——按照培根的说法，这种实验行为所得出的是比亚里士多德的观点“还要远为松散奇特并且难以理解的规定”（《新工具》I，箴言64），亚里士多德则是受理论兴趣引导的。

另一方面也存在着清晰的差别。近代的自然研究听命于人的目的，而在亚里士多德那里一切只取决于认识（*tou eidenai charin hê pragmateia*：《物理学》II 3，194b17以下）。这种纯粹的理论兴趣有一个漂亮的结论，那就是不需要一门专门独立的科学伦理学：既不需要一门定位于反对那种潜在滥用的伦理学，也不需要一门风险伦理学；亚里士多德满足于一门内在于科学的伦理学：作为一种合乎本质的自由行动，亚里士多德的自然研究在自身中就包含了一种道德上的辩护。相关的文本在数量上极为巨大，超过了流传下来的亚里士多德著作的半数以上。我们撇开生物学的和心理学的文章（参看第8章），那么还剩下四个文本。

文本《论天》研究的是宇宙学意义上的天文学。借助于尤多克索斯［Eudoxos］和卡里波斯［Kallippos］的工作，亚里士多德提出了他地心说的世界图景。按照他的观点，相对较小的大地——“相比较于环绕的世界整体，这是一个纯粹的无”（《天象学》I 3，340a6–8）——以一种球形的形式、静止地处于世界的中心（《论天》II 14）。世界由容纳了月亮、太阳、行星以及恒星的同心球壳组成，与从阿那克西曼德到柏拉图以来的传统理解的世界相对立，这个世界既无生成也无消逝。亚里士多德认为，宇宙在空间上是有限的，但是在时间上是无限的。

亚里士多德对那些“悬而未决之物”、气象［*ta meteôra*］，即天地之间的那些物理过程（参看Strohm 1984第三版）做了特别详细的研究。他的气象学有一部分建立在自身观察的基础之上，但大部分乃是建立在前人观察的基础之上，这种气象学要比一种纯粹的气象记录丰富得多。这位哲学家为古代奉献了一部权威性的著作，它涉及一个早已经显得混乱驳杂的课题领域，尤其涉及水文学和矿物学。泰奥弗拉斯特就是在这个基础上工作的，同样基于这个基础的还有斯多葛派的塞多尼奥斯［Poseidonios］（公元前135–前51年）。而且通过叙利亚人和阿拉伯人的传播，这部著作的影响远远超出了古代。

最重要的是，亚里士多德致力于研究自然和自然研究的哲学基础。在海德格尔看来（1958年，第240页），《物理学》是“永远琢磨不透的西方哲学的基本著作”，在标题的字面意义上，它提供了一种普遍的自然学说或者自然哲学。在相应的某些地方，它是为了对《论生成与消逝》这篇文字进行补充（导论可参看Craemer–Ruegenberg 1980，深入研究可参看Wagner 1989年第五版的评论，以及Wieland 1992年第三版，Judson 1991和Gill/Lennox 1994）。这部著作并不局限于一种自然对象或者自然过程的有限层次，它既不是实验物理学，也不是理论物理学，毋宁说它已然是一门原始物理学［Protophysik］。它也不打算成为一门思辨物理学——这种物理学将自然现象的总体置入一种体系化的关联之中。它所致力研究的不是那个大写的“自然”，而是物理存在［*physei on*］，那种自然存在者，它问道，自然物是什么并且如何才能科学地去研究它们。在这里哲学的本质特征就彰显出来，即它的首要任务不是去揭示未知之物，而是像黑格尔所说的那样，去揭示那种“人们一直以来视之为已知的东西”（全集18，39）。亚里士多德将这些相关的思考确立为一门独立的科学，它在概念上不仅与数学，也与第一哲学泾渭分明。在其中，他没有考虑那种最普遍的思维原则、公理，也不立足于形而上学的各种前提，而是坚定不移地指出了物理学的独立性（就像近代物理学的开路先锋布里丹［Jean Buridan］所要求的那样）。

亚里士多德原本并没有将《物理学》这本书按照现在的这种形式进行编排。关于原则和起源的第一卷和第二卷在最初可能是各自独立的。但是它们也可以被看作是对第三至第六卷的两个分离的且同等重要的导论，而第三至第六卷又可以被看成是关于自然过程的相对完整独立的文章。第三卷探讨了运动和无穷性，第四卷探讨了空间，探讨了虚空和时间，第五卷重新又探讨了运动，而第六卷探讨了连续性。第七卷和第八卷各自独立，并且在原初意义上不能与《物理学》的其他卷相关联。第八卷是对自然哲学登峰造极的总结，它同时指出了自然哲学与第一哲学的关联点，这一卷再次讨论了运动。《形而上学》第十二卷中的重要构成要素，即关于世界永恒性的命题（关于这一点也可参看《论天》I 3–II 1）以及最初不动的推动者［/第一推动者］的概念（*to prôton kinoun akinêton*），都在这里出现。值得注意的是，在这里还没有一种明确的神学意味，即没有将第一推动者与神等量齐观（参看第十章）。

7.2 运动

近代早期的自然哲学将它们的研究对象称为“matter in motion”，即运动的物质。这是沿袭了亚里士多德的传统，按照亚里士多德的观点，自然对象总是处于某种运动状态之中。那种在其中发生变化之物，被称为物质或者质料（*hylê*）；而在其中发生之事，被称为*kinêsis*：运动、变化、过程，或者*metabolê*：转换、转化。（一旦这两个表达被作为术语使用，那么后者就要充当上位概念。）运动不仅仅是亚里士多德自然哲学的中心，它在《伦理学》（参看13.1章中关于欲求的基本概念）和《政治学》（V–VI 关于宪法的没落和稳定性）中也扮演了重要的角色。尽管它没有给出一个直接的对象或关于对象的实体（*ousiai*），但它是一个哲学介入的时段；运动值得一问。

对于近代而言，首先涉及的是位移运动，也就是那种人们也可以根据计划发起的运动。在这个领域内所涉及的动力学明显不同于亚里士多德的动力学。举个例子，亚里士多德的"接触因果性"——投掷的时候，空气这个媒介使运动的物体保持运动的状态（《物理学》VIII 10，266b25–267a12；参看《论天》III 2，301b22–30），就与惯性定律相矛盾。然而一个事实上正确的判断不应该忽视以下这点，即在大多数被指为谬误的理论中，极不起眼的附带思想与一些基础命题混淆在一起。并且由于很多要点只是出现在边缘的地方，因此在近代早期物理学中受到批判的亚里士多德的动力学，"与其说是亚里士多德的教材，不如说是一部谬误和恶习的集合，那些抱有'机械化的世界图景'的思想家把这一集合与亚里士多德的自然哲学对立起来"（Craemer–Ruegenberg 1980，107）。

显然，亚里士多德的运动概念要比近代的位移概念宽泛得多，它包含了运动的四个类型（比如《物理学》III 1，201a9–15），它们在相反的顺序上对应了以下四个范畴：什么（实体）、如何（特性）、多大（数量）和在何处（位置）（《形而上学》XII 2，1069b9–14）。自然过程存在于以下情形中，（1）存在于（人、动物、行星等的）位移运动中（*kinêsis kata topon/phora*）；（2）存在于数量变化中：某物变得更小或更大（*auxêsis kai phthisis*）；（3）存在于特性变化中：某物变热或变冷，某人健康或者生病（*alloiôsis*）；最后（4）存在于实体的或者本质的变化中，存在于产生或者消逝的过程中，比如一个人出生了（*genesis kai phthora*）。

那些我们深信不疑的经验性的自然研究总是在寻找法则，某些自然过程是依据这些法则进行的。亚里士多德则往回退了一步，向那些同样符合每种类型的变化因素发问。他在与当时观点的争论中赢得了这些因素（《物理学》I 2–6）。如果人们像巴门尼德那样，假定一个唯一的原则并且同时排除一切变化，那么就无法解释处于多样性和可变性中的自然。与此相反，如果人们像德谟克里特那样，以无限多样的原则为基础，那么同样也无法解释实在的自然，因为一种无限的多样性是不可认知的，因此解释不了任何东西。奥康在他对《物理学》的疏解《亚里士多德〈物理学〉注释》[*Expositio in libros Physicorum Aristotelis*]中，正是通过对这一点（《物理学》I 4，187b10–13）的关注，提出了他的思维经济原则，即所谓的奥康的剃刀。依照这个原则，哲学和科学应当通过尽可能少的原则而形成。与此相反，亚里士多德并不认为无限多原则这个假设是不必要的，而是认为它是错误的，因为它使认识变得不可能（参看7.4章）。

如何摆脱以上所提的那些前人的困难？其出路是由一种中间立场提供的，通过多个但不是无限多的原则来进行定义。在绝对的虚无——这是亚里士多德与巴门尼德都拒绝的，以及这种虚无的对立面，即完满存在者之间，他安排了一条中道，一个相对的无和同样相对的存在者。因为他是从两个角度来理解这一点的，即作为缺乏和作为可能性，这就产生了两组对立之物，缺乏–非缺乏，以及可能性–现实性，也就是潜能–行为。它们与奠基之物一起构成了两组独特的自然原则的三角群，即两个三元的解释模式。

依据其中的第一个模式（《物理学》I 6–7以及《形而上学》XII 1–2），（1）必定存在着某物，运动由此产生，一个出发点，（2）必定存在着某物，运动向此发展，一个终点，还有（3）必定存在着某物，运动基于此发生，一种奠基之物或者基质（*hypokeimenon*），这种基质始终经历着变化。首先值得注意的是，出发点不是中立的，而是被否定式地规定为缺乏（*sterêsis*，字面上：剥夺、私人化），互补的是，终点被肯定式地规定为形态或者形式（*eidos*，*morphê*）。但是这种言说方式，不管是从巴门尼德的问题出发，还是举例来看，都是可以理解的。为了解释受教育的过程或者恢复健康的过程，人们要从终点出发，他们将这个终点、这个受教育程度或者健康状态看作是（可达到的）形态，而相反将那个出发点看作是亏空，看作是教育的缺失，即看作病态。相似的情形可以类比一棵已经长成的树和树的种子，后者还处在一种“缺乏”的状态。甚至是在从冷到热，或者从湿到干的过程中，这种言谈方式在一种理性的意义上也还是合理的。从要解释的结果出发来看，出发点缺少点什么；从一个回顾性的审视出发，这个出发点是一种“尚未”。

为了规定变化的本质（是什么）（运动是什么［*ti esti kinêsis*］：《物理学》II 1，200b14），亚里士多德引入了一对概念，这对概念对西方思想的影响要比“缺乏–形式”的对立要深远得多。这就是潜能

［dynamis］与现实［energeia］的对立，前者即指可能性、能力或者潜能，后者是指现实化、实在，亦即行动。其中第二个概念与隐德来希［*entelecheia*］的概念较为接近，隐德来希是指在“达到目标（*telos*）的存在”之意义上的充实了的现实化（《物理学》III 1–3；《形而上学》IX 3，8，XI 9）。通过这对新的概念，存在［/是：Sein］获得了双重的意义。未加雕凿的石头已经“是”一个塑像，种子已经“是”一棵树，雕塑学徒已经“是”一位雕塑家，当然这只是从回顾的角度来看并且只在可能性的状态下，完成了的雕像、长成了的树和学成了的艺术家“是”处于现实性的状态之中。如果人们满足于他们的事实行动，那么也会保留他们的潜能，因此《论灵魂》总共区分了三个层次：实在性的两个层次（II 1，412a10以下）和可能性的层次（II 5，417a21以下）。一种知识人们或者是在（1）孩童的意义上取得，孩童才具有可能性，或者是在（2）成人的意义上取得，成人已经获取了潜能性，但是因为他还沉睡着，所以这种潜能尚未实在化，最后是在（3）一种实在化的意义中取得。借助于这第二对概念，亚里士多德把运动定义为潜在（*dynamei*）存在者的现实化过程（*entelecheia*）（《物理学》I 2，201a10以下；对此的诠释参看Kosman 1969）。

可能性与现实性的概念与质料、材料（hylê：针对一种过于狭隘的“质料性”解释可参看Happ 1971）和形式亦即形态、概念（*eidos*，*morphê*）这些概念较为接近。此外，这两对概念在本体论中又再度出现（参看11.2章），不过是在另一个角度下被讨论的。《物理学》引入这些概念，目的是去掌握事物的运动，本体论引入这些概念（《形而上学》VII–IX），目的是掌握事物的构建。一个进一步的区别在于：《物理学》研究的仅仅是对象，这些对象是由质料和形式共同组成的，而第一哲学还要研究一种独立的、无质料的形式（《物理学》I 2，194b14以下）。

就像砖头一方面是人们用来造房子的质料，另一方面也是人们烧制黏土的形式，因而有些东西可以一方面是质料，另一方面是形式。材料和形式并不像雕像的组成部分那样是两个可以独立存在的对象；毋宁说，它们指的是两个角色或者两个功能，它们的共同作用解释了一个对象的产生过程。一个雕塑就是这样从大理石毛料以及从雕塑家的设计构思（*logos*）中产生出来（也可参看《形而上学》VI 3，1029a3–5）；而一个动物则是由依照某个筑造计划“接合”起来的组织物（骨头、肉、血）构成。材料和形式乃是对单个对象的两种视角下的“反思概念”，这个对象事实上总是只在质料和形式的结合中才得以形成，这一点在亚里士多德关于翘鼻子雕塑的例子中表现得很清楚（《物理学》I 2,194a6）。在这里材料和形式扮演了一个双重角色。大理石既是雕塑从中产生的材料，又是雕塑由此组成的材料；在前一种情形中大理石是雕塑的先行者，而在后一种情形中它是滞留在雕塑中的在场者。与此相似，“形式”既是雕塑从中产生的构思设计，也是在雕塑中得到实现的结构。

无论是否涉及缺乏–形式、可能性–现实性、质料–形式，亚里士多德在对变化进行解释的时候总是拒绝一种无穷后退，这一点与他对德谟克里特的批评相对应（无穷［*eis apeiron*］：《形而上学》XI 3，

1070a2–4；参看VI 8，1033b4以下以及《物理学》II 4，204a2–6）。在这里，两个视角至关重要。一方面当一块矿石被塑造成一个球体的时候，在这里出现的不是球的存在，而仅仅是那个坚硬的球。另一方面一个界限分明的解释在这里就已经足够了；比如说，人们将矿石的质料预设为一种预先被给予的东西。人们仍然可以进一步提问，矿石由何而来。对此亚里士多德给出了与今日的自然科学家在形式上相同的回答；他把那种组成矿石的元素最终称为一般质料的基本组成要素。（关于所谓的“对无限的恐惧”［horror infiniti］参看第7.4章。）

令人惊奇的是，《物理学》不仅探讨自然对象，而且也探讨人为制作的东西，探讨手工技术（*technê*）的产品，人工制品。对此亚里士多德有两个理据。第一个理据在于这二者有着结构上的相似性；不仅是主导性概念，运动，还有那两组对立概念“从何而来”–“往何处去”以及可能性–现实性同样都符合自然与技艺。在这里，就像亚里士多德所说的，技术模仿自然（*hê technê mimeitai tên physin*：《物理学》I 2，194a21以下），这种说法人们不能在一种规范性和有限性的意义上去理解，仿佛人们因此只能依据那种在自然中已知的构成物去创制。亚里士多德也不是为那种尚未自命为自然的“傲慢王后”的（前现代）技术做辩护（Zekl 1987，247），毋宁说他指明了以下状况，即人最先是在自然中找到那个所谓的结构的。

关于同时对自然和技术进行研究的第二个理据如下，即通过这种对比自然获得了一个更为精确的形象。与所有的哲学基本概念一样，自然，*physis*，包含了不止一种的含义。因此，在概念辞典中（《形而上学》V 4），自然在首要的和根本的意义上意味着事物的本质，这种本质依据一种内在固有的原则运动；自然之物在自身中包含了这种运动和静止状态的原则（《物理学》I 1，192b13以下；参看《论天》II 2，301b17以下；《论动物的生成》I 1，735a3以下；《形而上学》XI 3，1070a7以下）。更进一步看，"自然"意味着质料、物质（*hylê*），从中就产生了前一种自然概念意义上的构成物，它还意味着此种类型的自然构成物的产生和生长，特别是这种运动的起源。与此相反，一个大写的"自然"，即具有类似人格特征的自然——它以其周密和智慧完美地安置了世界，并未出现。对于亚里士多德而言，"自然"仅仅是一个集合词，是一切对象和过程的总称，也包括那种规定自然本身的合规律性，通过这种合规律性才会有自身运动。与此相反，人工制品产生于外在运动；对于人工制品而言，缺少了一种内在固有的（*emphyton*）变动的欲求（《物理学》I 1，192b18以下）。事实上，树的胚芽在自身中就包含了以下过程，从胚芽中首先产生一种原始的生长欲求，然后生出一棵小树，最后长成一棵树。在动物那里情形也相似，成长、运动和繁殖都是从其自身出发展开的。与此相反，一座房子的建造并不是单单从砖瓦和木料中就能完成，而是要借助于建筑师和工人。

人们可能会认为，对于今天的智能机器来说，它们与有机物之间的差异已经消融殆尽了。但是还没有如此高智能的电脑具备维持生命和自我繁殖的能力，这些能力藻类生物已经具有了。通过援引智者学派的安提丰［Antiphon］，亚里士多德用一个思想实验说明了自然对象和人工制品之间的差别：人们把一个木制的床架埋进土里并设想，随着木头的朽坏会有新芽生长出来。但是从这个新芽中并不能生长出一棵“床树”或者一张新的床，就像孩子们在埋李子核时所期待的那样，而仅仅是生长出木材（《物理学》II 1，193a12–14）。

人们可能会倾向在绝对意义上理解自然事物的自身运动。柏拉图也认识到这种类型的纯粹的自身运动，但是是在涉及灵魂的时候（《斐得若篇》245c–d），最终涉及世界灵魂，也就是整体自然。但是一般而言，亚里士多德所关注的并不是这个整体自然，而是单个的自然事物（参看Bonitz的《亚里士多德索引》，835–839）。在自然事物中他看到，这些自然事物依赖于那种作为共同起源的环境（periechon：《物理学》VI 3，246b6；VII 2，253a16以下），他以点带面地举太阳作为这种环境的例子（《物理学》I 2，194b13）。自然事物不是绝对和完满的自身运动者，而仅仅是相对的和局部的自身运动者；即使在植物和动物那里，涉及的也是运动的自身运动者。

令人惊奇的是，亚里士多德并非仅仅在有机物那里谈及自身运动，而且也在那些非有机的自然过程那里谈自身运动，这听起来像纯粹的迷信。一块石头的掉落所具有的意义与一个有机生命体的成长并不相同。另一方面，这种掉落是由石头的那些内在固有的特性共同造成的——石头比大气层要重，这样才有某种自身运动呈现出来；如果石头没有被固定在某处或者放置在某处，那它就会掉落下来（参看《物理学》VIII 4）。

亚里士多德为第四种方式，即那种简单且完满的、指向实体（*ousia*）的变化，写了一个独特的文本：《论生成与消逝》（*Peri geneseôs kai phthoras*；参看《物理学》I 7和《形而上学》VI 7）。这篇文章包含了第一元素的原理。与传统对立，这些第一元素不是从众所周知的四大基本质料火、气、水和土开始的。因为这四大质料互相间可以转化，所以它们不可能是真正的基本质料。亚里士多德构造了一个原初的、完全无形式的物质概念（prôtê hylê）用以描述这个事实上最基础的质料。这种质料与四种要素特性热、冷、干和湿一道同属于生成和消逝的最终的、不变的条件。

亚里士多德认为，四种基本质料是从四种要素特性的组合中产生出来的——土产生于干和冷，水产生于冷和湿，气产生于湿和热，最后火产生于热和干。对于这个观点，我们可以毫无顾忌地在自然科学史博物馆中束之高阁。但是实际上还留下一个问题，是否“有”这样一种物质，一切变化都是在这个物质中展开的，是否“有”一种完全原初的质料。这个问题之前在约翰逊（C.Johnson 1958）和罗宾逊（H.M.Robinson 1974）那里就已经得到肯定的回答，与之相似地做出肯定回答的还有威廉姆斯（C.J.F.Williams 1982，211页以下），而与此相反，吉尔（M.L.Gill 1989,243页以下）对此持否定态度。在这样一场争论中，对“有”［/存在：es gibt］的准确理解至关重要。因为原初的第一物质作为最本质的特征只是具有每种特征的缺失，所以就会有一种并非作为存在者的完全无形式的且纯粹的可能性。亚里士多德自己说，人们并不能去认识此类自在的物质（《形而上学》V 10，1036a8以下）。但是他并没有因此排除一种绝对的缺乏［*sterêsis*］的概念，没有排除一种“独自唯一”的基质的概念（参看《形而上学》VI 3）——在这个基质上，所谓的四种基本质料才能形成。在这个意义上，第一物质所关涉的乃是一种纯粹的“反思概念”。它不是在这个可感知世界中呈现的元素，大概却是人们为了解释元素的出现和转化为其他元素之可能性而必须预设的一个环节。

7.3 四个“为什么”问题

在亚里士多德看来，知识（*epistêmê*）是通过从方法上对“为什么”的提问而与纯粹经验（*empeiria*）区别开来的。在对这个问题的相应回答中，即在起源［*aitiai*］中，那些一开始被称为指控或控告的行为，目的就是要去理解所有对于被给予之物的实现“负有责任”的因素。拉丁语翻译为causa，德语翻译为“起源”［Ursache］，但是有时可能“根据”［Grund］更合适。近代首先将因果性理解为某种形式，即众多事件中作用起源的关系。事件E1和E2，如果E2不仅是在E1“之后”，而是也在E1的“影响之下”实现，那么事件E1是事件E2的起源。亚里士多德也许也认识到了这种形式（然而与之相反的是Frede 1987以及Detel 1993，I 312–315）。但是与爱奥尼亚学派的自然哲学家们相反，并且也与柏拉图和学园相反，他提出了一种多元论，他用这种多元论反驳解释自然的那些“古老”形式。

在其起源理论一开头，亚里士多德就考察了一种基础的多义性：多种途径的起源［*legetai aitia pollachôs*］（《物理学》II 3，195a29）。在接下来的语言分析中，他区分了四种等级的起源（*ta aitia legetai tetrachôs*：《形而上学》I 3，983a26以下），这四种等级恰恰回答同样多的“为什么”的问题。这些起源指出了那些对每个（自然的或者技术的）变化来说必要的、并且总的来说也是充分的条件。就像范畴一样，起源也不能被回溯到一个唯一的、最高的种属；尽管存在着很多的起源等级，但是没有一个总的最高等级。

在这一点上，亚里士多德为每一种起源都提出了一个不同的例子（《物理学》II 3）。他也许想通过这些例子阐释宽广的应用领域。我们从他第一个且也是最经典的例子开始，即铜像的例子。为了解释铜像的产生过程，人们首先必须要认识从何而来（*to ex hou gignetai*），亦即认识质料（hylê）；这是铜。经院哲学会说这是质料因［*causa materialis*］，质料起源。其次，人们必须要认识其形式、型相或者本质概念（*eidos , paradeigma , logos ho tou ti ên einai*）；经院哲学称之为形式因［*causa formalis*］或者形式起源。在这个例子中就是雕塑家在头脑中有的一个构想，然后他按照这个构想去形塑质料。亚里士多德自己将这个关系定为“2：1”，并且由此指出那种八分距离［/分形］的形式。第三步，人们必须认识变化的始基（根源）（*hothen hê archê tês metabolês/kinêseôs*），这种根源人们称之为动力因［*causa efficiens*］或者主动起源。在这个例子中就是塑造雕塑的艺术家波利克里特［Polyklet］。此外，亚里士多德称指导者为父亲，他造就了其形式的一种本质，只要人们遵循他的指导意见就可以解释相应的行为。第四种起源乃是为了什么（*to hou heneka*），即目的（*telos*），也就是目的因［*causa finalis*］或者终极起源。对于这个雕塑，目的一方面存在于完成的雕塑中，另一方面存在于功能之中，比如宗教崇拜或者装饰；对于指导者，目的存在于行为的施行中，对于生育，目的存在于孩子中；而在亚里士多德自己的例子中，对于散步，目的存在于健康中。

这四种起源表示科学研究的不同方向，即便与亚里士多德设想的（比如《物理学》II 7，198a22）有所不同，即所有的方向并非总是对这四个问题提出的，但是作此区分也还是很有意义的。除此之外，第二个到第四个根据可以重合（198a24以下；参看II 3，195a4–8）：一头狮子的本质结构同时就是这头狮子成长所趋向的目标——从一个细胞直至长成一只成熟的动物；这个过程的推进乃是通过生育过程，而生育是通过同样动物类型的样本而实现的；狮子只能生育狮子，而不能生育兔子或者狍子。

在近代，第四种起源，即应该统摄整个世界的终极性或者目的论（比如《论动物的部分》I 1，641b10–642a1；参看Balme 1972，93–98），遭到了尖锐的批评。但是这种批评已然习惯于忽视以下状况：人们在其余的“为什么”问题中已经以质朴的方式遇到了那种追问目标或者目的的问题。更进一步，对亚里士多德而言，那种以追求目标的方式生效的隐秘力量至多也只是包藏了一种隐喻性的含义。此外，他反对出自柏拉图《蒂迈欧篇》的那种无所不包的目的论，进一步也反对那种“虔敬的自然解释”——这种解释将自然的合目的性回溯到神。然而在有些地方，他也会同时提及神和自然；神和自然不会做任何无目的的事情，比如说在《论天》I 4，271a33。

在亚里士多德谈到“目的”的地方，在近代自然研究看来常常只是纯粹的偶然。值得注意的是，亚里士多德考虑到了这种偶然本身，他甚至是在两种形式中关注它们（《物理学》II 4–6，参看《形而上学》XII 3，1070a4以下）；而在对它们进行阐释之后，紧接着他就引入了目的的概念。第一种偶然形式即机遇［*tychê*］，也就是幸运或者不幸的命运安排，比如说某人为了听一个演讲走向市场，但是在那里遇到了他的债主，债主趁这个机会要他偿还债务（《物理学》II 4，196a3–5；II 5，196b33以下）。或者某人在耕种他的土地，却发现了埋藏的一满罐金币（《尼各马可伦理学》III 5，1112a27）。因为亚里士多德看到这种形式只在生命物那里才出现，只有基于行为才能被理解，所以自然过程只能出现另外一种形式：自动［/自然发生，*automaton*］，“从自身出发的”。比如说一匹马毫无特殊动机地奔跑，而由此避免了一次不幸（《物理学》II 6，197b15以下）。除了这种“好的偶然”，当然也还有“坏的偶然”，比如一块落下的石头砸伤了一个人（II 6，197b30–32）。

亚里士多德将这两种偶然形式关联到一个目的，但是这个目的是以不合常规的、未预见到的并且不按计划的方式被实现或者被错失的。在此他看到了一种“似乎”目的论［Als–ob–Teleologie］，亦即一种不完满的模式——自然物［*physis*］的自动［*automaton*］，技术［*technê*］的机遇［*tychê*］都被安置在其中。它间接地指向一种无缺陷的、真正的目的论，这一点在机遇的情形中是毫无争议的；正如亚里士多德正确地说的，一个人也可以“带着目的”去市场，他有意要遇到债主。有争议的只是以下问题，在自然过程中是否也存在一种根本上的、真正的合目的性。亚里士多德对此做出了肯定的回答，那些对这个回答心存怀疑的人可以从两个方面打消疑虑。一方面，这种回答并非通过沉思的方式展开，而是受到合目的性的指示——人们在自然中不断地遇到这种合目的性：比如说，在人的全副牙齿中，门牙用来切割，而槽牙用来磨碎食物（《物理学》II 8，198b23以下）。另一方面，亚里士多德立场鲜明地拒绝了那种拟人论的观点，即认为自然具备了追求目的的能力，且能够选择适合它的途径（《物理学》II 8，199a20以下）。那种外在于人的合目的性在不带有目标意识的情况下得到实现；它是回溯性的且未被意识到的。

亚里士多德并没有提出后续问题，即目的论的自然关联是如何被控制的，也就是说，是什么取代一种以目的为导向的理智导致一种目的行为。因此尽管关于由偶然规定的进化的思想对他来说还较为陌生，但是他并不处在与他的目的论相对立的位置。在进化问题之外，目的论只在四个领域内被应用：1）在有机物的构造中，即组织和器官的功能的构造中，2）在对形式的重新制造的过程中，3）在无机性的过程中，4）在宇宙论中。这里的每一个领域中，相类似的概念都包含了一种不同的色彩，因此这个概念涉及的范围有多广？对于这个问题，我们难以笼统地来进行回答。前面的两个领域处于这样的阶段，即在此亚里士多德的目的思想主要尚处于初始阶段，比如在生物学中（参看8.2章）；在这两个领域中目的论思想原则上时至今日仍然具有意义。在第三个领域中，目的思想相反就显得不太有说服力，这个领域亚里士多德也只是顺便提及。关于第四个领域，我们在相应的章节还要进一步说明（参看

10.2章）。

7.4 连续性，无穷之物，位置和时间

有四篇文章可以算作亚里士多德著作集以及整个古代自然哲学中最杰出的部分，但是这些文章在今天却只被少数的专业人士研究，其原因部分是因为其艰涩难懂，另一部分则是因为它们所讨论的事实问题远离了一般的亚里士多德的阅读者（可参看Wieland 31992，§§17–18）。在《物理学》中，它们因其天衣无缝和完美无缺而显得与众不同。这些文章分别是关于无限之物或者无穷之物（《物理学》III 4–8；参看《论天》I 5–7），关于空间（《物理学》IV 1–5），关于时间（《物理学》IV 10–14）以及关于恒久性亦即连续性（《物理学》VI；参看《论灵魂》III 6，430b6–20）。所有这四个对象，亚里士多德是都从数学的立场出发来探讨的；但是他将这四个对象视为对自然经验的普遍共同的观察角度（《物理学》III 1，200b22以下）。在这四个对象背后乃是运动的事实。当然，其中所包含的不仅仅是某一个角度，而且还有对数学对象的某种把握。

迄今为止，亚里士多德研究的一直是自然之物，运动对它们来说应当是可能的（《物理学》I–III 3），但是现在，他把自然之物放进括号，而进一步追问运动本身的内在前提。在这里空间［/位置］和时间乃是自然经验的基本前提，而无限之物和连续性则是把握这两个前提的必要条件。在亚里士多德看来，时间与自然数的顺序一样是无限的；而

在另外一种理解中处于连续进程中的自然过程乃是无限的。亚里士多德再度与他的前人建立了联系。在与芝诺的著名悖论的争论中，还有与原子论者、特别是德谟克里特的争论中（参看Furley 1967），更远的是与毕达哥拉斯学派和与柏拉图的争论中，他在寻求一种理论，这种理论能够毫无矛盾地掌握那些今天我们已经熟知的东西（比如参看《物理学》VI 2，233a13以下）。

1. 如果人们不考虑实体的变化，那么当时为人熟知的自然过程就会有一个开端和一个终结。尽管如此，这些过程却是可以无限地被分成部分的；它们在一种连续性（*syneches*）中展开。由于这种无限可分性，芝诺就提出了四个尖锐的悖论：（1）奔跑者不能运动；（2）如果这点是可能的，那么以跑得快闻名的阿基里斯甚至连一只乌龟都无法追上；（3）如果这点是可能的，那么飞矢在空气中保持不动，那么也没有人能运动哪怕一下；（4）如果这点是可能的，那么在一场马车比赛中，以某一速度的一半行进的马车跑完它的路程，在相同时间内，以某一速度的一倍行进的马车也跑完它的路程，所以时间的一半与时间的一倍是相同的。只有第二个悖论得到了说明：当阿基里斯到达乌龟曾经到过的位置的时候，乌龟又已经往前继续移动了，因此虽然乌龟的领先距离一直在变小，但是却一直居于领先位置（《物理学》VI 9,239b5以下，以及VI 2，233a21以下和VIII 8，263a5以下；参看Salmon 1970，Ferber 1981）。

亚里士多德没有将这些悖论弃置一旁，而是像弗洛蒙杜斯（Fromondus 1631）和莱布尼茨（《哲学全书》，C.I.Gerhardt编，II

268）所说的那样，将这些悖论完整地领入“连续性的巨大迷宫”之中。在对其中的难点进行了详尽而敏锐的阐述之后，他才指出了走出这个迷宫的道路。那个最终发展出来的连续性理论是一种具备非凡的细致性和完整性的教学式学说。但近代自然科学的建立者们并没有利用这个机会去重新评估亚里士多德作为自然研究者的地位，这甚至从未引起过怀疑。与此相反，这种学说属于那种未受专门关注的奠基性内容，在很久以后它才在一定范围内被关注，即通过量子理论。人们是否因此必须放弃亚里士多德的命题，即认为那种由原子论者如德谟克里特（比如Diels/Kranz 68 A 57）和之后由伊壁鸠鲁（《致希罗多德的信》，40页以下）所宣称的最小部分是不存在的，这还是另一个问题。

亚里士多德通过一种概念解释解决了芝诺的悖论。通过对两种相似现象进行划分，即接触物（*haptomenon*）和序列（*ephexês*），他将连续之物规定为那些最外在的边缘是统一的物体（《物理学》VI 1，231a22）。连续性可以无限被分，但是却不是像芝诺所预设的那样，而是由众多真正的部分组成的。如果运动是由那些最小的部分组成的，那么那种我们从电影的早期阶段以及从量子理论中为亚原子的自然所认识到的东西，就只是暂时可能的；飞矢在其飞行轨道的每一个阶段都会是静止的（参看VI 1，232a13以下）。与此相反，如果存在着永恒的运动，那么相应的（运动）线路就不会是由（无穷多的）点组成的，而是又只能由众多线路组成（参看VI 3，234a8），也就是说，这种时间线不是由无穷多的现在点（“众多现在”）组成，而只能又出自众多时间线的组合（IV 11，220a20以下）。连续性作为那种虽然是无限可分，但只能在同样形式中可分的东西，无论如何是不能被化简的。

亚里士多德承认芝诺的观点，即在运动中无限之物是共同参与的，他只是忽视了其两重性含义（VI 4，233a24以下）：无穷扩展即无穷可叠加性，和无穷可分性（*prosthesei kai dihairesei*：III 6,206a15以下）。在阿基里斯和乌龟的例子中，芝诺将无限之物理解为无穷量的持续，在飞矢的例子中他把无限之物理解为无穷量的点，在两种情形中无限之物都是被理解为无限地扩展，这种扩展虽然适用于时间和数字集合，但是并不适用于这里连续性的，即无穷可分的运动。

2. 在关于无穷之物或者无限之物（*apeiron*）的文章中，亚里士多德不仅仅阐述了这个概念所包含的丰富的多义性（III 4，204a2–7），他还拒绝了那些错误的观点。与毕达哥拉斯和柏拉图的物化倾向不同——这二人将无限之物理解为独立的实体，亚里士多德在无穷性中看到的是一种非本质之物的偶有性，即一种量的确定性；无穷是一个范围大小的或者一个数量的特征（III 4，203a4–16和III 5）。

为了得出一个更精确的无穷性概念，亚里士多德做了一个时至今日仍然影响深远的区分，即区分一种实在的（*kat'energeian*）无穷之物和一种潜在的（*dynamei*）无穷之物（III 6，206a14以下）。接下来他宣称，无穷之物只有在可能性的模式中才是可想象的，这是与物质（*hôshê hylê*）相对照而言的，因为物质层面上的无穷之物既无法认识也不能被规定（*agnôston*；*ahoriston*：III 6,207a25和a31；参看I 4，187b7–13）。尽管无穷之物在现实性的模式中也是可想象的，但是它们只能是像人们对于日子和奥林匹克运动会（对希腊人来说这是计算时间的基础）所谈论的那样（III 6，206a21以下）。这种比较使两种阅读方式成为可能，而亚里士多德所指的只是第一种。根据第一种阅读方式，某一天的或者奥林匹克比赛的一个个体样本总是不能作为当下的整体，就像一棵树、一个人或者一个其他的实体；当下始终只是某一个部分。因为日子和体育比赛是众多的连续性，所以这种当下的部分就可以被分为任意小的、无穷多的部分。根据第二种阅读方式，对于各自事实而言只有一个确定的样本能给出；但是接下来总是会有更多的后续样本（日子亦即奥林匹克比赛的样本）。因此也像在第一种阅读方式那里一样，总是存在着潜在的无穷性。

为了掌握无穷之物的潜在性，人们不能面向潜能［*dynamis*］的本体论概念，即面向潜在的存在者，据此比如说一块大理石就是一个可能的雕塑（III 6，206a18以下）。至关重要的是动力学意义上的潜能概念（《形而上学》IX 6，1048a25），即做某事或者承担某事的能力（《形而上学》IX 1，1046a10以下）。在亚里士多德看来，对一个连续之物的划分是一种思想的行为（*noein*：《论灵魂》III 6，430b7；Wieland 1992年第三版，300页以下，准确地说是一种"实践特征"），它处于一种潜能中——因为每一个组成要素总是会有一个新的要素跟随其后（《物理学》VI 6，206a27以下），永无终结。与常见的观点相反，无穷之物并不是那种在自身之外别无他物的东西——这应是完美之物和整全之物（*teleion kai holon*），而是那种总是具有某种外在于自身的不同之物的东西（III 6，206b33以下）。

有人说，对于希腊哲学、特别是亚里士多德哲学来说，面对无穷之物有一种普遍的畏惧，它被视为一种恐怖之事［horror infiniti］，此后与这种立场形成鲜明对比的就是现代对于无穷之物的“浮士德式的”好感。涉及连续之物的无穷可分性，更远一些，涉及数列和时间无穷性的时候，这种观点必须要被修正，尽管亚里士多德设想了一个在空间上以及在质料数量上都有限的世界（《物理学》III 5，205a31–35）。首先，对于一系列的论证和条件，他拒绝将其回溯到无穷之物中去（比如为了《形而上学》II 2中的起源）；因为依赖于无限多的论据和条件的东西，是不可能存在的。但是对于一系列的运动，他引入了无穷之物。

3. 关于位置［/空间］（*topos*）的文章所探讨的不是一种抽象的空间性，而是那种相对具体的对象，人们用这种对象去回答“在哪儿”的问题。因此康德做出的规定，即作为一种独立的先天之物、作为一种纯粹的直观形式的空间，并未进入考察范围。亚里士多德是从一个难点入手的——奥古斯丁（《忏悔录》XI 14,17）为了说明时间接受了这个难点：没有人会怀疑空间的存在，尽管如此却没有人知道，空间确切来讲到底是什么。为了接近合乎事实的定义，亚里士多德首先陈述了那些有待解释的现象：（1）以下状况，即所有的形体无论在哪里都会占据某一个空间；（2）空间交换的可能性：某人进入，就是这个人接受了这个空间，而此前这个空间被另一个形体、空气所占据；（3）有三个维度：上–下，前–后和左–右。恪守以下这条出自《伦理学》的著名准则：即在所有无出路的困境（疑难）被排除之处，会有一条好的道路（*euporia*）留下来（参看6.3章），亚里士多德通过敏锐的排除过程获得了如下定义：尽管空间具有形体的本质特征、具有延展性及其三个维度，但它自身因此不可能是形体，因为这样就不可能存在空间交换。尽管有某些共通性，但是它还不是四因说意义上的起源。就像纯粹的质料一样，空间也缺少每质量上和实体上的规定性；跟形式一样，空间的效用也是有限的。

芝诺的假设，即恰恰因为空间实存着，所以它必定无处不在。这个假设导致以下疑难：空间所在的空间自身必须要有一个空间，就这个空间而言，它又需要一个空间。因为在这里一种无穷倒退是被拒绝的，所以在亚里士多德看来只有两种可能性存在。依据第一种可能性，空间是一个位于边界之间的中介空间或者洞形空间，它可以通过任何一个形体被填充。因为这种可能性的后果——存在着无形体的空间，亦即空的空间，将会导致一些不可靠的结论，所以就只剩一种可能性，这种可能性进入一种最终有效的定义中：空间是与临近的静止中的形体的一种内在划界，包含了一个其他的形体（《物理学》IV 4，212a2以下）。对于形体来说，这个定义非常适合；比如说水的空间就是玻璃杯、浴盆或者河床；而在其上面则是与它交界的大气。与之相反，形体的总和，即宇宙，不再处于一个空间中。

探究以下这个问题可能会很有趣，即亚里士多德是否把空间［/位置］想象为一个整体，这个整体将更小的空间作为其部分包含其中。如果这是成立的，那么他就预先认识到了康德洞见中的一个部分：空间不具有概念属性，毋宁说，它具有直观属性。但是两者之间还是存在本质上的差别：在亚里士多德那里空间属于物理学意义上的客观性，而在康德那里则相反，空间属于先验的主体性。

4. 亚里士多德对时间（*chronos*）的阐释，即时间是那种自身不变的关于变化的尺度，是从两个艰涩的问题开始的（《物理学》IV 10，217b29–218a30）。第一个问题是：时间是属于那种“这是什么”的东西，还是属于那种“这不是什么”的东西？一个部分总是已经过去，而另一个部分尚未到来；而从形式的非存在者［/不是者］中构成的东西，就其本身而言就不能“存在”［/是］。另一个问题是：现在划分了过去和未来，那么现在是始终保持一致的还是总是不同的？根据亚里士多德的回答，时间既非独立的，也不像柏拉图在《蒂迈欧篇》（37d）中所设想的那样，是某种被创造之物（《物理学》的说法就与此相反VIII 1，251b17以下；《论天》I 10，280a28以下）。毋宁说，时间是作为自然过程的一个从属现象存在的，更确切地看：是作为一种经验存在，这种经验是精神面对那种自然之物，亦即自身变化［/运动］之物时被造就的。

自然过程总是在时间中进行，而不是与时间同一。当空间与静止之物、形体关联在一起的时候，时间就涉及运动之物、变化。时间不仅仅是可数的，或者说可度量的，它也是在某个向度内被规定的：有先有后。依此亚里士多德将时间定义为“就先后而言的运动的数字”（《物理学》IV 11，219b1以下），并且补充道：“因为它是一个连续之物的数字，所以它是连续的”（220a25以下）。由于时间的连续性特征，所以人们不能从当下、现在出发去把握时间，即便现在是我们最为熟知的（219b29）。因为通过众多现在点的累加人们无法达到一个时间段，就像通过众多空间点的累加无法达到一个空间段（《物理学》VI 10，

241a2–6；关于时间理论参看Sorabji 1983。）

令人惊奇的是，在亚里士多德那里以下问题已经出现：时间是否是在灵魂中被“连同考虑到”的（*prosennoôn*：《论灵魂》III 6，430b1；关于心理学的时间参看《论记忆与回忆》449b，452b7–24）。但是他拒绝了以下观点，即把时间理解为主体性的一个要素——就像康德想要说的那样。尽管他认为灵魂是时间的一个必要条件，但只是在下述意义上，即时间具有一种可操作的属性；它与计数密不可分。时间不仅仅是延续，还是一定数量的时间统一体，其尺度不是处于现在之中，而是位于两个现在点之间的时间段中，时间段的形式有小时、天、月和年。这种计数行为又取决于计数的承担者，即灵魂（《物理学》IV 14，223a22–29）。在亚里士多德看来，时间既非通过灵魂而来，它也不是在灵魂中预先形成，但是如果没有灵魂的计数行为，大概就没有时间了。

康德关于一种独立先天之物的思想，即把时间理解为纯粹的直观形式，这一点亚里士多德并没有预先认识到，这与他关于数学对象的理论密不可分。在数学对象中他看到了对自然经验的抽象；虽然数学对象与自然之物分离开来受到考察，但是事实上它们是无法分离的。（关于亚里士多德的数学理论见：《形而上学》XIII–XIV；参看Heath 1949，Annas 1976，Graeser 1987和Detel 1993，第一卷，189–232。）亚里士多德的数概念指向针对物体的计数行为，而这种计数行为又被关联到包含各自具体事实的确定的计量单位，被关联到其类型或者种属形式。举个例子，当数马的时候，那么单位就是“马”，当数人的时候，单位就是“人”，如果数人、马和神，那么单位就是“生物”（《形而上学》XIII 1，1088a8–11）。因此人们可以说，对于同样数量的羊和狗，即使它们各自都是十只，但是十的性质是不同的（《物理学》IV 14，224a2–4）。简而言之：由于亚里士多德认为数学不是用来建构一种被预先给予的直观的本性的，所以他对于时间，就像对于空间一样，仅仅提出了一种物理学意义上的理论。

人们借助于时钟量度时间。与这个传统相一致，亚里士多德也认识到一种最初的，亦即最终的时钟，最初天的纯粹圆圈循环运动（《物理学》IV 14，223b18–20）。而这种运动具备了一种绝对时钟的等级——依据这种绝对时钟，也存在着一种绝对时间——并非出自物理学的、或者说一般自然哲学的根据，而是出自特殊的宇宙学根据。

8 生物学和心理学

8.1 动物学家

尽管最近生物学的讨论范围变得更为广阔（参看《生物学与哲学》［*Biology & Philosophy*］杂志，1986以下），但是这门科学已经不是今天哲学家的主要兴趣所在。对于亚里士多德来说情况则相反，在他看来，生物学提出了一个不仅涉及经验性自然研究，也涉及理论性自然研究的重要领域。他将植物学托付给泰奥弗拉斯特，而将其著作中整体上规模最大的部分用在了动物学（包括生物人类学或者人类生物学）。在专心研究动物学之前，他无疑必须要克服一种知识上的障碍。希腊人，包括亚里士多德自己，都认为星辰天体的领域在等级上比人和动物的领域要高。因此这就导致了以下危险，即忽视非宇宙学的自然研究，亚里士多德与这种趋势针锋相对，提出了一篇著名的辩护词，支持对不同领域均同等评价的、全面的自然研究（《论动物的部分》I 5，644b22–645a36）。既没有逆转惯常的等级顺序，也没有不顾宇宙学，他通过三条论据承认动物学是与其他学科同等重要的：

依据第二条论据，宇宙学的伟大之处会被一种更为紧密的亲缘关系所抵消；相比于神性的星辰天体，植物和动物离人更近（645a2–4）。依据第三条论据，甚至那种最低级的动物在其合目的性中自身也包含了某种值得惊奇的东西（645a4–26）。而第一条论据可以说是最重要的；它因有着更巨大的科学收益而显得格外突出（644b22–645a2）。宇宙学对象更高的威严及其相应地在认识活动中所带来的更大的乐趣很少与观察的材料关联在一起（参看《论天》II 12，292a14以下），而在关于植物和动物的研究工作中，只要人们仅仅付出必要的辛劳，就会有大量的观察材料可供支配。在柏拉图看来，观察仅仅调动了感官却没有达到真正的知识（《蒂迈欧篇》28a）。但是按照亚里士多德的观点，在生物学中不仅仅有纯粹的理论，而且一种探寻［episkepsis］也是可能的：一种介入到对象之中，并且通过解剖更为精确地直接观察其局部（血、肉、骨头等等）的研究。比如说，他曾两次描述过对盲田鼠（Aspalakos：《动物志》I 9，491b28；IV 8，533a3）腹眼的解剖。还有对章鱼及其特殊繁殖方式的异乎寻常的精细描述，都要归根于解剖（IV 1，524a3–20）。

根据亚里士多德为知识平等性所作的辩护词，他不只是把动物学建立一门科学学科。他随即区分了若干专业领域（一般性的奠基；解剖学、生理学、行为研究等等），并且为每一个领域都创作了具备很高科学水平的专题论著。关于柏拉图，科学史家们一定会说：“现代生物学思想的出现，部分原因是摆脱了柏拉图哲学的束缚”，这就是说：“在达尔文之前，没有哪一个人像亚里士多德那样对于生命世界的理解做出了如此巨大的贡献……生物学史的几乎每一个局部领域都必须要从亚里士多德开始”（E.Mayr：《生物学思想世界的发展》，1984，73）。

这些文本中有一部分已经失传了，比方说七卷本的《解剖学描述》（Anatomai）。但是最重要的文本留存了下来：《论动物的部分》（Part. an.）和《动物志》（动物学：Hist. An.），此外还有《论动物的生成》（Gen. an.），《论动物的行进》（Peri poreias zôôn）和《论动物的运动》（Mot. an.）。对此还有关于生物心理学的文本，即所谓的“小自然科学书”（Parva naturalia），尽管这些文本篇幅短小却具有很高的质量，其中有《论感知及其对象》《论记忆和回忆》《论睡眠和清醒》和《论梦》。其中关于记忆的文章属于曾有的关于这个话题的文献中最好的之一。（关于较早的文献，参看Meyer 1855；晚近的则参看Balme 1972；Düring 1961；Gotthelf 1985；Gotthelf/Lennox 1987；Kullmann 1979第二版；King 2006）

亚里士多德的动物学是以其极为丰富的观察材料和千差万别的术语独树一帜的，千百年来这门学科理所当然地（与逻辑学一样）为这位哲学家赢得了真正的声誉。达尔文说过如下令人振奋的名言，亚里士多德“即便不是有史以来最伟大的观察者，至少也是最伟大的观察者之一”（致Crawley的信，12.2. 1879）。流传下来的材料是如此浩如烟海，以至于人们无法相信这是单个人所为，而宁愿相信那个从普林尼［Plinius］（公元1世纪）那里流传下来的传闻轶事，即亚历山大大帝派了几千人供哲学家亚里士多德驱遣（《自然志》VIII 16，44）。但是这则传闻完全不符合事实。亚里士多德的材料有一部分要归功于他自己的观察，有一部分则要归功于文献，比如希波克拉底的医学，而最重要的是要归功于他所作的调查了解，这是他向渔夫、牧羊人、猎人、养蜂人和其他专业人士请教搜集的。

人们通常习惯于将这样一种方式的自然研究强加给亚里士多德，这种研究在不检验事实的情况下就容许做出普遍性陈述。但是《后分析篇》中所构想的归纳“理论”所包含的内容已经与此相反（参看5.3章）。即便亚里士多德偶尔也会以“相应的单一事例”为根据，但是为了一种科学的归纳，他要求必须认识属于某个种属的所有类型（《前分析篇》II 23，68b27–29）。他还对德谟克里特做了一个相应的批评（《论动物的生成》V 8，788b9以下）。他主要在动物学中遵循这个原则，即在进行解释之前，人们要搜集众多事实。他又再次指向观察的实施，基于此一种理论才有可能，或者说在尚未进行观察的时候，理论构建就应该极为谨慎（参看《后分析篇》II 14以下，连同《论动物的部分》674b7以下）。

我们以亚里士多德那部涉及面最为宽广的著作《动物志》为例。依据两大课题领域的安排，一方面是解剖学（I–IV 7）和生理学（IV 8–11），另一方面是行为研究以及民俗学（V–VI和VIII；而第VII、IX–X部分的真实性尚存疑），这部著作通过丰富的材料阐述其对象——这种丰富程度在当时人所共知。从中我们可以看到家养动物（绵羊、山羊、狗、骆驼等等），也可以看到野生动物（熊、狮子、鬣狗和其他哺乳动物），还有无数的昆虫、蠕虫和寄生虫，还有鸟类、两栖动物，以及特别详尽讨论的海洋动物。那些涉及动物行为学的卷目并非致力于研究动物心理学的问题，而是研究繁殖、生产和喂养，以及动物对气候和季节变换的适应，还有疾病。这部著作对很多问题做了极为详尽的说明，比如关于生育的开端和持续时间，关于交配的方式和时间，关于怀孕期的长度，还有关于那些千差万别的喂养方式包括猪的饲料，特别还有关于候鸟的迁徙、鱼类的迁徙和冬眠。然而根据科学理论的基本命题，即“从我们最熟悉的东西入手”（参看3.2章），这个文本是从讨论人开始的（《动物志》I 6，491a19以下；相似的还有《论动物的部分》II 10，656a9以下）。

在大量的陈述中当然会有一些错误。比如说，昆虫的交配就被错误地描述了（《论动物的生成》I 16，21a3以下），除此之外一种无母体和父体的（无性的）生育，即一种自发繁殖，被视为是可能的（《动物志》V 19，551a1–7）；直到巴斯德［Pasteur］才能证明，甚至微生物也是无法从无生命的物质中产生的。此外，在亚里士多德看来，只有人才有心跳，因为只有人才生活在对未来的期许之中（《论动物的部分》III 6，669a19以下）。亚里士多德在经验领域和理论领域都出现了错误，但是人们不可以因此严肃地否定他。毋宁说，人们一定会惊叹于他所作的大量的精确观察，特别是这些观察是在不具备今天的技术手段的情形下完成的。

作为经验主义者，亚里士多德极为重视在其几乎无法度量的丰富性中去描述自然；作为理论家，他寻求将这种丰富性尽可能置入一种系统性的关联之中。因此，在系统性地收集材料之后，亚里士多德做出了如下评定：对那些并不总是同质的材料进行考察和检验。在这里，亚里士多德使用了学园的辩证法，但是值得注意的是，在这里辩证法中一些接近经验的划分建议以非教条的方式取代了机械化的二分。（关于对二分法的批评：《论动物的部分》I 2–3；关于生物学分类的标准参看《论题篇》VI 6；《后分析篇》I 31；II 5；II 13；《形而上学》VII 12；还有《政治学》IV 4，1290b25–37；特别是《动物志》I 1–6；《论动物的部分》I 2–4和《论动物的生成》II 1。）其中最重要的建议是从两个主要种属开始的，即有血液的动物和无血液的动物，这种区别与脊椎动物和无脊椎动物的区别相对应。有血液的动物又分成胎生动物和卵生动物，无血液动物分成软体动物（墨鱼和八爪鱼等头足纲动物）、软甲动物（螃蟹、龙虾、蟹等甲壳纲动物）、贝壳类动物（包括贻贝）和昆虫（《动物志》II–IV）。就像在上文中迈耶尔（Meyer 1855，344以下）所确认的那样，亚里士多德寻求的并不是关于种属和类型的现代意义上的严格的系统论。通过对已发现的特征进行区分，他根本上并不是要给动物世界划分等级，而是想定义动物世界中最终的（自然的）类型（eschata eidê，参看《论动物的部分》I 2，642b5以下）。但是因为人们一般来说是遵循划分类别的方法去获得定义的（《前分析篇》I 31；《后分析篇》II 5和13），所以他们是在一个动物学定义的“系统”之中同时获得一种动物学的等级划分的基本框架，并且只是将之看作附带的成果（参看《动物志》I 1，486a5–25）。

在另一处上下文中，亚里士多德把动物依据它们的栖息地区分为水中动物、陆地动物还有飞行动物，另外依据它们的生活习性区分为群居动物和独行动物，此外还分为日间动物和夜间动物，家养动物和野生动物（比如《动物志》I 1，487a15以下）。那些不同的繁殖形式同样也可以作为分类的标准，还有新生动物的发育程度也可以作为标准（《论动物的生成》II 1）。

最终亚里士多德将自然整体置入一个等级秩序，即自然的等级阶梯（scala naturae）。那种从不完满之物到完满之物的等级顺序是从无生命之物开始，然后经由植物和动物到人。在这个顺序中，在植物和动物之间，正如已在无机物和有机物之间，存在着一个连续的过渡（《论动物的部分》IV 5，681a12–15；参看《动物志》VIII 1，588b4–6）；有时候，某个东西是属于较高的层次还是属于较低层次难以确定（《动物志》VIII 1，588b12以下）。在《论动物的部分》（IV 5，681a9–b12）中，亚里士多德列举了植物和动物之间的中间形式，比如硬壳类动物（ostrakodermata；参看《论动物的生成》II 23，731b8以下）。在形体方面——也只有在这个方面，他认识到一种四足哺乳动物和人之间的中间形式，即猴子（《动物志》II 8–9，502a16–b26）。在人之后，再向上接着就是完满过程的世界、恒星恒久运行的世界。而在这个等级结构的最顶端乃是那个第一推动者（参看第10章）。

尽管我们对本体论的等级结构已经心存怀疑，但是除了超越于人的那个世界之外，亚里士多德的等级阶梯看上去还是相当可信的。这种等级阶梯利用感官的差异性和所具备能力的丰富程度作为划分的标准。（这种标准会令人想起质料和形式的本体论意义上的概念对，一般意义上质料指称某种缺乏结构之物，而形式指称某种富含结构之物。）因此植物不具备感知，低等动物只具备触觉的迹象，与此相对，较高等动物还具备嗅觉和味觉；更高等的动物具备所有的五种感官，除此之外还拥有记忆和（不充分的）模仿能力，按照《伦理学》的说法（VI 7，1141a24–28）甚至还拥有预见未来的智慧。最后，只有人类才具备思考的能力，以及将某种曾意识到的东西唤回记忆中的能力（anamnêsis:Mem.453a8ff;《动物志》I 1，488b24–26）。按照这种生存方式，低等动物只能认识到自身存活和繁殖，高等动物除了繁殖的兴趣之外，还能照顾它们的幼小一代，而这种照顾在低等动物那里在生产之后就完结了（纯粹的生育），在较高等的动物那里还包括了抚养，而这种抚养在最高级的动物那里还要持续更长的时间，直至幼小一代能够独立生活——人也是如此（《动物志》VIII 1，588b24–589a2；《论动物的生成》III 2，753a7–14）。比单纯的照顾还要高级的是在社会共同体中的生活（《动物志》VIII 1）。只有人才有能力达到幸福的生活［/善的生活：eu zên］（《论动物的部分》II 10，656a5以下），这种生活是将生物学推进到伦理学和政治学的条件。

8.2 合目的性：有机体、繁殖和遗传

晚近的自然研究把那种只是遵循一体化流程的目的论过程与那种受意识控制的过程区别开来。在前一种过程中，只有一种内在的符合目的的特性呈现出来，人们称之为“合目的性”，在后一种过程中，呈现出来的就是一种受意识控制的目的指向性，一种真正的目的论。亚里士多德在生物学中所支持的仅仅是时至今日还为人熟知的合目的性。

他既不相信，所有的符合目的的情形最终可以以非目的论的方式得到解释——对他来说目的论不仅仅是一种言谈的方式［façon de parler］，他也不会想到那种神秘化T（＝Teleologie目的论）因素的假设；对他而言，那些相应的符合目的的情形乃是可以观察到的自然现象。

亚里士多德在组织和器官的功能中看到了符合目的的情形的第一个领域。根据《论动物的部分》II 2骨头是为了肉而存在，这就是说：骨头保护和支撑着肉；血管为血所需要；肝脏为消化（“烹饪”）食物提供服务；腿脚为了行走而存在，指甲、爪子、蹄、角则是为了保护生命。这些有机体中符合目的的情形就其自身而言是服务于第二个层次的某些目的，服务于生命的基本功能——这些基本功能相互间以一种等级结构而被构造，并且对应于上文提到过的等级结构植物–动物–人。

生物学中符合目的的第二种形式，亚里士多德是在对一种相同形式的且带有双亲特殊性的生命体的再造过程中看到的（参看Lesky 1951和Kullmann 1979年第二版；关于胚胎学的历史参看Needham 1955年第二版）。一种重复性的表述是这样的：“一个人造就了一个人”（《形而上学》VII 7，1032a25；XII 3，1070a8；a27以下；XIV 5，1092a16）。《论动物的生成》这个文本研究了繁殖、性别差异和遗传学说的相应领域。它运用极为丰富的材料，所涉及的课题，既是普遍的又分别涉及单个的动物种类，除此之外还单独涉及植物。按照亚里士多德的观点，如前所述，除了有性生殖之外还有自发生殖，以及在一些动物那里——比如有些种类的鳗鱼，还有孤雌生殖（《动物志》IV 11；今天人们认为这些动物是雌雄同体）。

关于对遗传的解释，阿那克萨哥拉和原子主义者留基伯和德谟克里特提出了一个观点——这个观点出现在《希波克拉底全集》［Corpus Hippocraticum］中，后来被达尔文发现并研究，被称为“泛生论”［Pangenesislehre］（《动物的变异》，1868，II 357以下）。根据这个观点，遗传之物来自于形体的所有（希腊语：pan）部分。那些前文提到过的前苏格拉底时期哲学家们因此得出过以下观点，即在遗传性材料中已经有了一个小人（拉丁语：homunculus［小矮人］）被预先构成（预先形成，因此这个观点也被称为“先成论”［Präformationslehre］）。亚里士多德提出了与这个观点相反的看法，他的这种看法后来主要由解剖学家卡斯帕·弗里德里希·沃尔夫（Casper Friedrich Wolff：《遗传理论》［*Theoria generationis*］，1759，§§232以及235）在“新生论”［Epigenesislehre］的标题下再次提出，并且取代了在此之前占据统治地位的泛生论。

亚里士多德保持了他一贯的行事方式。首先他介绍了要反对的理论及其论据（《论动物的生成》I 17），接下来驳斥了这些论据（I 18），然后才发展出他自己的理论（I 19以下）。这里列举几条他所提出的反对意见：（1）像胡子的生长或者头发的斑白，这些特征在出生的时候还看不出来，但是也被遗传了；（2）有些特征被遗传，但是并没有质料要素参与其中，比如运动的方式；（3）在植物那里种子的外壳也被遗传，尽管并没有某一部分壳进入种子内部。

亚里士多德并不是通过所谓沉思的方式战胜他要反对的理论，而是以实验的方式——这是现代的说法，以鸡为例子。他每天打开一个鸡蛋，观察其中的发展过程（《动物志》IV 3），然后做出概述。依照这个概述，他认为，一个生命体中的器官是逐渐发展起来的，在这个过程中首先形成的是种的特征、然后是属的特征（《论动物的生成》II 3，736a27–b13）；参看III 2，753b25–29；V 1，778b20–779a11）。胚胎首先获得其生长的能力，然后获得感觉能力。最终人是从外部（thyrathen）获得心灵（/精神 noûs）。原因在于心灵的本质；因为心灵是无形体的，所以是神性和永恒的，它总是已经预先存在。

恩斯特·海克尔［Ernst Haeckel］想要将新生论发展为生物遗传学的基本法则。依据这个法则，在个体生成过程中，即个体的发展过程中，那种物种发展史、群落历史会被扼要地重述。出于对胚胎发展过程的控制，他的学生汉斯·德里施［Hans Driesch］强调一种E因素——他用这种因素暗指亚里士多德的"圆满实现"［/隐德来希：Entelechie］的概念（《有机物的哲学》，莱比锡 1909，126以下）。但是亚里士多德自己在其胚胎学和遗传学的相关叙述中并未使用这个词。取而代之的是，他发展出了一种尽管还带有机械论色彩，但是除此之外具备了令人惊叹的现代特征的遗传模式。根据这个模型，处于血液中的冲动（kinêseis：运动）乃是遗传信息的载体，在其中有一些负责属的形式，其他一些则负责种的形式，还有一些负责性别和个体之形体各部分的形式。因为亚里士多德不仅将血液看作输送营养物质的媒介，而且还将之视为营养本身的最终形式（《论动物的部分》II 4，651a14以下；《论动物的生成》I 19，726b1以下），所以他支持那种源自阿波罗尼亚的第欧根尼（Diogenes von Apollonia 公元前5世纪）的造血的精子理论。依据这个理论，男人的精子是作为那种经过处理的（“被烹饪过的”）营养的盈余（perittôma）从血液中产生的。在生殖过程中，它将其冲动传递到女性的部分，并且其所遵循的方式就像一个木匠通过双手将某种冲动传递给一个作品，而这个作品就其本身而言乃是将这种冲动传递给材料（《论动物的生成》I 22，730b4以下以及b11以下）。按照这个模式，男性的部分，即精子，不是通过他的形体实体——这种实体会蒸发而成为那种万物本原的“气”［Pneuma］，而是仅仅作为非物质的形式而起作用。与此相对，女性的部分则只对物质有所增益（《论动物的生成》I 21）。即便这种看法在个别方面是非常过时的，但是生育的目的、同样类型的且带有父母遗传特性的新的生命，这些在字面意义上乃是被预先规定的。在亚里士多德看来，这里并不需要一种充满神秘感的隐德来希，即一种作为控制要素的E因素。

在一篇位于他代表作开头的短小文章里，即在《对物种起源观点进展的历史概要》一文中，达尔文谈到了出自亚里士多德《物理学》II 8（198b23–31）的一个段落，这个段落早就谈到了进化理论和这个理论下自然选择的原则。事实上，亚里士多德曾引述过以下观点，即只有那些出于偶然对目的有用的（apo tou automatou，自发的：b30）器官才能存活下去。但是他并没有接受这个观点，因此他恰好是由于缺少一种进化理论而不同于今天的生物学家。虽然通过关于自然层次进阶的思想，他与今天的生物学家们并不相悖，但是另一方面，他认为关于种类的规划是不可变化地预先被给予的，即便他也承认，从物种杂交中可以有新的种类产生，并且也有相互重叠的种类（《论动物的生成》II 1，

732b15以下）。但他并未认识到物种的蜕变。

8.3 灵魂

“灵魂”这个词在现代的自然研究中，甚至在心理学中已经不再扮演角色。事实上亚里士多德在使用这个词的时候，已经心存怀疑。比如说，他不仅仅在人那里，而且也在动物，甚至在植物那里谈及灵魂，并且批判了那些只关注人的灵魂的哲学家（《论灵魂》I 1，402b3–5）。而相比于亚里士多德的灵魂学说，他的前人们的学说更有理由招致怀疑，首先是灵魂和形体亦即身体的二元论，这种思想在西方自奥尔弗斯神话和毕达哥拉斯学派以来已经广为人知，之后通过恩培多克勒、特别是柏拉图（比如《裴多篇》）得到了强化，自此之后在不同的领域占据统治地位。但是亚里士多德以激烈的方式拒绝了这种二元论（关于毕达哥拉斯学派在二元论中遇到的困难可参看《论灵魂》I 3，407b15–26以下；针对恩培多克勒：I 4，408a18以下），并且因此提供了一种思想替代时至今日仍然有影响的二元论。同样地他也反对那些“物理主义”的尝试，即自然主义的尝试，这些尝试企图将灵魂规定为某种纯粹形体化的东西（针对赫庞［Hippon］和针对克里蒂亚斯［Kritias］：I 2，405b2以下）。

灵魂及其情感，比如愤怒和惧怕，都不能与生命体的质料分开存在的（I 1，403b17–19），根据这个论据，亚里士多德将灵魂也归入自然研究者所负责的研究领域中（physikos：a28以下，b7和11；同样的还可参见《论动物的部分》I 1，641a22和《形而上学》VI 1，1026a5以下）。这种实事求是的归类可以算作他较为重要的哲学成就的一部分。而自然研究在这里不是被看作一门经验科学，而是被看成一门奠基性学科。《物理学》研究了一切自然事物的基本概念和原理，而文本《论灵魂》则阐释了一切有生命之物的基本概念和原理。它不是今天理解中的心理学，因为它并不是如其所是地研究灵魂之物（情感、激动）和精神之物或者心智之物（意识、意向性），而是在与无机物的区别中研究有机物（而这种有机物涵盖从植物经动物到人）。亚里士多德阐释了一门总的生物学——包括人类生物学——的哲学基础，他指出了一种类型的关于有生命之物的基础哲学或者形而上学。在此他只要对人进行了研究，他就是将人看作一种生物，一种高等的动物。

当然，灵魂的一些方面是与形体性无关的。因此研究灵魂的就不再是自然研究者，而是数学家和第一哲学家，前者是在灵魂被视为数学对象的情形下，后者是在灵魂被视为纯粹精神之物的情形下（《论灵魂》I 1，403b15以下；参看《论动物的部分》I 1，641a32–b10）。除此之外还有学科上的交叉连接：对灵魂的研究无论如何是关于生物学的，但是也关涉到伦理学。通过将灵魂阐释为运动的力量，《论灵魂》扩展到了伦理学中的行为理论部分（参看13章），并且通过对精神（noûs：III 3–8）的研究，这篇文章涉及了扩认知能力的理论（《尼各马可伦理学》VI）。（关于对《论灵魂》的解释参看Barnes/Schofield/Sorabji 1979；Cassirer 1932；Furth 1988；Lloyd/Owen 1978；Nussbaum/Rorty 1992；Polansky 2007。）

亚里士多德关于灵魂非二元论的构想是从以下思想出发的，即这个构想只是从一个被赋予灵魂的身体来阐述它的对象——并不考虑完全无形体的本质这种特殊情形。身体在这里又不只是在灵魂事件中被同时涉及，而且也在本质上参与了这些灵魂事件。为了解释清楚以下这点，即生命体的过程（从一棵植物吸收营养到人的感知，甚至是关于一种不可控制性：《尼各马可伦理学》VII 5，1147a16）并不是附带的，而是合乎其自身地，在身体–灵魂的统一体中进行，亚里士多德回溯到形式与质料的概念对，借助于这两个概念他反驳了一般意义上本体论的二元论。一个具体的生命体由以下两者组成，作为质料的形体即身体（sôma）以及使那种只在其自身中纯粹潜在的生命（dynamei zôê：《论灵魂》II 1，412a20）转变为一种实在的生命体的形式。灵魂所指称的不是一个特殊的、形体化的或者非形体化的事物，毋宁说指称的是一个死的身体和一个活的身体之间的区别。灵魂就是那种造就了有生命之物的生命之存在的东西；它是生命之物的实在化本原。就像形式在亚里士多德的本体论中不能与具体事物分离开来存在（参看11.2章），灵魂依据心理学因此也不能与（活着的）身体相分离而存在（《论灵魂》II 1，413a4）。它与身体紧紧结合在一起，并且赋予身体一种统一性，相反身体如果没有灵魂就会消散和腐坏（I 5，411b8–10）。在这个意义上，灵魂首先被规定为生命体的本原（I 1，402a6以下），之后更精确地说，乃是被规定为活着的身体的起源和本原（II 4，415b8以下）。按照四因说（参看7.3章），在这里灵魂是形式、目的以及运动原则这三种意义上的起因［/起源］。只少了质料因，因为质料因是位于身体中的。

与人工制品不同，生命体乃是自然之物，这种自然之物在自身中包含了运动和静态的原则；生命体自身中固有的本原就叫作灵魂。为了说明，亚里士多德以一个工具，即斧子，和生命体的一个部分，即眼睛为例（II 1，412b10以下）。如果一把斧子是一个生命体，那么它的灵魂就位于劈开木头的能力之中；如果这种能力没有了，那一把斧子也就只是徒有其名了。与此相似，眼睛的任务在于看的能力；如果这种能力消失了，那么留下的无非仅仅是人们画的或者在石头上雕刻出来的眼睛，一种纯粹名称意义上的眼睛（II 1，412b21以下）。

灵魂的这种实在化成就被称为隐德来希［Entelechie］（II 1，412a10以下；II 5，417a21以下）。在这个经常被误解的概念中需要理解的乃是以下这个因素，在这个因素中，某物“在其目标中”（en telei），并因此完满实现这个目标。这个概念与energeia（实现、行为）概念几乎是同义。但是，当亚里士多德想强调完满实现之存在和圆满之存在的情况时，他更偏爱使用“隐德来希”这个词；当他想强调行动性方面的时候，他会优先使用“行为”这个词。因此，就像他把斧子的隐德来希定位于劈开木头，而把眼睛的隐德来希定位于看的行为那样，他把一个生命体的隐德来希与其活的［/生命的］特性视为同一。灵魂并不是那种“拥有”一个生命体的东西；它是生命体的完满实在性，它的活的存在。但是由于一个生命体既可以清醒也可以沉睡，所以有两种不同的含义。就像在科学的情形中，能力，亦即知识［epistêmê］与能力的实现、观察（理论［theôrein］）相对照的情形，在生命中沉睡与清醒相对照的情形也是如此。在两种含义中灵魂都是生命的隐德来希，但是在沉睡的情形中乃是在趋于某种生命实现的能力的意义上，而在清醒的情形中乃是被看作这种能力的实现。

因为灵魂不是独立的实体，更不能算作一种特性（Akzidens），而毋宁说是一个身体–灵魂整体的隐德来希（II 2，414a14以下；参看I 1，403a3以下），因此对灵魂而言并没有一个与身体完全无关的存在。那些具体的灵魂能力是与相应的器官关联在一起的。在这里有一种类似于假设的必然性的东西。就像只有由坚硬的材料（铜或者铁）制作成的斧头才能完成它的任务，一个身体以及一个器官也只有被以相应的方式“建构”起来的时候，才能完成它的任务（《论动物的部分》I 1,642a9–13；关于眼睛，参看：《论感知》2，438a12–16）。

只有精神（noûs）构成了身体–灵魂之统一体的一个例外情况，精神并不与一个器官相关联（《论灵魂》III 4，429a24–27）。但是在精神那里有两种需要区分的要素，一种是非永恒的、与形体相关联的并且与形体共同消亡的要素，另一种是无形体的、因此也是永恒的、且同时是神性的、却也是非人格化的要素（II 4，413b24–29和III 5，430a22–25）。基督教的亚里士多德主义认为只有非人格化的精神才是不死的，由于这个看法他们将会遭遇困难：亚里士多德排除了个体灵魂的不死性。他还对毕达哥拉斯的灵魂迁移的学说进行了批判（I 3，407b21–26；参看II 2，414a17–25）。然而每一个被赋予灵魂的存在者，甚至是植物，通过其“最自然的成就”，即对一个同样种类的存在者进行再造，“分有了永恒之物和神性之物”（II 4，415a26–b1）。

通过将灵魂规定为有生命之物的原则，灵魂的本质才“大致地”（typô：II 1，413a9）被指出。对灵魂更为详尽的规定乃是关于不同的生命功能亦即灵魂能力的（参看II 3，415a12以下）。在这个背景下，亚里士多德提及了自然的层次阶梯，即植物–动物–人的顺序，这个顺序表现了一种趋向更丰富、更复杂的生命实现过程的发展（II 2–3；参看8.1章）。前苏格拉底的哲学家们，比如恩培多克勒（Diels/Kranz 31 B 110）和阿那克萨哥拉（Diels/Kranz 59 A 117）就认为植物具有感知、感受和欲望；根据柏拉图的《蒂迈欧篇》（77b），植物也具有欲望，包括疼痛感和快感。而亚里士多德的观点与之相反，在他看来，植物性的灵魂（“植物灵魂”）只具有吸取营养、生长和繁殖的功能（《论灵魂》II 4）。动物性的灵魂（“动物灵魂”）才善于感知（II 5–III 2；III 12–13），它与疼痛或者快感以及欲望密不可分。这三种动物性的能力是以下方式关联在一起的：亚里士多德将这三种能力化约为两种：感知（aisthêsis）和欲求（orexis），这二者在外延上是同一的，但是从定义存在上来看可以有不同的解释（III 7，431a9–14；对此参见Corcilius 2008, 105以下）。而且有时他也仅仅用感知来描述动物的特征，以部分概括整体［pars pro toto］（II 2，413b2；参看III 9；432b19以下）。第三种，即人类的灵魂才负责精神和逻各斯（III 3–8）。

所有这三种生命功能，即植物性的、动物性的和人的灵魂力将会得到极为细致的阐释，而其中对感知的阐释最为详尽（II 5–III 2），这强化了文本的自然哲学特征。针对德谟克里特，亚里士多德指出，只有五种感知（III 1），并且为每一种感知专门写了一章（II 7–11）。其中触觉乃是最基本的，因为它与味觉联合使营养的供给成为可能（III 12，434b10以下），而“较高级的感知”乃是为一种好的状态（eu）服务的（b24），而且它可以进行更为细致的区分。总的来看，其顺序是这样设置的：较高级的生命体可以支配较低级的生命功能，并且同时按照它们较高级的生命功能改变较低级的生命功能。供给营养、感知和繁殖在人那里与在其他生命体那里是不一样的。

让我们重点突出以下课题，即在心理学的认识论方面极为重要的对一种被动承担的精神（noûs pathêtikos）与那种发挥作用、非被动承担的精神（noûs poiêtikos/apathês）的区别。涉及这个内容的第III 5章由于“其晦涩且篇幅过于短小而名声不佳”（Theiler 1986第7版，142）；这寥寥几行（16行）字却可以算作整个古代哲学中被注疏最多的片段之一。亚里士多德所作的这个首先几乎无法理解的区分一方面出自其“潜能”和“行为”的概念对，另一方面出自思想与感知的平行同时又有所差异的关系（III 4和8）。亚里士多德先指出了一个共同点：并非首先在思想中，而是已经在感知中就存在一种自身关系。当我们看或者听的时候，我们通过这种能力还额外感知到，我们正在看或者听（III 2，425b12–25；参看《尼各马可伦理学》IX 9，1170a29以下）；这种自身关系［/自我意识］包含了一种自我认同的因素。

依照被动承受的精神和主动作用的精神之间的区别所具有的这个核心的共同点，在感知和思想中各自有一种接受能力，这种能力是通过某种其他东西被激活的。但是在感知的情形中，只有当对象出现在感知领域中时，才能发生激活；在这里那种引发实在性的因素位于外部（exôthen：II 5，417b20）。与此相反，思想不是与外在对象相关联的；因此在思想那里，被动的接受能力与它的主动化之间的区别——用现代的话说就是接受性与自发性之间的区别，就落入了思想自身之中。被动承受的灵魂就像一块空白的写字板（《论灵魂》III 4，429b31以下），具备一种无限的接受能力，而主动作用的精神则因此协助这种接受能力成为现实，就像光线使颜色在现实上成为可见的。

9 第一哲学或者形而上学

在知识形式的最顶峰，亚里士多德提出了一门学科，许多世纪以来这门科学一直扮演了“诸科学之女王”的角色，但是这门科学在康德的时代就已经“饱受轻视”（《纯粹理性批判》，前言 第一版），之后又通过尼采以及通过维也纳学派的不同方式再度被贬低。她就是形而上学。人们常常在这门学科中期待关于越感知之物的信息：如果不是关于天使，那么也是关于神或者神性，以及关于灵魂的不死性和关于自由。这种期待常常与以下情形联系在一起：没有这种诸如神、神性或不死性等要素，人之存在的意义就无法得到破解。尤其自德国唯心论以来，专业哲学家们都期待着这样一个体系，这个体系将所有知识置入一种关联性之中——这种关联性使得每一个事物和每一个事态在整体中各安其位。

在亚里士多德那里，诸如此类的期待一定会大失所望。他仍然要求，至少是默默要求，一种独立于语言和历史的知识，这种知识在分析性的和解释学的形而上学批判中受到质疑。对形而上学的要求与一种偏离了大多数形而上学构想的理解是密不可分的，这一情形值得关注。在他的神学中，亚里士多德并没有考虑一种超越的彼岸之物——仿佛我们在此岸的生存之所以有意义要归因于那个彼岸，毋宁说，他考虑的乃是此岸世界的可解释性。而无论是在这里还是在其他地方，他都没有提出过一个可以与德国唯心论相提并论的体系化要求。出于这两个原因，他的思想时至今日仍然值得关注，从第一个原因出发我们关注的是在（自然）科学时代的一门形而上学，从第二个原因出发我们关注的是一门有着较为温和的体系化要求的形而上学，就此而言，这也可被称为后唯心论的形而上学。

“形而上学”这个词并非源自亚里士多德，而是源自他著作的编辑者安德罗尼科（参看1.2章），它指称的是全集中自然事物（physika）之后亦即超越（meta）自然事物的部分。亚里士多德自己使用的是其他表述。他称那种涉及智力的能力为sophia，智慧（《形而上学》I 1–2），称对这种能力的施行为theôria［理论］（《尼各马可伦理学》X 8；《形而上学》XII 7，1072b22以下），并且给了一些文本中的相应学科领域一个标题——这个标题笛卡尔极为喜欢（《第一哲学沉思录》）：第一哲学（prôtê philosophia：《形而上学》VI 1，1026a16；XI 4，1061b19；《物理学》I 9，192a36以下；II 2，194b14以下；《论天》I 8，277b10；《论灵魂》I 1，403b16中甚至说到“第一哲学家”）。

我们翻译为“智慧”的这个词，在希腊语中的含义其实并不是一种与特殊的判断力密不可分的令人崇敬的生活经验，毋宁说它的意思是一种可以发展为高超技巧的能力，是那种“知道如何”［Know-how］，比如凭借出色的专业能力而受到高度敬重。在这个意义上，人们认为伟大的手工技艺者拥有智慧，比如拥有智慧的“石匠菲底亚斯［Pheidias］和雕塑家波利克里特［Polyklet］”（《尼各马可伦理学》VI 7，1141a9–11）。《形而上学》的导言章（I 1）将日常语言的概念转用到认识的领域。由此智慧［sophia］才成为一般知识中的高超技艺，成为知识的最高级——这也是哲学所管辖的范围。向泰勒斯和阿那克萨哥拉那样追求关于“令人惊异之物、困难之物和神性之物”（《尼各马可伦理学》VI 7，114b3以下）的知识的人成为典范。与倒数第二层，即日常的科学和哲学的层次相比，这个最根源的层次所关注的乃是为所有科学所共有的共同的原则。因此在这里所谈的乃是一门统领性的科学（archikôtera：《形而上学》I 2，982a16以下）和引导一切的科学（epistêmê kyria pantôn：《后分析篇》I 9,76a18）。第一哲学被理解成基础科学或者基本哲学。

人们或许可以认为，在亚里士多德之后的“形而上学”这个标题只是一个表面的、仅仅是编辑技巧上的称谓，这种称谓在新柏拉图主义者辛普里丘［Simplikios］对《物理学》疏解中才获得一个有所指的解释。但是在这件事情上，康德是正确的，当他在课堂上谈及形而上学的时候，说道：这个名称并不是“偶然产生的，因为它与科学本身简直天衣无缝”（科学院版 XXVIII/1，174；关于一个尚有争议的语言学上的证明可参看Reiner 1954和1955）。在亚里士多德的两条知识路径的意义上，对一门原理性科学而言，有两个合乎事实的称谓是有根据的。沿着那条通往原理的道路，这门科学将自身表现为从自然出发又超越自然的道路，结果就表现为原物理学［/形而上学：Meta–Physik］——即便这个词在亚里士多德那里还没有出现；依据其事实比重和从原理出发的道路，它就是第一哲学。

将相关的思考合并到一册书中，这就产生了一个同质性的文本。事实上，这里涉及的是一种事后所进行的对相对独立的单篇文章的成功汇编，这些文章不仅从不同的观点出发，而且还通过不同的构想对那些基础哲学的问题做出了阐释。亚里士多德也谈及了那门“被寻求的科学”（zêtoumenê epistêmê：《形而上学》II 2，996b3，33；XI 1，1059b1，13，22；XI 2，1060a4，6），这可能意味着，他的前人们应该已经寻求过这门科学，而亚里士多德本人将其呈现为一门已完成的，甚至在细节处都得到了完善的学科。但是那些收集在《形而上学》中的文本表现了多样的思想或者新思想，以及在每一情形中交织扭曲的各条道路，在这些道路上亚里士多德首先试图拼造出一门关于第一哲学的思想，然后力求使这个构想成为现实。

这些卷目通常是用希腊数字来编目的，卷一就是A，卷二就是α（小写的A），卷三是B，以此类推。在这总共十四卷中，至少前六卷（尽管第四卷只有一个部分）都具有准备性的性质。在以最清晰的方式谈及第一哲学的九卷中，致力于研究项目的找寻和准备的篇目准确地说有将近四卷半（I,III,IV 1–2，V和VI），它与通过三个部分展开的主要阐释（IV 3–8,VII–IX和XII）的篇目正好一样多；而人们也可以将VI 2–4也算作主要阐释的一部分。因此，尽管花在预备性阐释的篇幅大得惊人，但是人们也不能将亚里士多德的《形而上学》总体上称作是疑难无解的（无出路的）或者纯粹探求性的（找寻式的）（参看上文6.3章）。尽管作者对这些困难是有所意识的，但是从根本上他并没有对第一哲学的可能性抱有怀疑。就此而言，亚里士多德可以说对前批判时期的康德做了反驳，康德曾说过："形而上学毫无疑问是一切人类的真知灼见中最为困难的一种；还没有人曾经写过关于它的东西"（《对自然神学和道德之教条清晰性的研究》：科学院版，II 283）。尽管有些问题亚里士多德并没有解决，但是他所认识的第一哲学具有明晰的定义和详尽安排的结构。

首先我们试图做一个概览：《形而上学》的第一卷发展出了关于那种至高无上的知识的思想（I 1–2），随后概述了一个先前基础哲学的批判性历史（I 3–10）；这个历史从泰勒斯开始，经由赫拉克利特、恩培多克勒和阿那克萨哥拉，以及德谟克里特、毕达哥拉斯学派和巴门尼德，直至柏拉图和柏拉图学派的斯彪西波［Speusipp］和色诺克拉底［Xenokrates］。在近代，在笛卡尔那里以及以不同的方式在康德那里，一门新的形而上学对一种危机做出了回应，甚至是对所有旧形而上学的失败做出了回应。亚里士多德也已经发现了众多的形而上学——在柏拉图那里情况也是如此；同样地，他也在他的前人们那里看到了不足之处。即使他没有提及一种极端的新开端，但是他的基础哲学却已经具备了某种我们在近代才期待东西；这种基础哲学中的某一部分是以形而上学批判的形式出现的形而上学。

其次，所谓的疑难或者问题卷（III，参看XI 1–2）包含了预先阐释。通过对一门基础的原理性科学之任务的概览，亚里士多德提出了十四个难点（疑难亦即问题），以及一个额外难点。他阐释了对那些可能的解决方案的赞同或者反驳，而在其中通常已经简述了他自己的解决办法。在导言卷（I）之后紧接着的是第一批难点：（1）对原因的阐释是不是一门科学或者多门科学的任务？（2）那样一门科学的任务是否仅仅在于对实体的第一原理做出阐释，还是也包括对公理的研究。此外亚里士多德还问道（第十二号疑难），原理是否是普遍之物，还是只关于单个事物的类型？更进一步（第十三号疑难），原理是依据潜能（dynamei）还是依据现实性（energeia）？那个引导性地被提出的问题目录（III 1）包含了以下问题（第十四号），数字、线条、图形和点是否是实体（ousiai）？

鉴于第三卷是紧接着第一卷的，第二卷看上去就像一个插曲，它被看成是对一般哲学之研究的一篇导论。第二卷处理了三个课题：哲学作为关于真理的科学（第1章）、每一个起源序列的有穷性（第2章）以及方法的问题，比如说以下要求，即不要在每门科学中都期待数学般的严格性（第3章）。

第五卷《论概念的多重含义》（Peri tôn posachôs legomenôn）是我们可使用的最古老的哲学辞典。从始基（archê）、起源（aition）和要素（stoicheion），以及自然（physis）、必然之物（anankaion）和一（hen），经存在（einai）和实体（ousia），直至谬误（to pseudos）和偶有性（to symbebêkos），这一卷介绍了不少于三十个的主要概念和大约十个次要概念。所有的这些概念并不属于某个单一学科；作为所有单门学科所共有的概念，它们具有一种哲学的，甚至是基础哲学的地位。

值得注意的是那种高度发达的区分能力；这一卷极为简洁精要，这归因于其笔记体的特征。

最后，第六卷也包含了预备性讨论。它从区分理论的、实践的和生产性的思考入手，从将理论领域分为物理学、数学和神学入手。而通过说明存在者的多重含义，亚里士多德将存在者的次级形式排除在主要讨论之外。

大致描述一下其他的话题：第七到第九卷，即（就其自身而言并非完全同质的）实体卷，研究了实体的概念。第十卷阐释了“一（hen）”以及与其相近的概念（同一性、非同一性、相似性和对立）。第十一卷首先（第1–7章）概括了出自第三卷、第四卷和第六卷的一些说法，然后（第8–12章）概括了出自《物理学》某些部分的说法；因此它既讨论了第一哲学的基本问题，也讨论了自然哲学的基本问题。第十二卷除了包含亚里士多德自然哲学的一个进一步的概述，还包含了著名的神学。结尾的第十三和第十四卷通过对亚里士多德之前的关于无感觉实体的理论的介绍，对在第一卷3–9节就出现过的“前亚里士多德之历史”进行了补充，并且由此将亚里士多德自己的思想联系到关于理念论的思想、关于数字的思想和关于理念数以及本原的思想。

在这十四卷的论述过程中，第一哲学获得了一个三重性的规定，并且也在一个三重的结构中得到实现：（1）基础哲学是一门关于最普遍的原则、公理的科学，这些原则和公理在《后分析篇》中尽管已经被提及，但是其有效性并没有得到证明。这个构想在第四卷3–8章和第十一卷5–6章中得到实现，尽管这些文本本身的真实性尚有争议。（2）

基础哲学是一门关于作为存在者之存在者（on hê on）的科学，所以是一门本体论，它与单门学科不同，研究的是一切存在者所共有的特性和原则。这个计划在第四卷1–2章中得到了介绍，经过第六卷2–4章的边缘性思考之后，在实体卷第七卷到第九卷得到了深入详尽的解释（参看《范畴篇》和《物理学》的一些部分）。因为这个论题并非完全同质，所以人们在实体卷的范围内还可以区分出两个课题：（2.1）一方面亚里士多德追问那个凸显的存在者，那个ousia，根本意义上的实体，（2.2）另一方面他致力于研究四因以及可能性和现实性的这对概念。（2.3）在《形而上学》十三到十四卷他还额外研究了一种关于数学对象的理论。（这个课题也属于第一哲学，这令人想起像弗雷格、罗素和怀特海这样的逻辑学家和数学家对哲学的新理解。）（3）根据第一卷第2章的计划（983a5–10；参看VI 1）——这个计划在第十一卷中得到了详细阐明，第一哲学最后乃是一门神性的科学，并且具有双重意义。作为关于最高等级对象、关于永恒之物（aei）、静止之物（akinêton）和分离之物（chôriston）的科学——这些与神性之物是同一的，第一哲学就是哲学的神学。在此基础之上它显现为一门由神性之物自身所“实践”的科学。而人们也可以提出疑问，《形而上学》第一卷第2章和第六卷第1章中的计划，亚里士多德事实上是否只是在第十二卷实施？或者说，在那里他是否也关注了本体论？在哲学的神学的情况中，经院哲学所谈的是特殊形而上学［Metaphysica specialis］，亦即一种阐释某个特殊对象的形而上学；而本体论应被称为一般形而上学［Metaphysica generalis］，因为它所研究的是一切存在的事物所共有的结构特征和原则。

人们不必将这三重结构理解为竞赛的形式。与此相反，其中存在着多种多样的具体关联。因此比如说，关于公理的理论就提出了一个本体论的诉求（《形而上学》IV 3，1005a23以下），而关于其现实—潜能的概念对，本体论指向了第一推动者的理论（《形而上学》IX 8，1050b6）。（关于具体的关联，比如可参看Inciarte 1994。）

亚里士多德并非仅仅提出疑难，他自己也遭遇了一些疑难。第一个疑难就是以下问题，准确地说第一哲学到底应该研究什么。我们将看到（参看1.2章）进一步的困难隐藏在以下问题中，究竟什么才是根本上的实体，什么是具体的单个事物或者其种类［eidos］、其类型形式。而第三个困难则出自那种作为基础哲学之标准的精确性。因为一门科学要求的前提越少，它就越精确，因此数学本来也必须要具有一种基础哲学的性质。但是事实与此相反，数学的对象乃是通过抽象获得的。进一步的困难是：由于存在者在本体论中乃是作为存在者被研究，而在《物理学》中则相反乃是作为自然的存在之物被研究，所以本体论的优先性看上去是毫无问题的。但是当本体论和《物理学》研究同一个概念的时候，比如行动和潜能、质料和结构等等，物理学不以实体卷中的阐释作为前提，而是进行一种与本体论无关的分析。

伦理学看上去也有所不同。令人惊奇的是，一门三重性的基础哲学的规划缺少了两个实践意义上的基本概念，即目标［telos］的概念和善［agathon］的概念。从其自身要求的任务出发，即研究所有基本原则，这两个概念都应该属于基础哲学的研究范围，这个范围包括了理论领域和实践领域。疑难卷也提到了以此种类型扩展的理论，即将上述两个基本概念一同包含在内的理论（《形而上学》III 2，996b10–13）。但是事实上，除了其中有少数几处的关注之外（比如《形而上学》XII 7，1072a2–4），《形而上学》基本上撇开了与实践相关的基本概念。因此，总的来看有四个任务，而亚里士多德的《形而上学》只承担了其中的三个。（1）作为关于公理的理论，它是一门一般意义上的基础哲学，涉及的范围既包括理论的领域，也包括实践的领域。（2）作为最高级存在者的理论，作为神学，以及（3）作为当下存在者的理论，作为本体论，形而上学是一门纯粹理论层面上的基础哲学，而这种基础哲学具有一个两分的结构层次。（4）事实上，它将其自身中实践层面上的补充部分留给了伦理学；因此它部分是一般意义上的伦理学的定位，部分是实践意义上的第一哲学的定位，亦即实践的基础哲学或者实践的形而上学的定位，这对形而上学来说是恰如其分的。

对很多解释者来说，三卷实体卷构成了《形而上学》的核心和主要部分。因为其他的两个构想既不构成实体理论的一个部分，也没有将那种对原则性科学的要求归为谬误，所以人们最好要谈及三个根本上同等重要的部分，即（1）公理的理论，这种理论在本体论层面上意义重大，而无须成为实体卷的附文或者提要，（2）（实体的）本体论，和（3）自然的神学。此外还要加上（4）伦理学中的基础哲学部分。

在维尔纳·耶格尔（Werner Jaeger 1912）看来，从一个接近柏拉图的阶段到一个远离柏拉图的阶段，这样一个发展过程是在神学和本体论的差异中呈现出来的。在接近柏拉图的阶段，第一哲学是在后来形而上学的一般意义上获得理解，即被理解为关于一个相对于经验世界的、彼岸的［/超越的］、超感知的或者超自然的、神性的世界的科学，而在远离柏拉图的阶段则相反，第一哲学被理解为一门普遍的本体论。在《形而上学》的整体著作中有着不同的层次，至少有着不同的部分、以及不同的补充和附录，这种看法是正确的。但是它并非意味着这些构想是相互竞争排斥的，它们就其自身而言是在不同的思想阶段被提出的。无论如何，亚里士多德提出了他所切身关心的问题，并且在回答中着手研究了两个构想：关于静止的实体的理论，这种理论的结果是一门哲学的神学，以及“普遍的”科学，这门科学将存在者作为存在者来研究（《形而上学》VI 1，1026a23以下）。而在这个有规划的研究中还带有一个相对较高的体系化诉求。一般形而上学［Metaphysica generalis］和特殊形而上学［Metaphysica specialis］之间的差异看上去似乎是被取消了；第一哲学成为一门神学——它作为神学具有本体论的价值；神学和本体论不仅仅有所重叠，它们甚至合而为一。

现在人们或许可以将那种存在神学［Onto–Theologie］称为与柏拉图较为接近的思想，而将那种无神学色彩的本体论称为远离柏拉图的思想。但是针对耶格尔进一步的假设性推进，也会有巨大的怀疑浮现出来。比如说，第一卷第9章中所谓与柏拉图较为接近的文本中的理念批判，就与第十三卷4–5章里所谓远离柏拉图的文本在很大程度上是一致的，甚至有些部分文字都是重合的。其次，人们并不能从第一个理念批判的“我们”这个词的使用风格推导出它与柏拉图较为接近，也不能从第二个批判的“他们”的使用风格推导出它远离了柏拉图。按照那些流传下来的文本，亚里士多德看上去从来没有承认过柏拉图的理念论，并且从一开始就在寻找代替这种理念论的基础哲学。此外，他的本体论中的关键点，关于存在者之多重含义的理论，不仅出现在发展出存在神学构想的第六卷（2，1026a33），也出现在无神学色彩的本体论中（VII 1，1028a10）。特别是那个所谓的与柏拉图较为接近的神学却已批判了柏拉图的理念论，并且同时批判了一种当时流行的对形而上学的理解。神不是在脱离经验世界的基础上被思考的，而是在通过经验世界的过程中被思考的。即便他是无法感知的，但是他却构成了可感知世界之可能性的条件（参看10.2章）。

不同的构想具有四个共同的特征，并且每个特征都赋予其相应的原则性科学地位和吸引力（《形而上学》I 2）。第一个特征以一种精确性著称——在这里这种精确性并非被理解为数量上的精确性，比如测量要精确到小数点后第五位，也不是在证明理论上被理解为一个严格的论证，而是在原理理论上被理解为一种能力，即只需要尽可能少的前提条件的能力。在这个意义上，精确性不是去形成前提条件，而是去思索这些前提，因此基础哲学是所有科学中最精确的（《形而上学》I 2，982a12以下以及a25–28）。

其次，认识了原理的人，也就知道了一切——这也带有以下限制：究竟人的能力可以有多大。在这里，大概也只有在这里，可以有克服今天那种已经饱受非议的专业分化的出路：这条出路不是位于一幅仅仅是简化了的世界图景的统一性之中，而是位于一个通过原理传递的统一体之中。一般的科学致力于研究特殊的事实，并且也研究一般的事实——但是只在某个特殊的方面，而（第一）哲学将所有特殊之物弃之脑后，致力于研究普遍之物——这种普遍之物同时也是奠基性之物。

尽管亚里士多德在他所有文章中证明了一种近似于百科全书式的知识，但是就像在一个统一的世界图景中一样，他在这种无所不包的知识中也没有看到基础哲学的信号。与此相反，他在寻求一种质料意义上的新知识，一种更高层次的知识。这种知识就是第三种特征，它既没有描述那些根本上的科学的前层次——哲学家并不是那些伟大的单个专业学科的科学家的“替身”，也并不意味着所有知识的整体——这个整体降低了一般科学的价值。基础哲学以这种方式超越了单一学科的知识，但是并未取代它们的位置。一方面，只有基础哲学家才熟悉那些所有科学所共有的概念和原理；另一方面，也只有单个专业学科的科学家才研究那些他们学科所特有的概念和原理。因此，亚里士多德不仅与哲学中理念论的自视甚高针锋相对，也与哲学中经验论的目中无人格格不入：那些（哲学的和科学的）单一学科不会由于一门基础哲学而变得多余，而一门基础哲学也不会由于那些单一学科而变得多余。

第四，一种对我们而言已经陌生的存在上的重要性也属于基础哲学的特征。在知识的方面，这种存在上的重要性产生于自然的求知欲与追求其内在固有之完满的意向的共同作用；在实践的方面则可得出以下情形，即那些投身于形而上学研究的人，从事的就是一种自由的且同时是快乐的行为（对此参见Herzberg 2013）。

10 宇宙论和神学

10.1 元物理学 [MetaPhysik]

最初的、荷马史诗中的希腊人的神的形象是拟人化的。这种神的形象经过哲学的解释有了一个修正，它经历了两种不同的形式。自然哲学家如泰勒斯（约公元前600年）、阿那克西曼德和阿那克西美尼（公元前6世纪）直接抛弃了荷马的神话，并且发展出一门宇宙论取而代之。与此相反，年轻的色诺芬尼（约公元前500年）则致力于将神的形象理想化。唯一的神取代了原初的多神，这唯一的神以其完满性著称，并且不再具有那种不道德的行为，这些行为在残篇B 11中曾受到指责："所有那种（只）在人身上有的可耻和缺陷之处，都可以与荷马和赫西俄德的诸神联系在一起：偷窃、通奸和互相欺骗。"而色诺芬尼认为神是一个静止的本质，它凭借其精神使一切运动，就这一点而言他也遵循了宇宙论的转向（Diels/Kranz 21 B 23–26；参见柏拉图：《国家篇》II，379a–380c）。

紧接着这种宇宙论意图中的一神论之后的，就是《形而上学》的

第十二卷，这一卷也被称为Lambda卷［Lambda是希腊语第十一个字母Λ，表示卷数］。（关于亚里士多德的神学可参看Krämer 1967第二版；Elders 1972；Owens 1978第三版；Oehler 1984；Frede/Charles 2000；Horn 2002。）这篇完整的论文以最清晰的方式实践了亚里士多德的基础哲学计划。按照《形而上学》第一卷第2章和第六卷第1章中的条件（参看XI 7，1064b1以下和《尼各马可伦理学》VI 7，1141a34以下），这里所涉及的既包括最高等级的对象，亦即永恒之物（aei on）、静止之物（akinêton）和独立之物（chôriston），也包括神性之物和神所行之事。根据第一个条件，那些后来被称为“形而上学”的内容被证明是本体论中的一章，根据最后两个条件，这些内容被证明为哲学的神学；通过这种联系形而上学成了存在神学［Ontotheologie］。

人们期望神学的论文能够提供对于神之特性的阐释，比如说神的全能、全善和全知，除此之外人们还期望一种对神的存在的证明，亦即神的证明。关于这两个期望，Lambda卷只是极为有限地涉及。亚里士多德的神并不具备上面所言的特性；除此之外，这一卷所包含的内容远不止单纯的关于神的学说；它提供了亚里士多德理论哲学的一个概况。

第一章将实体（ousia）作为对象，然后引入了实体的三个类型，即三个存在的领域。数学的先天对象，数字和几何图形不在此列，因为按照亚里士多德的观点，在此数学理论（参看7.4章）并不呈现实体（参看XII 8，1073b7以下）。在感知（aisthêton）的范围内,（1）那个月亮下的（尘世中短暂的）世界中非永恒的实体，与（2）那种永恒的实体、日月星辰是两相分离的。在前者中主要是出生和死亡，变化无常和腐坏，而在后者中则是圆周运动的完满性。因为这起先的两种实体形式都属于自然（physikai：XII 6，1071b3），但是根本上又有所不同，因此人们可以在前一种情况中，即关涉那种非永恒自然事物的理论时，将之称为“第一物理学”，而在后一种情况中，即关于永恒自然事物的理论时，将之称为“第二物理学”。与这两个领域相对，亚里士多德又分离出（3）一种既不可见又不运动的实体，即不动的推动者［/第一推动者］，它取代了柏拉图的造物主的位置。神学甚至在这里也只是占据了一个很小的部分。因此亚里士多德与柏拉图理念的“形而上学”展开争论，并且拒绝了将普遍之物实体化的尝试。但是他承认一种超越感知的实体，就这点而言他还是一个柏拉图主义者。

在《物理学》（1和2）的结尾，Lambda卷被表述为字面意义上的元物理学，被表述为对一种超越物理学之物的思考——这种超越之物又只是在物理学的过程中被展示出来。同时，这一卷还提到了元物理学的原则；那个超越了可见世界的对象，即那种超越感知之物，乃是感知世界的存在条件。就这点而言，形而上学［/原物理学］并非科学上严格自主的学科，而是对一门不断推进的物理学的边际思考。

令人惊奇的是，由于属于自然哲学的第一部分和属于形而上学的第二部分之间的这种关联，所以不存在那种间隙——通过这个间隙物理学被标识为一门“第二哲学”而与第一哲学分离开来。Lambda卷中先天的形而上学部分虽然构建了知识的最高层次，但却是指向其他层次，并且也没有那种截然高于自然哲学的关注。开头的五章扩展了自然对象，从此出发人们被引到超自然的对象。而接下来的五章则从相反的方向介绍了那个超自然的世界——若没有这个超自然的世界，自然世界的过程就无法充分地被解释。

还有另一个特性显露出来；Lambda卷中的引导性概念并非神学概念“神”，而是自然哲学的概念“不动的推动者”［第一推动者］。根据关键性的第7章，那种被欲求之物和被思考之物（to orekton kai to noêton：XII 7，1072a26）、还有被爱之物（b3：kinei hôs erômenon）具有使某物运动的力量，而自身却不运动。不动的推动者［/第一推动者］（to akinêton kinoun）乃是“为了什么”意义上的（b2）运动原则，即一切存在者的目标根据或者目的根据。在更进一步的解释中，根本上神也并不能成为至高点，而是关于精神的转向自身［noêseôs noêsis］的构想，即关于思想之思想成为至高点（XII 9，1074b34以下；参看XII 7，1072b20以下）。第一推动者乃是精神，它指向自身并且正是因此而获得它的尊严。

尽管在定义的最末出现了“神性的”和“唯一神”这样的表达（XII 7，1072b25以下），但是人们仍无法断言，亚里士多德的自然哲学和本体论在神学中达到一个顶峰。因为“神”只是很多定义中的一个，并且绝非是其中最重要的。最重要的是那个不动的推动者［/第一推动者］，它构成了一切运动的根源并且同时成为一切自然现象之统一体的根基。最典型的是，尽管《物理学》谈及一个自身不动的推动者（II 7，198b1以下），以及第一推动者（VIII 6和10），但是并没有同时谈及神或者神性之物。因此Lambda卷被冠以“哲学的神学”之题目，并不仅仅是被高估，甚至是被错误定义了。这一卷根本上所涉及的不是神学，而是本体论，是自然哲学和宇宙论。尽管神学是一个不可放弃的部分，但是它只具有一种对本体论和宇宙论的辅助意义。

10.2 宇宙论的神的概念

Lambda卷的第二部分是一个精彩的例子，说明了通往原理的道路，这个部分从我们都熟知的可感知的实体开始，导向我们虽然不熟悉，但是在认识的世界中已知的、静止的实体。这个论证，即分成四步的还原过程，首先是从作为可感知运动之总体（《形而上学》XII 6，1071b5–11）出发到达一个凸显的形式，即不再是暂时的，而是永恒的运动。根据这个决定性的论据，并不是所有东西都是暂时的，因为运动和时间都是没有起点的（参看《物理学》VIII 1，251a8–252b6）。那种因此不可或缺的、既连续又永恒的运动，只可能是圆周运动（《形而上学》XII 6，1071b10以下；参看《物理学》VIII，8–10；以及《论天》II 3），这种圆周运动就如后来所说的（《形而上学》XII 8，1073b17–32），事实上是恒星所具有的。行星的运动也可以归结到圆周运动。一个天文学上的说明最初是由尤多克索斯（Eudoxos 公元前4世纪）的学说提供的，尤多克索斯是古代最伟大的数学家和天文学家之一。按照他的观点，太阳和月亮各自拥有三个天体，那些当时已知的行星（水星、金星、火星、木星）各自拥有四个天体。紧接着这个观点的是一些改进的提议，都是由天文学家卡里波斯［Kallippos］提出的，在这之后就是亚里士多德自己的观点。为了解释地心说的世界图景中极为复杂的运动，亚里士多德设想，土星和木星各自有七个天体，火星、金星、水星和太阳各自有九个天体，而月亮有五个天体，总计有五十五个天体。

根据已有的理念，柏拉图的造物主（创世者：《蒂迈欧篇》41a以下）将一种尚处于无序状态的质料构建为宇宙；基于其与质料的关联，这个造物主包含了一种潜在性的因素。在亚里士多德看来，这一点对一个真正最先的原理的完满性造成了损害。由此，第二个和第三个论证步骤（XII 6，1071b12以下，1072a24–26）就指出，不可能存在永恒的运动，除非存在着一个实体作为其原理——（纯粹的）现实性属于这个实体的本质。依据较为简短的第二个步骤，有一种介于中间的实体，它推动了其他东西并且同时自身也被推动。它被等同于那个最初的、最高的天。因为最初的物质就其自身而言已经被推动了，因此一定还存在着一个更进一步的起源，因此第三个步骤就指出，这一点可以推导到纯粹思想的对象，推导到精神，以及推导到不动的推动者（也可参看《物理学》VIII 5）。

由于其纯粹的现实性，精神与那种通过物质被一道规定的感知领域无关，也与种类的形式无关，因为根据XII 3–5的说法，这些种类形式是与那些感官可感知的实体密不可分的。因此精神乃是指向那个唯一的、与物质无关的对象，由此指向其自身。结果是自相矛盾的；对于亚里士多德宇宙论的最高点，即精神的转向自身（noêseôs noêsis）而言，缺少了任何一种与宇宙和世界的关联（参看Oehler 1984，64–93）。神性思考其自身而且只思考其自身。而一旦思想被以推理的方式思考，那这就绝不会发生；神性处身于对其自身的永恒直观之中。

亚里士多德引入不动的推动者［/第一推动者］这个思想，最初是在第7章中，只是为了说明恒星，然后是在第8章中，为了说明太阳和行星所具有的五十五个天体。那种由此产生出来的关于一和五十五个思维实体的复数性，一方面在文本中以令人惊异的方式出现，因为第7章在这个方向上没有解释任何东西，另一方面则是依据实事出现的。因为运动者并不是机械化地运动，而是按目的论的方式运动，更确切地说是“按照内心欲望”运动，所以人们可以追问，为什么对于整个宇宙而言，只有一个不动的推动者［/第一推动者］的样本是不够的。

Lambda卷中传统的、首要的目的论文本可能是想将最初的三个步骤综合成一个唯一的主要步骤，接下来是将神和第一推动者设为同一之物的第二个主要步骤。在第四个论证步骤中（《形而上学》XII 7，1072a26–1073a13）亚里士多德规定了第一推动者，但是并不只是通过神性去规定，而是通过多重的规定，这些规定的结果是导向一种宇宙论上的完满性。第一推动者是纯粹的现实性，是对最高和最完善之物的纯粹的观察和思考。它是最高的和持久的快乐，此外还是精神，另外还是最好的和永恒的生活，是非物质的（相似的内容参看《尼各马可伦理学》VII 15，1154b26以下，以及X 8，1178b21以下；参看Herzberg 2013，第4章）。在第一推动者的生命中，以及在其快乐中，所关涉到的都是特殊的形式：在前者中关涉的是一个与物质无关的、意向行为的生活，在后者中关涉的是一种无运动的、意向行为的快乐，这种快乐仍然赋予日常形式一个模板。

仅仅是在这种多重规定的范围中，也就是几乎只是附带地，那个第一推动者与神性（ho theos）被设为同一（XII 7，1072b23以下）。在这里亚里士多德接受了一种思想的存在状态［metabasis eis allo genos］。他舍弃了迄今为止的宇宙学论证，进入了一个目的论的领域。而这个过程有可能是被允许的，因为Lambda卷中的神还远远不是宗教崇拜的对象，而只是一个纯粹的宇宙论原则。与此同时，亚里士多德提出了对神的概念的一种新解释，这个解释与流传下来的希腊神学截然不同。通过这个单数形式的定冠词，“这个神”［der Gott］，他批评了在民间流行的对多神、半神和魔鬼的信仰。在这些信仰中，众多的人格神时而对人的命运极有帮助，时而又惩罚性地介入人的命运，而现在取代他们的不是将众多的人格神升华为一位人格神，而是一种非人格的神性——这种神性对人的事务漠不关心。但是也存在着复数的神，就这点而言传统的多神论也是有理由的。虽然没有把五十五个太阳推动者和行星推动者直接称为神，但是亚里士多德允许将传统中的多神与复数的天体设为同一（XII 8，1074a31以下）。而另一方面，他批评了对天的复数性的假设。因为其各自的原则依据形式（eidei）本应是唯一的，而按照数字则应是复多的；但是对一种复数性来说还需要质料（hylê），但处于纯粹现实［energeia］之中的最初的不动的推动者［/第一推动者］是缺少这种质料的。由此我们在亚里士多德那里就能找到一种对一神论和多神论的独特的联结，在此两种倾向的更具体的内涵则尚未被讨论。根据对那些流传下来的对话残篇的研究，亚里士多德并没有拒斥神话神学。

相对于五十五个太阳推动者和行星推动者，人们或许会想把唯一的恒星推动者归入一个更高的等级。但这是不可能的，因为那个规定第一推动者的绝对的最高级在其自身中并不允许有等级差别。如果人们不将第8章视为与那条来自第6–7章和9–10章的思路格格不入的中断进而将之弃置一旁的话，就一定会想象一个作为统一体的纯粹的理智范围，在某种程度上也是作为一种一神论所内在固有的复数状态。正是这种复数状态为后来的基督教的三位一体神学提供了思想萌芽，而这种基督教神学乃是得到了那种思想的转向自身［noêseôs noêsis］的构想的启示——这一构想是通过新柏拉图主义的精神形而上学传递过来的。这种思想方式既是直观的又是反思的；它是在其多重性中被理解，但并不是在多重性的推进过程中，即不是在推理中，而是“一次性”地被理解。

因为依据《形而上学》I 2（983a5–10）的说法，一门最具神性的科学认识到一切起源和原理，因此神性的精神看上去就不能仅仅局限于一种自我认识，而是要包含一种全面的知识，一种此类形式的大全知识性。但是Lambda卷并没有谈及这一点。就如问题章XII 9所强调的，神性的精神在其自身之外并不具有关于世界的知识；直接针对最神圣的、最令人崇敬的的和恒久不变的东西，它仅仅专注于它自身（1074b26和b33以下）。

一种最终论证“神”存在的证明，人们一般称之为神的证明。然而由于亚里士多德极为紧凑的表述，我们在他那里发现的与其说是一种严格的推导，不如说是一种思维模式。最重要的是，虽然他谈及静止的实体，并认为必然存在这样的实体（《形而上学》XII 6，1071b4以下），但是并没有谈及可以把这种实体与神等量齐观。因此毋宁说情形是这样的：如果人们想谈及神，那么他能够以一种概述的方式去谈；亚里士多德并没有说过，人们必须将宇宙学的原理称为神，他也没有说过，人们只能通过宇宙学的通道来把握神。Lambda卷发展出了一种哲学神学的基本类型及其宇宙学形式（参看柏拉图《法律篇》X，890b–899d），但是并没有对其提出专门的要求。

更详细地看，亚里士多德的宇宙神学并不是按因果机械论的方式展开，而是按目的论的方式展开的。在这里那种由恩培多克勒所引入的宇宙原则，友爱和争论，可能会起作用（参看《形而上学》XII 6，1072a6，也可参看XII 10，1075b2以下）。第一推动者产生作用并非是以磁力形式，也不是通过一种引力的类型，因为从一个完全静止的实体中绝不会产生推动力。出于同样的原因，它虽然是一种精神，但是却不是某种形式的世界头脑或者宇宙的控制中心。作为一切追求的最高目标（XII 7，1072b26–30），毋宁说它像一个模型一样发挥其引力——这个模型规定了整体自然，即便其强度是逐渐减弱的。当恒星在其空间运动中接受了第一推动者的完满性并且依照圆周运动时，就这点而言它们效仿了第一推动者。而当尘世中的实体、生物成为永恒世代繁殖的种类时，就这点而言它们在模仿神（《论动物的生成》II 1，731b31–732a1）。

毫无疑问，那种以目标为导向的运动我们从人类身上可以看到，并且也可以转用于动物的运动，这种运动所经历的乃是欲求，在Lambda卷中这是一种难以理解的扩张。那种从自身出发（自发地）遵循目标的能力，虽然并没有预设意识，但是却预设了一种欲求

（hormê），在亚里士多德那里这种欲求就其自身而言乃是与灵魂相关联的。根据《论天》［De Caelo］中的观点，所有星辰都未被赋予灵魂，只有单数的天有灵魂（II 12，292a20以下，以及II 2，285a29以下），因此，目的论的宇宙学已经在亚里士多德那里内在地遭遇困难。如果人们像近代的观点那样认为星辰是纯粹物质，那么要给予星辰以趋向欲望、爱和思想的欲求，就显得额外困难。时至今日，欲求的概念在天文学亦即宇宙论中已经被淘汰。但与此同时，奴斯［Nous：理智］理论亦即精神形而上学却并未失效。黑格尔还将亚里士多德的思想的转向自身［noêseôs noêsis］视为他绝对精神理论的模板。《哲学科学百科全书》未作注释地引用了Lambada卷7（1072b18–30）中相关段落的希腊文原文，以之作为结尾。

尽管亚里士多德关于神性之物的观点对中世纪的宗教思想有所影响，但是人们也不能忽视二者之间的基本差别。在Lambda卷中，神本来就具有的完满性既不是在其“技术的”构架中作为完满的力量，也不是在其“道德–实践的”构架中作为完满的善、作为奉献的爱或者作为神圣的意愿被提出的。一种纯粹精神的完满性乃是一种理论的本性，它并不是创世思想的一部分，也不是人格神和一种天赐予的人类关系的一部分。亚里士多德的神也不是祈祷的接收者或者冥想的对象。

尽管宇宙论的原理在本体论层面上看是最令人崇敬的对象，但是除此之外，它既无法与“亚伯拉罕、以撒和雅各的上帝”（帕斯卡）相比较，也无法与道成肉身的上帝相提并论。就像幸福［Eudaimonia］的完美构造一样，宇宙论中的神也不需要其他任何东西；只思索自身的人，是无须它者的（《优苔谟伦理学》VII 12，1244b7–9）。在这里没有一般情形下爱与被爱之间先决的可转换性；任何与低等级实体的关联只会限制它的完善性。

在启蒙时代这种类型的目的论被称为自然神论［Deismus］。按照其观点，神乃是一个非人格化的本质，它既不干涉自然的进程，也不是通过一种启示言说。在斯多葛派、基督教和伊斯兰教的影响下，人们对亚里士多德的神学进行了一种无神论式的篡改，而对于亚里士多德本人这种无神论倾向并不正确；这种倾向至多只会导致一种再度柏拉图化。

《形而上学》I 2中所说的：此种类型的思想超越了人的力量，这是准确的吗？如果人们联系到《伦理学》（X 7，1177b26以下），就会看到一个相对的、非绝对的超越。基于一种精神生活人们也能理解自身，但是并不是因为他是人，而是因为他在自身中具有某种神性之物。《形而上学》XII（7，1072b25）补充道：人只在某些时候有能力做那些一直由神做的事情。

10.3 一个伦理学的神的概念？

亚里士多德的神性被规定为纯粹的精神，对于这种神性而言缺少了那种中介性的灵魂部分——这个灵魂部分使荷马和赫西俄德的神中人神相似的定位成为可能。举个例子，神不能再充满了妒忌（《形而上学》I 2，983a2以下；关于对神人同形同性论［Anthropomouphismus］的批评见：III 2，997b10和XII 8，1074b5–10；关于对神秘化的神的学说的批评见：III 4，1000a9以下）。但是他也不具备那些相应的美德，比如节制、勇气、慷慨大度等等。因此谁要是认为，神性缺少完满性，那么他就忽视了在这里人也不具备这些美德的使用条件，既不具备“诸如事务交往的、处于困境中的等”（《尼各马可伦理学》X 8，1178a10–14）客观条件，也不具备主观条件，欲求。

而神性完满性逐渐提升的过程就处于这种缺乏之中，这种提升过程是如此的不言自明，以至于与之对立的假设显得荒谬至极（b10以下）。人们只有借用出自讨论正义的文章中的观点才能对之进行反驳，根据这个观点，在诸神那里正义应该是永恒的（《尼各马可伦理学》V 10，1134b38–30）。而《伦理学》X 8（1178b10–12）中假定的矛盾是可以得到解决，只要人们补充以下内容：如果在诸神那里本应有正义，但是实际上它不存在，那么在诸神那里就与在人那里不同，按照Lambda卷的说法，这种正义具有那种根本上属于神的特征：它是恒久不变的。

在一个直接相关的段落中，有一个观点以支持的方式被引用，即诸神对于人类事务付出了某种关怀（看护［epimeleia］：《尼各马可伦理学》X 9，1179a22以下）。在这个观点背后可能是埃斯库罗斯［Aischylos］的诗句：“有人认为，神并未看顾人类……这种信念是有罪的”（《阿伽门农》，V.370以下）。在对神的关怀的一种相当流行的观点中，荷马史诗中神的不道德性被其道德性所取代。亚里士多德并没有直接拒斥这种思想，而只是在一种理想化的形式中承认它。神既不关心物质性福祉，也不关心那些祈祷和朝圣所期盼的内容，不关心健康长寿，不关心阻止厄运。神最爱那些与她最相似的人，比如圣人、科学家和（理论）哲学家。在这里亚里士多德神学的第二种形式，即伦理神学［Ethiko–theologie］呈现出来。但是这种形式的神学还缺少那种为我们所熟知的伦理学的形式。亚里士多德并没有抢在康德之先，阐释一种道德的理性宗教，同样他也没有陷于另一种可能性，即“迷信”。与此相反，他的伦理神学更接近于一种非人格化的宇宙神学。

11 本体论和语言

将存在者作为存在者去研究（on hê on：《形而上学》IV 1和VI 1，1026a23–33），面对这项任务，亚里士多德创造了一门新的哲学分支学科，一门普遍的存在科学。然而这门存在科学是在近代的经院形而上学中，即通过格克尔［R.Göckel（Goclenius）］的《哲学百科全书》（Lexicon philosophicum 1613/1964,Art.Abstractio）才获得“本体论”［Ontologie］这个名称。亚里士多德将这种存在［on］、存在者理解为任何种类的对象，既包括实事也包括人，既包括这个“物”也包括其特性，既包括个别之物也包括普遍之物，此外也包括事态［Sachverhalte］。他的本体论考察了普遍的和奠基性形式中的现实性——不包括实践世界和社会世界。

因为最原初意义上的存在者被称为实体［ousia］，所以根本上本体论所导向的乃是一门关于实体的理论，即便依据《形而上学》IV 3的说法本体论也一并包括了一门关于公理的理论。Ousia是对einai（存在）的一个名词性转化，所以字面上被称之为“存在性”［Seiendheit］；ousia是那种事实上在此之物的总称：那种稳定的、事实上已形成的现实性。就像几乎所有亚里士多德的术语一样，这个词源自口语，但拉丁语中相应的名词化转化（essentia，substantia）以及德语中相应的名词化转化（Seiendheit）则是专业术语。如果人们在一种生命“本质”［Lebewesen：生命体］的意义上理解这个词的话，可以将之转译为“本质”［Wesen］。但是为了不将其与一件实事的本质［Wesen einer Sache（ti estin）］混淆在一起，人们这样做更好：将ousia翻译为“Wesenheit”［本质］，而将ti estin翻译为“Wesentlichkeit”［本质性］；或者人们可以动用拉丁语翻译substantia，称之为实体［Substanz］。

由于关于本体论的思考先前早已存在，所以亚里士多德重新提及那些被广泛承认的看法和过去哲学家们的观点。他从未质疑那种一般的看法（V 8，VII 2和VIII 1），即认为实体是元素（气、水、土、火），且是植物（及其部分）、动物和人（及其部分），最终是天的部分。他只是在《形而上学》VIII 3中对其做了一个更为精确的阐述：实体在根本意义上只是自然对象，而不是人造物。亚里士多德具有针对性地抛弃了以下观点，即认为理念和数学之物是实体（比如柏拉图和柏拉图主义者持有此观点），作为替代他发展出了他自己的理论，即实体理论。（与之前学园的联系，可以通过“连续”［ephexês］这个概念体现，参看《形而上学》VI 4，1027b24；XI 12，1068b31以下；XII 1069a20。）

直至近代，实体理论一直是哲学中讨论最多的话题之一。尽管它构想了一个在先验哲学看来很成问题的前提，亦即一种与先天的意识成就无关的客观性，但是在斯宾诺莎和莱布尼茨之后，这种理论直到黑格尔那里仍然具有举足轻重的地位。后来它在我们时代惯常的形而上学判决中落败；但是在（语言）分析哲学中它又重新崭露头角。

实体理论是在简短的文本《范畴篇》——这个标题并非是亚里士多德本人起的，以及在《形而上学》里最核心的本体论篇章中被发展出来的——这些篇章指的是从第六卷第2节直至第九卷的部分，其中的主要部分，即第七卷到第九卷（希腊文字母标号为Zêta，Êta，Thêta），也被称为“实体卷”。同样与此相关是《形而上学》第四卷1–3和第五卷7。这些文本的共同点在于范畴［Kategorie］这个概念，它们的区别在于实体和偶有性。

更为详尽的实体卷不仅仅研究实体的不同含义（特别是《形而上学》VII 1–17；参看Wedin 载于：Rapp 1996），而且也研究那些我们从自然哲学中所认识的课题：研究可感知实体的一对原则，即质料和形式（《形而上学》VIII，以及VII 10–11），研究产生和消逝的问题（《形而上学》VII 7–9，还有VIII 5），以及可能性和现实性这对概念（《形而上学》IX；参看Liske 载于：Rapp 1996）。由于本体论与自然哲学在课题上相互重叠，人们或许可以认为，本体论与自然哲学是无法完全分清的。但是相同的课题并不是在相同的视角下被探讨的；自然科学关注那些运动之物，只要它在运动，而本体论研究的是运动之物的构造方面。此外，只有实体卷探讨了是否“实有其事”［veritative Sein］，即探讨了真和假的问题（《形而上学》IX 10，以及V 7，1017a31–35和VI 4）。

《范畴篇》中的本体论与《形而上学》中的本体论关系如何，尚有争议。《范畴篇》在19世纪甚至还被大部分人认为是伪造的，然而从策勒尔（Zeller 1921第4版，67–69）开始，这个文本才逐渐被承认是亚里士多德的著作。当其他的作者认为这两部著作中的本体论有着相互矛盾的立场时（参看Graham 1987），在欧文斯（Owens 1978第3版，329）和莱斯策（Leszl 1975，359以下）看来，二者间却并不存在根本上的转变。而且按照卡普的观点（Kapp 1965，50），《范畴篇》尽管“与一门充分发展的形而上学中巧妙的细微之处还相差甚远”，但却是一个经过深思熟虑的文本，与此相反，《形而上学》一般而言虽然包含了一种有所差别的、有些部分还经过修正的教学观点，但是却没有提供从根底上全新的理论。这二者是否可以统一，取决于以下问题，即人们如何解释它们之间的差别（参看11.2）。此外，实体卷本身几乎不包含一个完整且无矛盾的理论。

11.1 范畴

以“范畴”命名的这个文本与《论题篇》（I 9，103b22以下）一样，提出了十个范畴；但是却缺少一种对概念之功能的原反思［Metareflexion］。“范畴”［katêgoria］这个词源于法律术语，它所指的是控告和指控（参看《修辞学》I 10，1368b1）。因为动词katêgorein在拉丁语中被翻译成“praedicare”［宣布、公开］，所以名词Kategorien也可被称为Prädikamente［范畴］。经由亚里士多德，这个词变成了哲学的专业术语，并且由此成为西方日常语言和科学语言中的外来词。

在亚里士多德谈及范畴之前，他区别了两种形式，一种是在语词的结合中所说的，比如“这个人跑了”，“这个人胜利了”，另一种是不与词语结合，比如“人”“牛”“跑”“胜利”（《范畴篇》2，1a16–19）。在后一类的情形中，范畴乃是命题的部分，在此它们不与其他词语结合、就其自身得到考察；人们无法肯定或者否定它们；范畴既不是真的也不是假的（《范畴篇》4）。但并不是所有命题的组成部分都可以被归入范畴，比如逻辑术语（所有；一些/一个）就不可归入，系词（“是”）和连词（不、和、或者、如果……那么……）也不可归入。在并未根据实事被组合起来的情况下，剩下的就是那些基本的表意词，它们总是指称（sêmainein）了些什么，一部分是在主语的位置上，一部分是在谓述语的位置上。比如说“白马”这个词，是由两个部分组成的（“白”“马”），因此就属于两个范畴。在《范畴篇》4中有一个完整的列表：

（1）ousia：本质或者实体；在一些别的地方（《形而上学》VII 1），它一方面意味着tode ti：即一个确定的此物，另一方面意味着ti estin：即这是什么；

（2）poson：多大，多长：数量（比如说，两尺长）；

（3）poion：何种类型：质性（比如说，白色）；

（4）pros ti：关联到某物：联系，关系（双方面的）；

（5）poû：在哪里：位置（在市场里）；

（6）pote：何时：时间（昨天）；

（7）keisthai：处于：状态（他坐着）；

（8）echein：有：具有，状况（他穿着鞋）；

（9）poiein：动作：生效（医生在开刀）；

（10）paschein：遭受：被动经受（病人被开刀）。

前面的六个范畴是作为问题被构想的，其他的四个很容易被理解为是对一个问题的回答。在这十个范畴中前面的四个得到了很详尽的阐释，关于第7、第9和第10个范畴只有很简短的注释，而剩下的三个则完全未加阐释。取而代之的是接下来的关于四种类型的对立和五种类型的优先性的思考，这些思考人们后来称之为后范畴学说［Lehre der Postprädikamente］，并且根本上构成了一个自足的部分（《范畴篇》10–15）。概念辞典（《形而上学》V）阐释了实体、数量、质性、关系和具有这些范畴。

虽然看上去亚里士多德对范畴的准确数目很有信心，但是他会根据不同的目的满足于更简短的列表。在《形而上学》XII 1（1069a21）中，他提出了三个范畴的列表，在《伦理学》中提出了六个范畴的列表（I 4，1096a24–27），而概念辞典列举了八个范畴（《形而上学》V 7，1017a25–27）。决定性的因素，一方面是范畴的复数性，另一方面是第一个范畴和其他范畴之间的等级差别。人们可以直接谈及实体，比如“人”和“牛”，而实体的附属属性则只能在与实体的关联中被提及，比如“白色”“奔跑”或者“沉重”。在第一个范畴之内，亚里士多德还区分了第一性实体和第二性实体。第一性实体所指的是一个确定的个体，比如说一个人或者一匹马，第二性实体指的是这些个体所属的种和属。因此亚里士多德总共就得出三个等级的存在者：（1）个体（第一性实体），（2）类型和种属（第二性实体），（3）特性（偶然属性）。

实体的标准是独立性，在完整的意义上，这种独立性只有单个事物才具备（《范畴篇》5，2a11–14）。某个特定的人，苏格拉底，既不是像"白发"这个特性一样是他人的一部分，也不是他人述说的内容；若不考虑人为构成的句子，苏格拉底永远都是主语，不可能成为谓述语。与此相对，种和属仅仅满足了两种独立性中的第一个。对于人或者理性生物的定义，我们仍可以应用于苏格拉底；但是这种定义与附属之物相近，它不是真正的实体，而仅仅是一个真正实体的质性（poion：3b15以下）。在第二性实体的领域内，种类由于其与个体更为接近，所以就要求一种更大的实在性；它更应该是实体而非种属。另一方面，在这些种类中首先并不存在等级差别；一个人并不比一头牛更富含实体，但是这两个个体所含实体要比各自种类所含的丰富，并且两个种类所含实体又要比生物的属所含的更多。人们可以相信，在这种比较的背景下就有了动物学；因为在动物学中种类（类型）是最小的划分单位。但是作为基础哲学，本体论并不以动物学为前提。

这种范畴学说至少具有四个功能。（1）在一种描述性本体论的意义上，它勾画了存在者的多重含义并且由此呈现出现实的丰富性。在其建设性的功能中，范畴建立了尽可能完整的关于总体现实性的目录。（2）在关于构造等级的本体论意义上，以及在字面意义上批判的本体论意义上，范畴乃是要表明，“存在”在最原初和最完整的意义上意味着什么（参看11.2章）。（3）范畴有助于发现和避免本体论上的错误阐释（参看《后分析篇》I 22，83a30–33；《辩谬篇》22，178b24以下），因此它们具有一种更进一步的批判性功能。范畴可以被用作对麦里梭、巴门尼德（《物理学》I 3）、柏拉图（比如《后分析篇》I 22，83a24以下和《尼各马可伦理学》I 4）展开相应批判的工具，并且可以普遍地作为一种语言批判的工具。（4）最终，范畴给出了一条线索，因此它们具有辅助性功能，其目的是规定基本概念之含义的多样性，比如说在运动的四个等级的问题上（《物理学》V 1，225b5–9；《形而上学》XII 2，1069b9–13），并且在关于善的问题上（《尼各马可伦理学》I 4，1096a11以下）。

近代最重要的范畴学说，即《纯粹理性批判》中的范畴学说，以一种纯粹的、与经验无关的知性活动为目的，区分了两种认识能力，感知和知性，并且还区分了一种与经验相关的、经验性的领域和一个与经验无关的、先天的领域。按照这个区分，康德将范畴归入知性的先天部分；范畴意味着不能再继续推导的基本概念，“纯粹知性的真正根本概念”。康德相信，他的“最原初的意图与亚里士多德”是一致的，只是“感觉敏锐的”亚里士多德由于缺少一个标准，所以“以行吟诗人的自由方式……随意地”找出了这些范畴。然而“在其中也有一些纯粹感觉的模式”（何时，何地，状态，与之前一样，同时），还有一种经验性的模式（运动），除此之外还有推导得出的概念（动作，被动经受），而一些纯粹的概念则完全缺失了（科学院版 III 92以下＝B105以下）。

不过亚里士多德的意图较为温和。他满足于一种折中的理论要求，面对多得使人眼花缭乱的关于一个对象的可能的命题，他寻求确定的共同性，并且他指出了命题的最高等级，即命题的种属（genê）亦即先天图式（schêmata）（《论题篇》I 9，103b20以下，以及《形而上学》V 7，1017a23）。在他看来，这里所关涉的是基本的命题形式，这些基本形式就像众多起源的等级，由于没有一个共同的更高的等级，所以是同样根源性的。与此同时，他发现了一种新型的统一体。同一之物并不仅仅存在于以下三种形式中：数的形式、种的形式和属的形式。除了那种数的、形象化的和类属的统一体之外，他还依据一个范畴提出了一种统一体——尽管他并没有特别地去命名它，并且按照海德格尔的说法，他由此“将存在的问题置于一个根本上全新的基础之上”（《存在与时间》，1927, § 1）。

由于被规定为纯粹直观形式的空间与时间无法从其他要素中推导出来——在康德那里也是如此，所以亚里士多德就有理由将空间与时间放入范畴列表中。为了证明康德的其他指责是正确的，人们就必须能够将“动作”和“被动经受”归入其他范畴之下。另一方面，通过对感觉/知性和经验/纯粹的区分，康德提供了一种清晰的划分收益。

无论是在亚里士多德那里还是在康德那里，范畴概念的产生都不归功于对世界或者人的一种直接的关照；这里所涉及的乃是一种反思的概念。与康德不同，亚里士多德并不是以演绎的方式，通过源自一条原则的推导，而是通过一种类型的归纳，通过一种对可观察的语言行为的抽象而获得范畴的概念，因此范畴并不仅仅具有一种本体论上的重要性，而且也具有一种语言学上的重要性；它同时涉及了语言和实在性（参看11.4章）。从个别对象出发，比如说苏格拉底，范畴一方面指称了命题的不同形式——在这里涉及谓述的标准句式“这个S是P”，另一方面指称了命题所陈述内容的不同形式，即存在者自身的不同形式：苏格拉底是（1）一个人，（2）活了这样久，（3）受过教育，（4）比柏拉图年长，诸如此类。

11.2 实体

亚里士多德对现实性的考察开始于对一种基础的多义性的关注（to on legetai pollachôs：比如《形而上学》IV 2，1003a33；VI 2，1026a33和VII 1，1028a10）。概念辞典列举了四条含义（《形而上学》V 7；相似的还有《形而上学》VI 2，1026a33–b2），具体地说就是：存在者各自完整的含义多样性的四种形式。人们或许会认为，这其中没有今天习以为常的区别，即“是”作为系词被区分为在同一性意义中的“是”和在存在意义中的“是”，尽管这两种最早的含义至少从柏拉图的《智者篇》（251 a–c）开始就已经为人所知。但是亚里士多德所研究的并不是动词“是”，而是存在者［das Seiende］。首先人们是就其自身或者“偶然地”陈述这个存在者（图根哈特［Tugendhat 1983］指出，这里所指的并不是众所周知的那种对本质属性和偶然属性的区分）。其次，在存在者自身当中有范畴的多样含义；第三，这些范畴就其自身而言，被区分为可能性或者实在性，亦即潜能和行为的不同选择。最后，如第三点所提出的那样，有作为真或者假的存在者，那种“实有其事的存在”（“以下情形是真的/假的，……”）。实体卷从第二种含义着手，在根本上致力于研究第一范畴。作为补充《形而上学》第九卷还研究了可能性/现实性的概念对，最末一章（IX 10）研究了实有其事的存在。

如果有人像亚里士多德那样承认多重含义性——这一点与巴门尼德不同（《物理学》I 3，186a22–25），并且不看其浮于表面的单纯同名的现象（Homonymie）（《形而上学》IV 2，1003a34），那么关于统一体的问题就一定会出现。亚里士多德通过一种分等级的秩序结构，亦即那种趋向统一［pros hen］的关系回答了这个问题，并且在这种关系的框架中首先研究第一等级的对象，研究真正的存在者（alêthôs on）——希腊思想一般都会对此感兴趣。根据这种趋向统一的关系，存在者的不同含义指向了一个范本型的含义，指向一种优先的第一等级，指向一（pros hen）和唯一的自然（mian tina physin：《形而上学》IV 2，1003a34；相似的还有VII 4，1030a35以下）。与此同时，亚里士多德争辩道：那些不同的含义应当被归入一个最高的属之中；无论是介于第一范畴和其他九个范畴之间，还是在这九个范畴之下，他都未看到一种与实事相关的共同性。

基于这个“一”，其他一切才能成为存在。对于什么是这个“一”的问题，亚里士多德给出了一个可分为三部分的回答。《范畴篇》中已经包含了第一和第二部分，而第三部分则在《形而上学》中才被给出：范本型的存在者首先是实体；其次，第一性实体先于第二性实体；第三，在第一性实体之内有一个杰出的等级。因为这三个答案中的每一个答案都对应于一个程度等级，因此它们引起了如下怀疑，在此呈现的不是一门描述性的本体论，而是一门经过修正的或者价值论的本体论。但是亚里士多德从未区别过一种本质的存在和一种仅仅是显现的存在：

1.无论是在《范畴篇》中还是在《形而上学》中，亚里士多德都没有抱着神学的方式研究，他也没有将最高的本质、神性解释为最终的关联点。凭借本体论的客观性，他首先区分了实体（包括种和属）和实体的属性，亦即偶然属性。因为单单为自身而被陈述出来的只有实体，一切其他东西都是在与实体的关联中被陈述，所以实体就享有绝对的优先权。绝对地或者在“是［/存在］”这个词的完整意义上，只有人、动物、植物等等，而颜色、大小、关系等都只应被归于一种附属的（“依附于某物的”）实存。根据《形而上学》VII 1（1028a32以下）的观点，实体甚至具有三重的优先地位；根据概念（logô）、认识道路（gnôsei）和时间（chronô），它都是第一，因此它是（存在）论的、认识论的和时间性的。

人们习惯于指责实体理论，认为它是呆板的，是对可变化之物和传统之物的一种实体化过程（比如奎因：Quine 1950）。按照罗素的看法（Russel 1975第8版，212页），“实体”是一个形而上学的谬误，它是从以下情形中产生的：主语–谓述的句型结构被传递到世界结构中。而以下情形可以作为论据支持一门实体本体论：（只有）实体本体论才可以解释以下现象，即某物（人或者事物）如何在其变化着的特性中依然能够保持同一（参看Wiggins 1980；Rapp 1995b）。苏格拉底在他开始进行哲思之前就已经是苏格拉底了，并且即便他年老时会丧失哲思的能力，他也还是苏格拉底。

2. 在实体中，第二性的趋向统一的关系［pros hen–Beziehung］所涉及的是第一性实体在第二性实体面前的优先性。在此背后存在着如下困难：对实在之物的认识指向普遍之物，但是普遍之物并不是实在的，实在的是单个事物。这里的本体论问题就是：一方面是存在者的可认识性和可定义性，另一方面是存在者的独立性，这两种诉求如何才能相互统一？这种独立性亚里士多德是通过chôriston亦即chôris，也就是“分离”或者通过tode ti，也就是“确定的此物”来表达的，而这种可认识性和可定义性他早先是通过ti esti（n），也就是“这是什么”，后来是通过ti ên einai［“怎么是/如何存在”］[1]来表达的（《形而上学》VII 4–6；17；参看Liske 1985，II；Weidemann 载于：Rapp 1996）。最后一个较为复杂的表达中第一个组成部分ti包含了苏格拉底–柏拉图对较早的表达ti estin［这是什么］的追问。第二个组成部分ên，过去时的“是”［war］，被理解为哲学意义上的过去时；其含义不是“这个事物在一开始是什么”，而是“关于它曾是［/存在］，人们说了什么”。

就如更为详细的表述“是其所是”［ti ên einai hekastô］所指出的

1　余纪元先生主张把ti ên einai翻译成“恒是”，因为这里的过去式反映的是事物中恒定的东西。——译注

（《形而上学》V 18，1022a9和26），那种“是什么”问题的表达关联的是一个单一事物，比如苏格拉底，字面上的含义是“对苏格拉底来说存在曾是什么”；巴森格（Bassenge 1960）将之翻译为“各有所属的存在”。所指的是那种赋予一个事物同一性的东西，但是它不是一种个体的同一性，而是一种本质上的同一性。苏格拉底的“如何存在”[/怎么是：ti ên einai]并不是那个被判决饮毒酒自尽的柏拉图的老师的存在，而是具有理性天赋的生物的存在。在那种通过定义把握的本质相似性的意义上，这种“如何存在”在《形而上学》第七卷第7章以下被直接等同于eidos，亦即种类或者种概念。通过“如何存在”的概念，亚里士多德可以提出一种“本质主义”，它看上去完全富有意义。他并没有对此有所要求，即存在一种与描述无关的与事物的关联——就像自奎因以后人们反对本质主义那样。但是他宣称，在一种推导得到的、偶然性的描述之外应该有一种本质上的描述，这种描述是居于以下意义之中，即在其他任何一个描述中它都被预设为概念性的标准。

让我们回到关于独立性和可认识性之间如何统一的问题：如果人们从第一个标准即独立性出发，那么个别事物就享有优先权，但是它却缺少可认识性。如果人们因此确立一种可认识性的标准，那么最低等级的普遍之物，即种类（Art: eidos）就享有优先权，但是它却缺少了那种完整的独立性（参看“第八条难点”：《形而上学》III 4）。在这两种关于实在性的立场之间产生出紧张性——这两种立场指的是，强调个别之物的优先权（苏格拉底是一个实体），以及强调种类[Eidos]的优先性（人的存在是一个实体），这种紧张性看起来在主张独立性的

《范畴篇》中消失了；《范畴篇》将那种真正的个体称为原初意义上的实体，真正的个体根据数字排序就是一（hen arithmô）和一个确定的此物，单一之物亦即单数词。种和属，即那种普遍词仅仅是第二层意义上的实体。但是单一事物的优先地位还能引发另外一种阅读方式。依据这种方式，尽管所意指的是一个个体，但是关于这个个体是什么的问题只有通过以下情形才能回答：即人们同时要在这个个体所属的种概念中称谓它；没有种概念"人"，个体苏格拉底就失去了对他而言本质上的同一性。通过以下情形，即在这里实体的可认识性与其独立性密不可分，前文所提到的紧张性就消解了。对《范畴篇》的这种阅读方式也驳斥了那种将亚里士多德的本体论时而看作一种幼稚的实在论的诠释。存在者的原型，即第一性的实体，并不是意味着一个与可知性无关的对象，而是一个通过种类概念才可认识的个体。

相对于《范畴篇》，《形而上学》可以说进行了一个根本性的修正。事实上实体卷是从其基本命题以及存在者的多重含义开始的（VII 1，1028a10），并且包含了一个区分，即对这是什么［Was］和一个确定的此物的区分，这个区分使人想起对第二性和第一性实体的区分。另一方面，在这里偶然性退回到背景中，而且没有关于第一性实体和第二性实体的直接表述。亚里士多德对实体的实体性进行追问，并且为此寻找一种统一的、将第一性实体和第二性实体之间的区别相对化的理论。这个理论的任务是，消除上文提到过的可认识性和独立性之间的紧张关系，但是在策勒尔（Zeller 1921第四版，312）看来这个任务并未成功，并且导致了亚里士多德"体系中一个极为深刻的矛盾"。事实上一方面，按照可认识性的标准，种类［eidos］具有优先地位；与《范畴篇》所说的不同，这种种类显现为根本上的实体，而个别之物仅仅显现为一种次一级的实体。另一方面，与《范畴篇》所说的一致，实体乃是作为承担一切其他规定的基质，而本身并不是对于它者的一个规定（《形而上学》VII 3，1028b36以下）。基质应该是一个确定的此物并且是独立的，因此个别之物就具有了优先地位。根据这个基质的标准，人们甚至想要将这种优先性归于质料（hylê），因为质料是实际上的最终的基质（VII 3，1029a13）；但是质料既不是一个此物，也不是独立的。

为了对那个假想出来的矛盾做出回应，人们或许可以按照耶格尔的样子，从一个思想发展的假设中寻求支持；根据这个假设，早期的文本《范畴篇》认为个别事物具有优先地位，而较晚期的实体卷则认为种类（eidos）具有优先权。但是亚里士多德在《形而上学》中，甚至在第七卷第3章同一章内使用了两个标准。那么事实上是否存在着矛盾？这个问题取决于对种［/种类：eidos］这个概念的进一步诠释。依据理想的类型，人们可以区分出三种建议（参看Steinfath 1991）：（1）人们保留《范畴篇》中本体论的基本命题，即个别事物的优先权，将种类［eidos］作为实体的谓述附属于其上，并且由于其可认识性和可定义性的标准逐渐将种类称为第一性实体（Leszl 1975）。（2）根据“柏拉图式”的解决方法，种类具有优先地位，它作为最基层的普遍之物是第一性的实体（Reale 1968和Krämer 1973；属于否定《范畴篇》的真实性行列的：Schmitz 1985）。（3）种类被看成某种个体之物，更具体地讲是被看成个体的一种组织形式（Frede/Patzig 1988，I 48以下；参看Frede 1987 a/b，之前还有Albritton 1957和Sykes 1975）。通过这种诠释，亚里士多德对于普遍之物（katholou）和理念（VII 13–16）的批评就变得合理起来。根据这种批评，那种使马成为马的东西乃是其“马性”，实在性作为一种独特的“马性”只在个体的马中，而不是在马的“旁边”（para）。但是，关于一种个体的种类的假设与其他命题又有矛盾：两个个体，苏格拉底和卡里亚斯，只是在数值上是不同的，但是按照种类来看却是同一的（《形而上学》VII 8，1034a6以下）。

只要人们在种类方面区分两个功能，亚里士多德的所谓矛盾就能随即消解掉了（Rapp 1995a）。“种类作为个别的实体”指的是一个确定的个体，比如“这个人”，“种类作为普遍性”指的是众多个别之物的一个相应的等级，比如“苏格拉底和卡里亚斯是人”。在标准的谓述命题（“S是P”）的框架中，在前一种情形下，即个别化的使用或者具体的普遍性中，种类一般是作为主语出现的，而在后一种情形下则相反，即在等级化的使用中，种类是作为谓述出现的。在前一种情形中，在个别的人那里，有某些关于种类的东西被说出，而在后一种情形中，种类就是被说出的内容，是不同人的共同标志。按照《范畴篇》的标准，种类在这里的角色就像一种质性（poion：《范畴篇》5，3b20以下）；它不是一个确定的此物（tode ti），毋宁说是一个如此这般的东西（toionde：《形而上学》VII 13，1039a1以下）。照此理解，《形而上学》就坚持了《范畴篇》的观点中对第一性实体的理解。但是《形而上学》清楚地解释了在《范畴篇》中并未清晰说明的东西，即根本意义上的实体是一个个别之物，它就其本质和特殊性而言是与种类概念密不可分的。

3. 在个别事物亦即实体的领域中，亚里士多德还设想了一种等级差异；亦即在《形而上学》的第十二卷中，实体成为一个可比较的概念。按照潜能和行为的本体论概念的标准（《形而上学》IX 1–9；参看XII 6），现实的存在者在等级上比潜在的存在者要高。按照这个说法，人虽然可能会比动物和植物优越，但是所有这一切都属于最低的等级，属于那种短暂变化的存在。那种恒久变化的恒星的存在具有更高的等级，那种纯粹的现实、第一推动者亦即神性具有最高的等级。从这个原因出发，不仅仅是自然科学，还有本体论，都在哲学的神学中达到了顶峰（参看VI 1，1026a19以下）。与柏拉图一致，精神的存在比起感官的存在享有一种绝对的优先地位。可感知世界的这两个“存在领域”共同构成了一个在以下意义中“被推导出的”世界，即这两个存在领域由于其现实性而取决于一种实在性，这种实在性本身并非可感知的，毋宁说它是纯粹理智性的。

现在对那个分为三部分的统一体的本体论进行总结：一切存在者都指向的那个一，首先在范畴的领域之中，乃是与偶然性相对的实体；其次，那个一是先于普遍概念的“作为个别实体的种［/种类］”；第三，那个一是先于可感知实体的理智实体。关于这个趋向于一［pros hen］的关系的第三种形式，亚里士多德曾以家庭共同体为喻，在家庭中其成员都以不同的方式为共同的幸福做出贡献（《形而上学》XII 10，1075a19以下）。

11.3 对柏拉图理念的批评

亚里士多德与他最重要的前辈柏拉图之间的争论涉及特别丰富的课题和领域。一些不同的观点我们已经提到过了，比如将最终的唯一哲学分割为众多相对独立的个别学科，以及新的分支学科的扩展，比如论题学、三段论和生物学，还有对感知的重新估价，以及根本上对知识更大的宽容；除此之外还有对诗歌的不同评价，对回忆学说［Anamanesis–Lehre］的批评和对造物神宇宙论［Demiurgen–Kosmologie］的批评。其他的观点出现在伦理学（参看14.1章）和政治哲学（参看16章）中；在这里我们只关注理念论。

在“雅典学园”（1508–1511）这幅名画中，拉斐尔将古代的两个伟大人物，柏拉图和亚里士多德，置于画面的中心位置，由此表达“对二者抱有同样的高度评价”（歌德：《关于色彩学说历史的材料》，第3部分：过渡时代）。拉斐尔让柏拉图用食指坚决有力地指向上方，指向天空，而亚里士多德的手以一个和缓的姿态指向地面。这两个对立的姿势表达了一个流行的观点。因为亚里士多德始终善于从经验出发，因为他以广为流传的观点为基础，尤其因为他抛弃了柏拉图的核心思想即理念论，所以人们相信，在唯心论者柏拉图之后，是基于日常感的经验主义者和实在论者亚里士多德。或者用歌德的话来说（同上）：“柏拉图面对世界的态度如同一个圣灵，它愉悦的时候会在世界中待上一段时间……而与此相反，亚里士多德面对世界则像一个人，一个世界的建

插图5：拉斐尔，雅典学园，
部分：柏拉图和亚里士多德（罗马，梵蒂冈，签字大厅）

筑师。”

诸如此类的观点并没有准确地说明柏拉图和亚里士多德之间的关系。其实对理念论的批评比认为它导致了唯心论和实在论亦即经验主义之间的肤浅对立的观点要微妙得多。与这种批评相反，实际的情形已经说明了，亚里士多德承认纯粹思想之物先于可感知之物的优先地位，这一点丝毫不亚于柏拉图。对亚里士多德来说，对柏拉图来说也是一样，理智之物乃是存在的原始类型，这种观点甚至比费希特、谢林或者黑格尔的德国唯心论还要极端。

亚里士多德的柏拉图批判很有可能在学园时期就已经有所准备了，它涉及的是以下问题，即每种认识和语言中所包含的那些普遍概念“是”处于何种方式？在柏拉图看来，这些普遍概念作为理念而存在，即作为存在实体［Entität］而存在，它们（1）是永恒不变的，（2）依照个别事物分门别类地存在，并且（3）赋予事物样本和原型（paradeigma），（4）具体事物就其本身而言乃是通过对理念的分有（methexis）而获得其存在。理念是个别事物的理想化样本，这些理想化样本不仅仅拥有一种自身的现实性，而且也拥有那种根本上的现实性。

亚里士多德拒绝了这个阐释，视其为一种驳杂混合的构造和多余的实体化（《形而上学》I 9；VII 14；XIII–XIV；还有像《辩谬篇》22和《尼各马可伦理学》I 4等等）。他说道，普遍的对象虽然对于思想是必需的，但是从这种思想必然性出发却并不会得出一种独立的实存，这一点可以与康德对本体论的神证论的批判进行比较。如果理念应该成为科学可能性的条件，而在科学中会形成否定的判断，那么接下来就一定会有否定的理念，但是这种否定的理念是被学园的代表人物们视为荒谬而拒斥的。关于过去之事的理念显得同样荒谬，但是人们必须假设这种理念，因为关于过去之事的普遍命题是存在的。同样不会存在的还有无价值之物的理念，比如污物和粪便，而这些柏拉图已经考虑过了（《巴门尼德篇》130c以下）。范畴学说也包含了一种柏拉图批判；前者认为一切存在者“是”根本上不同的，并没有相互间可以回溯的内涵，这就与柏拉图的观点相反，他认为一切存在者都分有了理念的理想化存在。

最后还有关于“第三人”的问题。这个论据虽然出现得很频繁，但总是语焉不详且是在不同的角度下被提到的，因此人们解读起来很困难；它是这样被理解的：如果一方面可感知的人要将他的本质特征归功于对人的理念的分有，另一方面理念应该是一个根本意义上的实体、一个确定的此物，那么就有同时处于两个实体中的人，可感知的人及其理念之间存在着一种相似性关系。而依据理念论，相似性是基于对一个共同理念的分有而存在的，所以对于这种相似性关系就需要有一个更进一步的理念，这种理念就其自身而言是一个实体，也就是“第三人”。（在《巴门尼德篇》132d以下，柏拉图自己提出了对两个实体变量的反驳；但是柏拉图在多大程度上让这种反驳起效，这点却仍是不清楚的。）

所有这些批评点最终导致了一种驳斥，驳斥了理念论，它部分含有矛盾、部分则毫无必要地将现实复制成两份；像处理一个特有的现实那样去处理普遍概念，是没有意义的。亚里士多德通过以下方式避免了这种复制，即他将可认识性的标准与独立实在的标准联系在一起，此外还遵从那种前哲学的信仰，将实体视为独立的实在。只有将这二者联系在一起，他才有能力准确诊断出理念论的错误，并且用关于普遍性、种和属概念的思想取代了理念论；亚里士多德的这些概念存在于个别事物之中并且与它们同在。

流行的说法是，亚里士多德将柏拉图的理念从天上拉了下来；这种说法只有在以下条件下才是成立的，即它并不意味着，亚里士多德拒绝了理念或者普遍概念，而是意味着，他将一种新的、不再超越个体事物的存在安放于理念之中。（中世纪的经院哲学将会谈及在个体之中［in re］、而不是独立于个体［ante rem］而存在的普遍之物。）健康只能作为某个健康的具体生命体的特征而存在；人之存在这个概念尽管只能作为关乎人性的概念，而不能作为关于单个人的概念而出现，但是它只能是作为某物而存在——通过这种某物，具体的人在其他具体的生物面前有了自己的特征。因此亚里士多德拒绝了那种与具体之物完全分裂开来的普遍之物，现实在完整的意义中所造就的东西就是实体的属性（参看Fine 1993；Hübner 2000）。

11.4 关于语言

自从维特根斯坦说了“我的语言的界限也就意味着我的世界界限”这句名言之后（《逻辑哲学论》5.6），语言哲学在很多地方就被视为基础哲学唯一的可能形式。与这种可能形式相反，本体论看起来毫无希望，已经过时。但是亚里士多德从一开始就在与逻各斯的关联中审视存在者，而他以完全同义的方式意指理性及其表达、语言及其意义，以及对实在性基本结构的揭示。逻各斯探讨作为“是什么”和“为何如此”的存在者；它的任务乃是追求真理，这可以被理解为使存在者及其根基［/原因］以合适的方式显现出来（alêtheuein：《尼各马可伦理学》VI 3，1139b15）。相反，存在者从一开始就被定位于可知性，被定位于真理及其科学研究，也就是被定位于存在的第四种含义，即实有其事的存在所述说的内容。由于实在性和语言之间的可转换性，人们可以从对我们关于事物的言说行为的观察中获知其事实结构的情形。因为逻各斯具有一种开启存在的性质，因此亚里士多德的本体论涉及现实，同样它也涉及表述现实的语言。就像自然哲学和伦理学所遵循的方式一样，他的本体论也发掘出一些基本概念，探讨这些概念的多重含义和本质上的关联之处——这些含义和关联之处既构建了思想和言说，也构建了整个世界。另一方面，亚里士多德并没有把语言哲学视为一门与逻辑学、修辞学和诗学平行的，或者与自然哲学、伦理学和政治学平行的独特的分支学科。尽管如此，尤其是晚近发端于牛津的语言哲学依然受亚里士多德的影响极为深远（参看18.2章）。他们的语言批判在亚里士多德那里可以找到的源头，不仅仅是相应的哲学实践活动，还有重要的基本命题，这些命题主要在《辩谬篇》中被表述。这些命题所提出并解决的谬论除了七个属于非语言的形式（fallaciae extra dictionem），还有六个语言形式（fallaciae dictionis）：语义双关、歧义语词和合并（synthesis）、拆散（dihairesis）、口语重音和表达形式（schêma lexeôs）（《辩谬篇》4，165a27；166b10；关于消除这些谬误的策略可参看《辩谬篇》19–23）。

这里我们只讨论前两种可能的情形："歧义语词"（意义双关）意味着一种句法上的双重含义；在句子"但愿俘虏我这个敌人"中（《辩谬篇》4，166a6以下），敌人既可能是俘虏行为的牺牲品，也可能是行为者。[1]关于"语义双关"，亚里士多德阐释得更为详细，它不是纯粹偶然的同名（双关语），而意味着一种特殊的多义性，即种属不同的事物却有着同样的名称。因此"眼睛"既指那个可以用来看的器官，也指已经瞎了的眼睛，还指在石头上雕刻的或者绘画中的眼睛（《论灵魂》II 412b20–22）；而在希腊语中kleis这个词既指锁骨，也指开门的钥匙（《尼各马可伦理学》V 2，1129a29以下）。就如本体论所证明的，对于多义的表达仍然可以有一门科学，与此相反对于语义双关的表达则没有这样的科学。

对于语言批判而言，重要的是区分事物及其指称之间的三种关系（《范畴篇》1）。除了已经谈到过的语义双关，亚里士多德还提出了同义的现象［Synonymie］，关于这种现象他有一个对我们而言已经陌生的概念；他称那种同名的、除此之外还同属的、但是不同种的事物为

1　这个句子在《辩谬篇》中的希腊文原文是boulesthai labein me tous polemious，翻译成德文是lass die Feinde mich ergreifen，因为在句中"我"和"敌人"都是宾格，所以既可理解为"但愿我俘虏敌人"，也可理解为"但愿敌人俘虏我"。——译注

同义的，比如“人”和“牛”是同义的，因为它们都属于“生物”这个属。所有事物最终都是同源字（“模仿指称”），它们的指称是从某些其他事物中推导出来的，比如语法学家是从语法这个词中推导出来的，勇敢者是从勇敢这个词中推导出来的。第四种语义关系是“匿名”（无名称），即缺少相应的指称，这在很多地方都有记录（比如《论灵魂》III 2，426a14以下；《动物志》I 5，490a13以下；b31以下；《优苔谟伦理学》II 2,1221a3）。此外，亚里士多德还将多义性、趋向于一［pros hen］的关系和术语系列（systoicheia，比如《论题篇》II 9）都视为意义分析的工具，因此总的来说他掌握了一个极为丰富的工具集合。

然而，亚里士多德的语言哲学不仅仅局限于语言批判和语义学的某些要素，以及对致力于认识的语言分析之价值的一般性的注解（参看《辩谬篇》7，169a30–35；16，175a1以下；33，182b22以下）。在经过充分的深入思考之后，他的语言哲学被分散到四组文本中——（1）动物学（《动物志》IV 9，以及II 12）和心理学（《论灵魂》II 8），（2）工具论（《范畴篇》1–4；《解释篇》1–4；《辩谬篇》1，4–6，19–23），（3）《诗学》（19–22）和《修辞学》（III 1–12）以及（4）《政治学》（I 2，1253a7–19）。在这四组文本中，人们找到了今天语言哲学中三大分支学科的概要：符号学（指称理论）、语义学（含义理论）和语用学（关于语言使用的理论）。

值得注意的是《修辞学》中的第一章第3节（1358a36以下）；在这里亚里士多德构想了言说者、对象和听众之间交流的三角关系，并且将那种询问言谈、法庭发言和节日贺词看成这种三角关系的清晰表达（关于交流的观点也可参看《解释篇》3，16b20以下）。在《诗学》中还加进了语法，它是由三个主要部分组成的，即一种对于语言要素（20章）、语词种类（21章）和言说形式的研究，因此也就是加进了一种修辞学（22章）。

在生物学–心理学的思考领域中，亚里士多德进行了一种区分，这种区分允许人在自然的连续体中占据一个位置，不仅仅承认人有语言能力，还承认人在语言上的特殊地位。四个层次的顺序从下往上开始看，便是从语言的声音部分，即从语音（psophos）开始的。按照顺序，音调（phônê）是语言交流的第一个层次，它为表达痛感或者快感（《政治学》I 2，1253a10–14）而服务；音调仅仅是情绪性的语言。《论灵魂》（II 8，420b5以下）将之定义为一种被赋予灵魂的本质发出的语音，它借助于某些特定的器官产生，并且与比方说咳嗽发声不同，它承担了以下任务，即指称某物，或者说意指某物（sêmantikos）。依据这一点，甚至动物看起来也有能力发出那种承担了含义的声音；比如说某一种声音“意指”痛感，另一种声音“意指”快感。而《解释篇》似乎又反驳了这个观点，因为在这个文本中意指行为是与一种约定俗成（synthêkê）联系在一起的，而在动物那里没有这种约定俗成。尽管约定俗成的部分并不是在每种承担含义的声音中都生效，但是它在逻各斯中却发挥着作用。在亚里士多德看来，第三个层次，即阐明性的言谈（dialektos），也还不是人所特有的；某些鸟类也拥有这种能力（《动物志》IV 9，536a20–22）。与此相比，只有人类具有最高的层次，即逻各斯。逻各斯的组成要素，即语词，是通过以下标准与那种纯粹情绪化的声音区分开来的，即后者由本性出发具有其含义，而前者是通过达成约定而具有其含义（《解释篇》2和4）。此外，语音要素（元音、辅音）相互联合组成了复杂的语音（音节、语词、句子）（参看《诗学》20）。根据《政治学》的观点（I 2，1253a14–19），语言不仅服务于认识，也服务于实践的和政治–社会的目标，在此之中还服务于道德目标。

以“解释学”或者“解释篇”这样误导性的标题流传下来的著作特别详尽地探讨了语言的问题（参看Weidemann 1994）。在这个文本中，亚里士多德并不是研究关于文本的解说或者解释，而是研究命题或者论题的逻辑结构。以智者学派和柏拉图的语言理论为背景，他首先提出了他的符号学思想。寥寥几行（《解释篇》1，16a3–8）不仅构成了亚里士多德最重要的关于符号理论的段落，也成为“符号学历史上最具影响力的文本”（Kretzmann 1974，3）。语言的表达在这里乃是作为符号（symbola），它由以下四个因素得到规定，即书写、语音、灵魂之事和事物。“表述式的言说”（logos apophantikos：第4章以下）构成了关于真理或谬误的最小单位。通过对表述命题和请求的区分（《解释篇》4，17a3以下），以及在《诗学》19章（1456b8–19）中补充性地对表述命题和命令、报告、威胁等等进行的区分，亚里士多德指出了语言的使用差别，今天人们称这种使用差别为语用学领域或者言说行为；在《诗学》中，亚里士多德还谈及了schêmata tês lexeôs这样的术语，即表达或言说的形式。

按照今天的理解，《解释篇》将对语法的思考与逻辑思考联系在一起。依据怀塔克（Whitaker 1996）的观点，这个文本首先是一篇关于不同形式的矛盾性陈述的文章，其目的是论证辩证式的对话实践（参看4.2章）。在这种情况下，第9章阐释了在模态逻辑中多次讨论过的关于可能的未来命题的问题（“contingentia futura”），这个阐释是通过自此之后很著名的海战的例子展开的：如果一个人宣称“明天将会有一场海战发生”，而另一个对此表示反对，那么是不是两人中的一个必然是正确的呢？换句话说：这种形式的关于未来的命题是不是在当下就有真值？它们现在就已是真或者假了吗？在亚里士多德看来，人们在现在的时间点上看起来只能说，两个命题中的某一个必然是真的，而另一个必然是假的；因为海战或者发生，或者不发生（参看Weidemann 1994，223以下，以及Gaskin 1995，更早之前D.Frede 1970）。

在很多这样的论述中，亚里士多德所说的看上去非常现代化。他对语言的看法决不幼稚。他在语言实体——即语词（onomata）和被语词所指称的事物（pragmata）之间作了一个清晰的区分，并且指责智者学派忽视了这一区分（比如《辩谬篇》1，165a6以下）。但是在各项研究的推进过程中，他并不总是能足够清晰地说明，他所谈的究竟是一个语词的不同含义还是不同的事物。或许在此之中存在一种语言哲学的幼稚性，即亚里士多德认为，一个命题中的两项，主语和谓述，可以通过完全类似的方式受到研究，因此他就不像斯多葛派和后来的弗雷格那样承认这些项联结、命题亦即句子具有语义学上的优先性。

四.伦理学和政治学

我们期待在亚里士多德的伦理学和政治哲学中找到一个我们还不熟悉的世界。关于这两门学科的对象，即道德、法律和政治，我们认为，自古代以来这些对象已经从根本上发生了变化。除此之外，我们也不可忽视那些今天看来已过时了的理论前提，比如自然目的论、宇宙思想和其他“形而上学”的要素。事实上在实践哲学的领域内，与亚里士多德的对话被证明是极有启发性的。

比如说，通过对poiêsis和praxis，亦即生产［创制：Herstellen］和行为［Handeln］的重要区分，他发展出一种人类行为的模式，即追求模式，这种模式后来由于康德等人的意愿伦理学才失去了其重要性，尽管如此，它并没有那么容易被抛弃。与此相似，亚里士多德的政治理论在近代尽管被相对化，但是并未完全失去价值；把人定义为一种政治性存在的命题，以及关于不同的国家形式的命题时至今日仍然值得关注。尽管有时间上的差距，那些关于公正性和友爱、关于意志薄弱和快感的思考直接引发了一种哲学讨论。原因非常简单：其中根本性的问题与时代无关，一般的论据也并非与希腊城邦的特殊性如此紧密地合而为一，仿佛它们先天抵制一种囊括一切文化的、普遍性的讨论。

12 实践哲学

12.1 论伦理学的独立性

我们将“伦理学”理解为一门规范性科学，关于道德行为的哲学，它在奠基性的意义上首先追问道德本原。虽然亚里士多德发展出了这样一门伦理学，但是他并没有就此止步。基本词êthos［习俗］具有三重含义：度过人生的地点，在这个地点上展开的习俗，最后还有思维方式和意义形式、特征。出于第一层含义，亚里士多德也致力于研究社会和政治组织；在广义上，他的伦理学也包括政治学。出于第二层含义，他的伦理学还包含了民俗学的一些特征，即关于ethos（习俗、习惯）的学说，ethos与êthos在词源学上是相近的（参看《尼各马可伦理学》II 1，1103a17以下）。然而亚里士多德研究的并不仅仅是他所处时代的习俗。与一种经验的行为研究或者经验社会学不同，他主要研究的是一般人类行为的基础。按照êthos的第三层含义，他发展出了一门规范伦理学，这门科学所关心的内容远比单单道德本原要多得多。

狭义上的伦理学通过三篇文章得以流传下来。这些文本“在整个希腊时期的文本中都是独一无二的”（施莱尔马赫 1817），关于它们的情况，即“三门伦理学之谜”，时至今日都未被解决（参看Dirlmeier 1983第5版，93页以下）。与《优苔谟伦理学》，特别是《大伦理学》（Magna Moralis；其真实性尚有争议）相比，《尼各马可伦理学》中的阐述往往是最详尽的；除此之外《尼各马可伦理学》的影响也是最大的。鉴于这两个原因，而不是出于对肯尼（Kenny 1978）的命题的拒斥——肯尼认为，《优苔谟伦理学》是内容更为丰富的著作，我们接下来一般所指的都是《尼各马可伦理学》，简称《伦理学》。另外，为什么这部著作被称为“尼各马可”，并没有得到清楚的解释；一般认为，亚里士多德的父亲，或者他的儿子，或者另外某个人的名字是尼各马可尼各马可。

《尼各马可伦理学》作为一部成熟的著作，在很大程度上是基于一种深思熟虑的构思。第一卷迅速地展开了对“人类行动的目标”这个主题的探讨，它将这个目标等同于幸福（eudaimonia）并且展示这个概念的多重开端。从这个概念出发，亚里士多德得出了两种类型的实践能力，即与本性相关的美德以及与知识相关的美德，这二者先后在第二至第六卷中得到阐释。接下来的卷目讨论了“与此紧密相关的”课题：意志薄弱（第七卷 1–11）、快感（第七卷 12–15和第十卷 1–5）以及友爱（第八卷到第九卷）。对理论性生存与道德–政治生存这两种导向幸福的生活形式的阐释构成了此书的高潮和结尾（第十卷 6–9）。（对单个章节更详尽的解释可以参看Rorty 1980年的选集和赫费 1995）。

亚里士多德的《伦理学》通过以下三个要素获得更为具体的面

貌——这三个要素在导言章中已经得到了暗示：通过追求的概念，通过对善的生活的追问以及通过对所谓方法附记的三个规定——我们就是从这三个规定开始的。据此伦理学属于政治学，它提出了一种实践的，甚至生存的要求，其特点是一种双重的特殊知识（《尼各马可伦理学》I 1，1094a7–1095b13；更多的对于方法的思考见于I 2，I 7，I 8–9，II 2和VII 1，1145b2–7）。

通过第一个规定，亚里士多德旨在将伦理学和政治学联系在一起（1094a27–b7等）；但是他并不认为，政治学具有一种超乎寻常的含义——如人们跟随黑格尔所认为的。相反，在《伦理学》中发展出来的都是普遍性的基本概念：幸福、美德、公正和友爱。因此另一个更宽泛的标题可能更合乎事实，这是一个不再带等级化的称谓：关乎人类事务的哲学［hê peri ta anthrôpeia philosophia］（《尼各马可伦理学》X 10，1181b15）。伦理学和政治学并没有某一方可以具有优先性，这二者共同构成了这门“关乎人类事务的哲学”，即一门真正的哲学人类学。在其领域中，伦理学除了阐释普遍的、规范的基本概念之外，还阐释了单个人的行为，并把对组织和宪法的研究留给了政治学。

对一门“不带形而上学的伦理学”（帕齐希［Patzig］）的需求长久以来已经广为人知。如果形而上学涉及的只是普遍的、包含所有单一学科的基本概念，那么伦理学时至今日依然包含了一些“形而上学的”要素。但是如果人们将“形而上学”理解为那种关于一个最高存在者的理论或者那种关于一种彼岸世界的理论，那么一门“不带形而上学的伦理学”计划在亚里士多德那里就已经得到了实践。甚至在与《形而上学》的各种关联中，比如在对柏拉图理论的批判（《尼各马可伦理学》I 4）中以及在理论生活［bios theôrêtikos］中所包含的与神性之物的关联那里（《尼各马可伦理学》X 6–9），那些决定性的论据都具有伦理学的本质。此外，尽管有一种目的论，但它不是与伦理学疏离的自然目的论，而仅仅是一门由行为概念得出的目的论。而且在亚里士多德立足于那种人类所特有的成就之处（I 6，1097b24以下），尽管他相信自己可以得出那种本质命题，但是这些命题包含的是一种极为审慎的“本质主义”，并且是在不带有《形而上学》意义中的形而上学假设的情况下得出的。首要的是，他发展出一种关于最高的善的理论，他明确反对一种形而上学实体的原始类型，即柏拉图的善的理念（参看I 4，特别是1096b 33–35），将至高的善定义为“可实践的善”（to pantôn akrotaton tôn praktôn agathôn：I 2，1095a16以下）以及“对人而言的善”（anthrôpinon agathon：I 1，1094b7）。当托马斯·阿奎那（比如说《神学大全》I–II，问题3，论题4）将追求理论连同《物理学》中的目的论以及《形而上学》中的神性的运动者联系到一个自然追求之构想（desiderium naturale亦即appetitus naturalis），并且从彼岸才期待这种自然追求的完满的幸福（beatitudo perfecta）时，他就是将那些在亚里士多德那里已经得出的命题体系化，整合成一个生硬的形式。

亚里士多德就像丝毫不带形而上学的前提一样，顺其自然地发展出伦理学。毋宁说，反过来的关系正好适合，因为“形而上学是为了什么？”这个问题乃是一个实践的，甚至生存的问题，“形而上学是带有伦理学的”，这是成立的。作为哲学的分科，伦理学和形而上学在很大程度上相互间是独立的；然而对一种献身于纯粹知识、最终投身于自然哲学和形而上学的生活的辩护，却属于伦理学的任务领域。除此之外，伦理学与其他学科之间也存在着联系点。在第一卷的最后一章中，伦理学呈现出了一门理论心理学的基本特征；第六卷致力于研究关于不同知识形式及其完整构成，亦即科学的理论；而《论题篇》（卷III）和《修辞学》（特别是I 4–7，11和II 2–11）也蕴含了丰富的伦理学观点。

12.2 目标叫作实践

伦理学和政治哲学都研究实践，这一点不言而喻；需要加以说明的是，它们在这里应当确立的目标不是知识，而是行动（to telos estin ou gnôsis alla praxis：《尼各马可伦理学》I 1，1095a5以下；相似的还有II 2，1103b26以下和X 10,1179a35–b2）。在一部对英语世界的伦理学影响深远的著作，即《伦理学原理》（G.E.Moore：*Principia Ethica*,1903, § 14）中，摩尔提出了一个相反的命题："伦理学的直接任务是知识，而不是实践"。但是亚里士多德既没有沿着道德告诫的路径，也没有通过政治行动，而仅仅通过概念、论证和规定原则来寻找实践的意向（《尼各马可伦理学》I 2，1095a30以下，参看I 7，1098a33–b8）。实践哲学也不像自泰西穆勒（Teichmüller 1879, § 2）之后人们反复说到的那样，源自实践理性，亦即源自实践智慧，phronnêsis。如果实践哲学并非直接指向行动，而是指向对于行动的认识，那么根据今天的理解，它也属于理论。但是作为一种"实践的理论"，它与"理论的理论”不同，它没有一个自身目的，毋宁说它服务于它者，这个它者恰恰就是实践。

实践的特征是从以下能力开始的，即是否能够抓住那个时代的定位困难和合法化困难所在。然而亚里士多德所看到的三种类型只要稍加修改直到今天仍然具有现实意义。一种道德实践的困难在于，有一种竞争性的生活方式（bioi：I 3），因此人们就不知道，他如何能以最好的方式实现那个目标，在亚里士多德那里，这个目标即是幸福。第二个伦理学的困难在于，在对象、善和公正那里有一种如下的不稳定性和不确定性状态（diaphora kai planê），即一切看上去都只是人类的作品，是习俗（nomos），对它们来说没有那种超越实证的阶段（物理：自然）（I 1，1094b14–16）。第三个科学理论上的困难在于，缺少具有一致性的对象——这种一致性使一种精确的知识成为可能（I 1，1094b16以下）。

为了应付实践的困难，亚里士多德在第一卷中解释了幸福的概念，并且在结尾处指出哪些生活方式是可以满足这个概念的（第十卷6–9）。为了克服第二个困难，虽然没有一一重复那些习俗–自然的反命题，他还是证明了那些超越实证的因素：幸福作为不可放弃的指导目标，理论的和政治的生活作为生活幸福的适宜形式、作为有意识的和自愿的行为、作为道德和知识的美德，另外还有友爱作为其中决定性的要素。

以亚里士多德的客观冷静，他不会只依赖于文字的力量。他甚至明确地排除了以下情形，即道德哲学的洞见可以为年轻人所用（I 1，

1094b27以下；1095a2以下；参看莎士比亚：《特洛伊罗斯和克瑞西达》［*Troilus and Cressida*］II 2，166以下：“亚里士多德认为，不像年轻人/他们不适合听道德哲学”）。因为在青年时代，人们虽然可能成为数学家，但是远远还不是明智的（VI 9，1142a11以下），因为他们缺乏实践经验，尤其缺少那种通过教育和适应所获得的“道德上的成熟”；有了这种“道德上的成熟”，人们就不再盲从当下的激情，而是在理性生活中找到了一种固定状态。因此实践哲学本身并不能实现预期的实践。但是面对上面所提到过的困难，它能够通过自身澄清这些困难，并且在这个澄清过程中发展出一种极为突出的批判性潜力。

亚里士多德并不仅仅局限于一种在当时生活世界之解释学意义上得出的常识伦理学（参看6.2章）。在此仅举一例：面对不同生活形式之间的竞争，他既反对那种多数人的道德，亦即享乐的生活（bios apolaustikos：I 3，1095b17），也反对那种流行的观点，即认为（道德）政治的生活（bios politikos）最终要取决于荣誉（timê：b22–31）。另一方面，他并不像柏拉图那样期待一种深刻而极端的转折。超越了那种肤浅的二元选择，即“纯粹解释学或者极端审查”，亦即“常识或者基础批判”，亚里士多德走了第三条道路，即一门具有专业性的、并且具备批判能力的常识伦理学：他将那些起初还是模糊混乱、部分是肤浅的（关于荣誉）、部分是误导性的（关于享乐生活）但却无论如何已经是正确的观点引向一种深思熟虑的明晰性，由此他如此清晰地为人设置了生活的目标，如此清晰地让我们看到幸福连同幸福的要素和条件，就如同一个神射手一样命中了目标（I 1,1094a22–24）。

在这样一门伦理学中，实践并不只是从自身出发被解释，而是在道德意义上被改善。谁在一种通过习俗获取的、最首要的道德之基础上认识到他行为的原则，那么他的行为就不再仅仅产生于习俗，而是也来自真知灼见和信仰。那种与正确之物的最先仅仅是外在的符合，即自康德以后被称之为合法性的东西，在这里扩展为一种内在的符合——这种符合向道德性开启了自身。

一个误解亟须避免。在今天听来，“实践的知识”只是褒义的；因此人们认为，哲学最终摆脱了其无用性并且赢得了一种实践的价值。但是在亚里士多德看来，在完整意义上具有价值的只有以下之物，即以其自身为目的的东西；在一种功利性的获取中会有一种人性的缺失（参看3.3章）。因为实践哲学直接的目标只是知识，而行动只是其间接的目标，所以它只能接近那种以其自身为目的的认识，即那种真正的理论。一旦人们不是以一种置身于外的观察者、某种程度上可以说不是以第三者的立场，而是以第一人称或者第二人称的立场、作为被涉及者去认识这种理论，那么它就具有了实践方面的意义。在此起决定作用的并非始作俑者，而是广大受众，从这一情况，我们得出了亚里士多德并没有看到的观点：伦理学事实上是否变成实践哲学，这个问题并非只是由哲学家规定。

对一门实践哲学思想之影响的一个评论：这个思想在其核心处所包含的既不是一个精确的研究项目，也不是一种特定的方法，而仅仅是一种研究意向。这一点直至近代、甚至当代都是如此。从康德到尼采的哲学道德批判，从批判理论到罗尔斯，道德哲学家们寻求的是一种对以实践为目的的关于实践的解释，并且在这个意义上，他们都是亚里士多德主义者——无论他们自己是否愿意。而那些处于这个阵营之外的哲学家们则必须要忍受以下这个问题的拷问，即他们是不是在进行一种知识的玻璃球游戏。

12.3 纲领性的知识

由于第三条，即科学理论上的困难，亚里士多德提出了一种特殊的知识形式（《尼各马可伦理学》I 1，1094b11–27；参看I 7和II 2）。人们离不开一种像数学的演绎证明那样具备统一标准的科学性，并且认为伦理学和政治哲学不具备科学性（甚至罗蒂也这样认为 1980，2）。然而亚里士多德在没有取消证明科学之理念的情况下，对其科学理论的灵活性仍然笃信不疑。通过相应的手工业者的例子——具体地说，就是铁匠可以容忍的不精确程度，在金匠那里是无法容忍的，亚里士多德发展出了一种条理分明、严谨精确的原则，以合乎对象的精确性（《尼各马可伦理学》I 1，1094b12以下；参看赫费 2008第三版，第二部分）。

由于伦理学的对象在两个方面缺乏永恒性，所以这个原则就有两个根本上不同的后果。因为像勇气、财富这样的东西有助于人的幸福，所以就幸福而言不仅只有主观的建言——就像康德所相信的那样，而是也有客观的命题。但是由于这些已提到过的东西并不总是有利于幸福，比如富有可能会滋生妒嫉或者引来偷盗，而勇气可能会令自身处于险境，因此伦理学一方面满足于那种大多数时候准确、但并非始终准确的命题（hôs epi to poly：《尼各马可伦理学》I 1，1094b21；III 5，1112b8以下；V 14，1137b15以下；参看《后分析篇》I 30，87b20；《物理学》II 4以及《修辞学》I 13，1374a31）。另一方面，在具体的使用中，它要求一种既敏锐又具有创造性的反思能力、一种反复权衡（boulê：《尼各马可伦理学》III 5）。

这种能力指出了第二种非永恒性，即具体行为对于不同情形以及不同社会形式的依赖性。为了由此产生的任务，即要将超实证的（“自然的”）义务性与不同的具体情况联系在一起，亚里士多德提出了一种概括知识或者说纲领性［typô］知识的概念。这个词在两种情形中被使用。在相对性的理解中，它指称了一种暂时性的命题，这种命题接下来或许在别的地方会进一步得到解释（比如说《尼各马可伦理学》V 1，1129a6–11；还有《论题篇》I 1，101a18–24；《形而上学》VII 3，1029a7以下；《动物志》I 6，491a8）。而另一方面，在《伦理学》方法附录中所指的那种“绝对的”理解中，它则意味着一种最终的、然而却不完整的信息。在这个意义上，我们使用纲领性的［typô］这个词，比如说在《伦理学》I 11，1101a24–28或者III 5，1113a12–14中。

合乎对象之精确性的原则在第一种情形中导致了一种伦理学所特有的作用范围；伦理学的命题大多数时候是有效，但并非始终有效。在第二种情形中，它意味着一种合乎实事的具体性。大纲式的命题与客观的或者主观的或然性并没有关系，毋宁说它要求的是真知识（talêthes：I 1，1094b20）。但是这种命题开启了具体的行为，尽管事实上它所涉及的是实事（比如幸福、美德等）的本质。由于过多的细节（I 11，1101a26），主要内容会被次要内容所湮没（I 7，1098a32以下），为了防止这种情形，亚里士多德并没有对正确的行为进行完整的描述，而只提供一种（规范的）结构网格的形式。首先，这种结构网格指出了保持同一的本质；其次，它观察到，具体的实在化过程就属于实事的本质；第三，它有意使这种所属物保持开放（参见X 10，1179a34）。它取决于各自不同的情形，取决于不同的能力和辅助手段，也取决于社会习俗的差异。而处于开放状态的并非规范性的一面，即对合乎美德之行为及其概念规定的要求在任何地方都有效，而是部分个体的、部分社会的情形交织的过程。

一门自豪地提出“实践哲学”之要求的伦理学，是以自我批判的方式在一种多重的谦逊克制中被展开的。只有当人们精熟于道德生活时，伦理学才实现了其实践目标——在这种认识中，伦理学满足于一种次级的和附属的使用。甚至在这里，伦理学一方面将自身限定于“多数时候有效的命题”，另一方面则限定于一种关于规范性的结构网格的知识，限定于一种纲领性的知识。

13 行为理论

依据其规范性的引导概念eudaimonia，即幸福，人们将亚里士多德的伦理学归于自康德之后就已不复存在的幸福论［Eudämonismus］。然而最近却出现了这样的尝试，即尝试恢复亚里士多德与康德的对立关系，对这种关系的陈述有一部分是以判断力之名，有一部分是以共同体的习惯之名，还有一部分是作为针对启蒙的怀疑以及一般意义上作为关于善的生活的学说——这种学说与康德的正义理论大相径庭。但是康德也谈到过判断力和善的生活；而正义性在亚里士多德那里也至关重要，虽然我们在他那里是找不到对于纯粹普遍性的辩护的；而关于后来被称为“启蒙”的思潮的基本思想，在他那里是不言自明的。一种“伦理学上的再度亚里士多德化”所探寻的并不仅仅是一种非原初的重点推延，而且它必须被深化。在这里关于（道德上）善的概念始终是不充分。因为亚里士多德与康德一样，将之定义为无限的善，不过却将它与一种完全不同的行为理论联系在一起，由此才得出了相差甚远的道德原则。亚里士多德提出了幸福的原则，因为他是从欲求的概念出发的，而康德提出了自我立法（自律）的原则，因为他是从意志的概念出发的。（关于亚里士多德和康德关系可参见赫费 1995，277–304。）

13.1 基本概念：追求

亚里士多德得出行为理论的基本概念是以观察为基础的（《尼各马可伦理学》I 1，1094a1–3；参见I 2，1095a14以下）。那些典型的人类行为都欲求一个目标，这个目标人们在积极的意义上认之为善（agathon）。这种关联，即很容易被道德哲学家们忽视的、规范性的基本概念“善”与行为理论的基本概念之间的联系，在此就是把“善”联系到一种目标确定的行动，亦即欲求（orexis）上，可以回溯到尤多克索斯［Eudoxos von Knidos］那里（参见X 2，1172b9以下）。

而欲求所指的是生物的一般运动形式（参见《论灵魂》III 9–11；《论动物的运动》6–7）。亚里士多德以其特有的方式定义了人，他没有通过单纯的特性去定义，而是首先通过欲求把人放置在自然的连续体中，然后通过逻各斯（理性）把人放到一个明确的特殊位置上（也可参见《论天》II 12，292b1以下）。但是欲求并非必然由理性规定，它也可以只由感知规定（ê logistikê ê aisthêtikê：《论灵魂》III 10，433b27–29）。因此欲求和善就有两种不同的形式（参见《尼各马可伦理学》I 1，1095a7–11；III 6，1113a16；也可参看《论灵魂》III 10，433a28以下；《修辞学》I 10，1369b22以下）。当感知起决定作用的时候，人就生活于激情（kata pathos）之中，他欲求那种只是表面上看起来的善（phainomenon agathon），并且是以“被奴役的方式”（andrapodôdeis：I 3，1095b19以下）生活，也就是受欲望（epithymia）和冲动（thymos）支配。相反，当人遵从理性（Kata logon）的时候，那么他就欲求一种无限的善、一种质朴的（并且同时是真正的）善（tagathon；参见《修辞学》I 10，1369a2–4）。在这里其他的驱动力并没有被中止，但是受到了引导；对行动的渴求和力量一直保持着优先的位置（参见《大伦理学》II 7，1206b17以下）。与康德一样，亚里士多德也认识到一种奠基性的选择。但是与康德对义务和爱好所作的二分法不同，亚里士多德对理性和激情所作的二分法与那种关于纯粹的、只以自身为目的的实践理性思想格格不入。

对理性的欲求，亚里士多德做了一个区分，关于这个区分虽然只有很简短的说明，但是它却开辟了一个时代（《尼各马可伦理学》I 1，1094a3以下；VI 4，1140a1–5，指向那些流行的文字；VI 5,1140b6以下；也可参见《政治学》4，1254a1–8）。对于技术意义上的欲求，即对于创制［/生产］或者做（poiêsis）而言，重要的并不是行动的发生过程，而是最终的结果。经院哲学明确地提到一种超越的行动［actio transcedens］，这种行动超越自身指向一个独立的目标。相反，对于狭义上的行动，即对于实践［praxis］或者内在行动［actio immanens］，并没有一个未在行动的发生过程中就已得到实现的目标。在这点上，并非所有的例子都是关乎道德本性的。就如在《形而上学》IX 6（1048b23以下）中所说的，正在看的人其实已经看到了（对于听觉和一般感知参见《论感知》6，446b2以下）；正在考虑的人，已经考虑了；正在思想的人，已经思想了。在这里，以及在那些勇敢的、审慎的或者正义的行动中，行动的目标与过程是重合的。因此这些行动的质性是无法通过结果去衡量的；善的行动（eupraxia）自身就是目的（《尼各马可伦理学》VI 5，1140b7）。

在亚里士多德阐明其伦理学的方式中，如下的命题得以表达：创制的不同形式对人来说是不可或缺的，但是作为整体的生活并非被理解为创制，而只是被理解为一种行动。在这里最终起决定作用的并不是那个孤立的作品，而是那个纯粹的发生过程、质朴的生活（zên），另外也就是那个成功的过程，它被称为eudaimonia，幸福。这种差异，这种从质朴的生活上升到善的生活（eu zên）的过程也是人类所特有的。

关于行动理论的许多课题，我们都要感谢亚里士多德决定性的分析工作。但是这里还缺少一个最基本的人类活动的概念，亦即劳动的概念。尤其是当亚里士多德将与经济学相关的研究作为政治哲学中相对独立的部分来处理的时候（《政治学》I 3–11），这种缺失就显得尤为惊人。尽管我们在他那里已经找到了构成劳动概念的基石，比如创制（poiêsis）的因素和操劳（ponein：《政治学》VIII 3，1337b38–40）的因素，但是这些因素并没有被结合在一起，改造自然的因素并没有扩展到以满足需求为目的。我们对于这种缺失的解释是：在古代一般而言，在亚里士多德的休闲社会中只有那种非经济类的活动，包括科学和政治、戏剧、游戏、体育和艺术，而那些典型的“劳动职业”，如工匠和短工，甚至不具备德性（《政治学》III 5，1278a20以下）。

13.2 决断与判断力

Prohairesis，亦即决断［Entscheidung］。一个人看到了不同的行动可能性，斟酌衡量了这些可能性并且从中选取一个作为自己的行动方式，他就从这个选择或者决断出发去展开行动。由此亚里士多德使用了决断［prohairesis］这个术语，并且以一种准词源学的方式将之解释为pro heterôn haireton：某物“优先于它者被拣选”（《尼各马可伦理学》III 4，1112a17）。通过决断，产生出一种历史的现实性，由于这种现实性可以被归于某个个体或者某个群体，因此它就应受到赞扬、指责或者宽恕。相反，为了能够判断行动者的性质，人们必须关注他的决断，而不仅仅看他外在的行动（III 4，1111b5以下；参见《修辞学》I 13，1374a11以下和b14）。亚里士多德以一种典型的彻底性进行了相应的研究（《尼各马可伦理学》III 1–7，特别是4–7；《优苔谟伦理学》II 6–11；也可参见《尼各马可伦理学》VI 2，1139a17–b13；《修辞学》I 10），黑格尔称赞这个研究是“迄今为之最杰出的”（《哲学史演讲录》，收于：全集19，221；二手文献参看Loening 1903，Sorabji 1980，第14–18章以及Meyer 1993）。

决断被定义为“一种由思考确定的欲求”（bouleutikê orexis：《尼各马可伦理学》III 5，1113a10以下；参见《论动物的运动》6，700b23）。根据这个定义，两个环节——一个意志的环节、一个认知的环节，相互交织在一起（《尼各马可伦理学》III 4–7以及VI 2）。这种双重特性是为什么决断与自主性并不重合的原因之一；孩童和动物自主地发生行为，但是其行为并非出自决断（III 4，1111b6–9）。决断与一系列近似的现象也有差距（III 4，1111b10以下），比如与欲望（epithymia）和愤怒（thymos）就不同，因为这二者都应被归于无理性之物，而且与希望（boulêsis）不同，因为希望可以指向某种不可达到之物，比如长生不老，或者指向某种只有借用外力才能达到的东西。除此之外，这三个现象还缺少判断的因素。另一方面，决断并非意见（doxa），因为意见所指的乃是真或者假，而非好或者坏；此外意见也缺少渴求的环节——纯粹的思想并不引起运动（VI 2，1139a35以下）。

按照其中一个环节，即意志环节（III 1–3，还有V 10，1135a15–1136a9），那种基于决断所进行的事并非出于胁迫（bia）或者无知（di’agnoian），而是出自自愿并且是在知情的情况下发生。人们自愿（hekôn）亦即自主（hekousion）地行动。而与此相反，如果有人没有认识到他行动中的所有细节，那么他的行动就不是自主的；举个例子，俄狄浦斯自主地杀死了一个人，但是却不自主地杀死了他父亲。因为运动的起源位于行动者自身之中（《尼各马可伦理学》III 1，1110a15–17；III 3，1111a22以下），所以亚里士多德明确地谈及了责任［aitiasthai］（III 1，1110b13）。当事人就是在始作俑者的中立意义上的承担罪责者，因此可以被追究承担责任，包括民事责任和刑事罪责。在亚里士多德的例子中还包括了他的时代的刑事案例，比如针对埃斯库罗斯的那些指控，说他在一出悲剧中背叛了厄琉息斯秘仪[1]，以及关于误杀的一些不同的案例（1111a9–11）。

这种刑法上的背景加上日常讨论中极为细致的区分，解释了为什么那些更具体的问题需要在一种近乎诡辩的精确性中被研究。关于那种处于醉酒或者愤怒状态中的行动，亚里士多德说道，这些行动并非由于无知（di' agnoian）而实施，而是在无知中（agnoôn：III 2，1110b25–27）实施。尽管如此，这些行动还是会被追究责任，无法被原谅，因为当事人本可以自己控制不喝醉（III 7，1113b32以下）。在自主的［Freiwilligen］（hekôn）行动和不自主的［Unfreiwilligen］（akôn）行动之后，《伦理学》提出了第三种行动的模式，即非自主的［Nichtfreiwillige］（ouch hekôn：1110b18–24）行动，并且以此指称那些人们虽然是由于无知而实施、但是事后并不感到后悔的行为，在这里存在一种本性上美德的缺失（关于Kenny对亚里士多德的批评见：1979，169）。那些人们从自身本意出发拒绝，但由于特殊的状况，在某种程度上将之作为可容忍的副作用选择实施的行动被称为是“混合的，但是更类似于自主的行动”。比如说，人们为了从一个暴君手中救出自己的父母或者孩子而做一些不正义的事情，或者一位船员在风暴中为了自救抛弃一些值钱的东西（III 1，1110a4以下）。

按照另外一个认知的阶段，决断还包括一种理性的特殊形式，即

---

1 厄琉息斯秘仪，Eleusinische Mysterien，希腊文写作Ἐλευσίνια Μυστήρια，这是古希腊祭奠的两种核心仪式之一（另一种仪式是奥林匹亚竞技大会），Eleusis是举行仪式的地名，这是一个坐落于雅典西北30英里的一个小镇。——译注

一种思虑和规划，形成判断的思考（bouleusis；参见《修辞学》I 4，1359a30–b1）。这种形式可以与一种既富创造性又按照特定方法展开的活动相比较，例如构造一个几何图形（《尼各马可伦理学》III 5，1112b20以下）。思考某事就意味着，朝向一个预先已给出的目标构造一个行动——这个行动是可以实现的，并且对于这个行动人们"笃定不移地知道，它是善的"（III 4，1112a7以下）。因此人们思考的并不是目标，而是通向这个目标（或者这些目标：III 5，1112b12）的手段或者道路（ta pros to telos：III 4，1111b27）。然而，在居间目标的领域，一次思考的目标可能是另一次思考的手段。只有最终的目标人们才不再思考。亚里士多德举例说：一个医生知道，他应当治愈疾病，一个演说家知道，他应当说服他人，而一个政治家知道，他应当建立一种好的国家秩序（b13以下）。当任务通过职业、角色或者职位已经预先被给出时，关于最终目标的思考其实已经不会被要求。但是任何时候人们都有可能会错误地使用他们的职权或者职位。

只有当思考尝试过多条道路时，它才能找到最快且最好的那条道路（III 5，1112b16以下）。在很多情形中，目标都无法直接实现，而是要经过很长的行动链条才能达到。从目标出发从后往前看，思考总是伴随着这种行动链条，一直到起源，即行动者那里——这种回溯的方式也符合几何学的构造过程。一个主要的部分位于一种形势分析之中——亚里士多德将这种分析称为最重要的观点，并且无视这种分析的后果就是一种（视情况而定，可能是部分的）不自主性（III 2，1111a2–6）。需要思考的是以下几点：（1）谁在行动，（2）他做了什么行动，以及（3）行动指向的是谁（对象或者人），还有（4）他通过什么来行动，（5）行动的目的，以及（6）如何行动，亦即安静地还是激烈地行动。《伦理学》在其他地方还补充性地提出了：（7）什么时候（II 2，1104b26），（8）多少：在多大程度上（II 9，1109a28），（9）持续多久（II 9，1109b15）以及（10）在什么地方（IV 2，1120b4）。

由于决断的理性方面，即思考，并不包括最终目标，因此看上去亚里士多德是将责任限定在工具的领域之内。但是在谈到一种奠基性的生活阶段，即快感的生活时，他也提到了一种自我决断（prohaireisthai：I 3，1095b20；参见《形而上学》IV 2，1004b24以下）。虽然他只是顺便提到这一点，但是在某种意义上他在这里预见到了克尔凯郭尔的存在主义伦理学，即预见到了在众多基本人生形式中做出一个抉择的要求。另一方面，他为这种人生方向的抉择提供了标准——这些标准遵循着"幸福"的目标［telos］（参见《尼各马可伦理学》I 3和X 6–9），这在克尔凯郭尔那里是不可能的。因此决断［prohairesis］最终指向的是一个实用的、正好致力于幸福的抉择。

责任也反对工具性的理解；为了一个目标，人们在一种前决断的形式中承担这个责任——这种前决断并非与生俱来，而是处于我们的能力范围之中（III 7，1113b6以下；参见III 8，1114b32以下）。这里就有一种作为决断的第三个环节出现的预先规定；它存在于本性的美德之中，这种美德引导行动者迈向正确的目标。

总的来说，亚里士多德认识到了抉择与责任的三个领域，简单地说就是：（1）对奠基性生活形式的抉择，更详细地说：（2）包含在本性美德中的对目标的责任，以及最重要的，（3）一个明确的决断。在决断中，三个要素共同发挥作用；一种前决断性，即一种道德上的美德，与思考联系在一起，并且与那种对适合形势的工具的自主利用联系在一起。由于这种基本结构时至今日看上去仍然有效，因此在近代占据支配地位的理论类型，即决断论的理论和关于决断的理性主义理论，都包含了一种不无问题的简化。按照决断论的理论，尤其是在做根本性决断的时候，并没有充分的理由支持众多可选择的行动可能性中的某一个；决断处于一种任意专横中，它具有一种纯粹的意志特性。与这种对决断的去理性化趋势相反，按照亚里士多德的观点，人们虽然无法用科学的方法对决断进行精密计算，但是决断应具有一种特殊的理性形式，即思考（boulê，参见《尼各马可伦理学》III 5）。这种理性形式所承担的不仅仅是那种理性主义的决断理论所要求的任务，即面对预先给予的行为可能性实现效用最大化，亦即效用期待的最大化。虽然这种任务的增加无法解决科学的精确性——就像最大化任务有时会导致的那样，但是它提高了决断的总体理性。简而言之：作为带有理性能力的本性因素与自主性之意志因素的共同作用，决断既不是一种纯粹的任意性，也不是一种纯粹的理性任务。

Phronêsis，亦即明智/聪明［实践智慧：Klugheit］。如果一个人想要信赖决断中的理性部分，那他就必须将这个部分发展成一种能力和决心，发展成一种具有引导行动的力量的知识美德（praktikê：VI 8，1141b21等）。亚里士多德称之为phronêsis，最好翻译成“聪明/明智”［Klugheit］，而不是译成“道德洞见”（Jaeger，Dirlmeier；

“moral insight”：Engberg–Pedersen）。因为有的动物也很聪明，它们具有一种预先操心的能力（VI 7，1141a27以下），它们或者搜集储存，就像蚂蚁和蜜蜂那样（《动物志》I；参见《形而上学》I 1，980b22），或者在风暴来临的时候采取预防措施，就像鹤那样（《动物志》IX 10，614b18以下）。“明智/聪明”是在第六卷（VI 5和8–13）的范围内研究的，这一卷阐释了五种知识的美德：技艺（technê）、科学（epistêmê）、明智、智慧（Weisheit：sophia）、精神、亦即智性（noûs）。亚里士多德再次证明了他的策略才智［Esprit de finesse］，他那种进行细致入微的区分的高超技艺。

关于聪明，他承认，有一种“不择手段的聪明”，比如蛇的聪明或者狐狸的狡猾，它甚至具有两种形式：作为漠视道德的、纯粹工具化的判断力——他称之为deinotês，机灵［Scharfsinn］，以及作为一种具有不道德倾向的判断力——他称之为panourgia，狡猾或者诡计多端（VI 13，1144a23–27）。这种作为实践智慧的聪明还要以当事人的善和有用为目的，但是通过与道德前提的联系而有别于那种纯粹受兴趣指引的机灵。亚里士多德强调说，人如果同时不是善的——在这里善是有美德的意思，那他就不聪明（VI 13，1144a36以下，以及a8以下和a30）。

作为狡猾和纯朴（euêtheia：《优苔谟伦理学》II 3，1221a12；《尼各马可伦理学》VI 5，1140a24以下）的中间状态，聪明尽管只被定位为手段或者方式，但是并不直接指向任意的目标，特别是不指向一种理所当然的局部目标，如健康。对“明智/聪明”的定义从一开始就指向在单数中并且带有定冠词的（pros to telos）的目标，这个目标存在于整体上的生活福祉（eu zên holôs）之中，存在于成功的人生之中（VI 13，1145a6以及VI 5，1140a27以下）。本性的美德所涉及的乃是对eu，亦即幸福的基本指向，而知识的美德，亦即聪明乃是在这种基本指向的前提下关心其中合乎形势的具体化过程。聪明的人就善于进行一种思考，这种思考以幸福这个主导目标为己任。在这里至关重要的，有一部分是个人的收益，有一部分是家庭共同体、立法或者治国技能中咨询和司法的收益（VI 8，1141b29–33）。

一个精确的概念需要排除一些误解。比如说人们相信，聪明所针对的不应该只是那种与道德有关的思考，而应该是整个道德哲学。但是实践智慧［phronêsis］的理论（以及其他所有伦理学对象的理论）与实践智慧的实施过程是不同的。在理论中明智仅仅是被分析，而在实施过程中明智则被实践；在实施过程中所涉及的是对个别形势的把握，而在理论中则是针对那种所有个别形势共同的东西，针对某种普遍之物。此外，并没有一种工具理性，但是有一种实用的或者幸福论的理性，即以幸福为己任的理性。最后，与理解（synesis）和良好理解（eusynesia）不同，明智不仅仅做出判断，而且也要求实施判断，在这个意义上，聪明具有一种实践的而非理论的性质。它告诉人们，人们应该做什么以及不应该做什么（VI 11，1143a8以下），这样它就具有一种规定行动的权力。然而它并不能证明它能够限制某些力量和激情——正是这些力量和激情蒙蔽了对正确目标的洞察。正是因此，它就要依赖于与本性美德的合作。这里可以举一个例子：在勇敢的行为中，美德所关心的是，一个人遇到危险既不胆怯也不贸然，而是无畏地面对，而通过聪明，人们来考虑进一步的行动。因此，并没有一种先天的道德判断力，也没有一种无视道德的判断力。实践智慧并不比一种道德–实践的判断力更丰富，但是也不比它更贫乏；康德才致力于研究一种先天的道德判断力（参见：赫费 1990）。

13.3意志薄弱

在《伦理学》的开头，选择简单而直接："按照激情"或者"按照理性"。而在对akrasia，亦即对意志薄弱或者情感冲动的研究中，情况看上去要复杂得多；亚里士多德将那种在关于聪明的问题上未给予的复杂化留给了一篇相对独立的文章（《尼各马可伦理学》VII 1–11）。这篇文章属于《伦理学》中构思最好的部分之一，但也是最难的部分之一。

如果人们注意一下在这个部分中被一并讨论的现象，就会发现实践理性的能力与受阻无能这个主题——对于这个主题，导言已经有过提示（I 1，1095a7–11）。在受阻无能的方面，除了意志薄弱之外我们还可以找到道德上的懦弱（malakia）和放纵（akolasia），在实践理性的能力方面我们还能找到自我控制（enkrateia）和忍耐力（karteria），以及审慎周全（sôphrosynê，这一点连同"放纵"在III 13–15中已经得到阐释）。因此总共有六种可能性。

人们或许可以在以下这点上批评亚里士多德（如Davidson

1980），即他没有将意志薄弱看作一个先于道德之事的行动理论中的问题。但是《伦理学》在这里与在其他地方一样，关心的不是一种道德上中立的行动理论。亚里士多德只有在面对那种道德上善的习惯时，才研究意志薄弱，因此这个研究所关涉的是一种道德病理学的特殊形式，是道德的弱点。其他两种形式是kakia：道德败坏或者品行不端，以及thêriotês：野蛮残暴（VII 1，1145a16以下）。

亚里士多德沿着三个问题发展了他的观点：一个无法自制的人是不是对自己的行为有所知（VII 5）？他是否涉及了快感和不快的所有类型（VII 6–7）？以及最后：实践理性的能力与受阻无能的不同形式相互之间的关系如何（VII 8–11）？关于第一个在体系上最重要的问题，最具决定性的对话者是苏格拉底，他“总的来说反对不能自制这一概念，并且解释道，根本不存在这样的状态；因为没有人会违逆他所具有的更好的知识，而仅仅从无知出发去行动”（VII 3，1145b25–27）。苏格拉底的立场通过其格言“美德即知识”而众所周知。亚里士多德尽管承认意志薄弱的现象，但是却将之解释为知识上的一种特殊的匮乏（VII 3，1145b23），在这个意义上他与苏格拉底的立场一致。但丁，一位伟大的亚里士多德崇拜者，在《神曲》中将意志薄弱理解为某种恶——暴饮暴食、贪婪和恼怒，也就是一种惯常的错误行为（第5首，V.56以下：“她如此地陷于放纵快感，/以至于欲望成了她的法律”）。但是亚里士多德所指的仅仅是一种偶然的道德败坏。他称之为意志薄弱的不是那种遵循道德败坏的习惯的人，而是那些由于恼怒、欲望或者快感而疏离了善的习惯的人。而如果造成这种情形的原因是疼痛，那么这里就存在着软弱（VII 8，1150a9–16）。

依据这个本质上的规定，那种未做决断或者反对某个决断而行动的人，就是意志薄弱的（III 4，1111b13以下；VII 9，1151a7）。因为决断具有三个环节（参看13.2章），因此相应地，虽然亚里士多德在这里没有这么说，就有三种定义意志薄弱的可能性：意志薄弱或者缺少道德上的预先规定，或者缺少理性思考，或者缺少自主性。具有决定性的第5章处理了与行动相关的所谓的实践三段论［praktische Syllogismen］，并且由此将意志薄弱作为一种关于知识的问题来讨论。尽管“实践三段论”这个表达只是在其他地方出现过（VI 13，1144a31以下），但是在这里亚里士多德运用了一个三段论所含的要素：前提（VII 5，1147a1和b9）和结论（a27），以及那种指导行动的说明（b10）。对于实践三段论进行的解说是否有价值，这点尚有争论。在关于意志薄弱的文章中，实践三段论服务于行动理论，而不是行动本身。亚里士多德并不想以数学的方式去推断那些（道德的）决断和行为，但是他想要理解非道德之物的结构，并且间接地也理解道德行动的结构。为了这个目的，关于知识他提出了三个概念上的区别并且补充了一种“自然科学式的”思考（physikôs）。这四个要素可以提供四种独立的解决方法（参看Robinson，载于：赫费 1995，188）；然而它们如果被看作四块基石，其共同作用才给出亚里士多德的解决方法，那就更加令人信服。

在第一个区别的背景下，亦即对一种知识的使用和不使用（theôrounta/mê theôrounta）之别，有一对概念：潜能和行动。通过这对概念的帮助，人们可以在意志薄弱中看到一种知识上的欠缺，而无须将一种过于贫乏的知识强加给意志薄弱者。事实上他“具有”足够的知识，只是这种“具有”是一种僵死的占有。根据第二个区别（VII 3，1146a35以下），在两个前提中，大前提所指称的是普遍之物，而小前提所指称的是个别之物。倘若道德上的美德对一种普遍性的指向负有责任，而聪明对一种个体的具体化过程负有责任，那么实践三段论就附带指明了上文提到过的行动结构，亦即本性能力与理智能力的相互作用。除此之外，有两种道德病理学的类型变得清晰可见；谁若是缺乏那种关于普遍之物的“知识”，他就是道德败坏的；谁若是缺乏那种关于个别情形的知识，他就是不聪明的，即愚蠢的。但是在不能自制的状态中还有第三种病理学；它只有在与第一种区分的关联中才变得清楚。按照这种类型，人们尽管“拥有”了关于两个前提的知识，但行为仍可能与之背离（para tên epistêmên：VII 5，1147a2），因为在个别情形的前提中人们并没有将知识付诸实践（chrômenon...mê：a2以下；ouk energei：a7）。

第三种区分有助于详细阐明这种未付诸实践之事：人们像一个“正常的”、清醒的人那样占据知识，或者像一个沉睡中的、发疯的或者喝醉了的人那样据有知识。在后一种情形中，人们甚至可以背诵那些艰涩的东西，比如恩培多克勒的证明和名言（a19以下；参看b12）。而就像舞台上的演员一样，人们很快就适应了一个陌生的角色；他们不会为了自身说话，而纯粹成了他人思想的喉舌。根据第四种现在看来不再是概念分析的，而是“自然科学”的思考，有两个相互竞争的大前提，比如“严禁品尝甜的东西”和“甜的东西令人愉悦”，在这里出于一种实在的欲望，第二个（趋向甜的东西的）前提得到了实施。

因为对欲望的克服，以及对愤怒的克服在两种方式下是可能的，所以关于意志薄弱的一个精确的概念还需要更进一步的区分。这种区分不再与实践的三段论有关联（VII 9，1150b29–36）：一个人若是按照习惯且毫不后悔地遵循错误的大前提，那么他就会承受一种长期的且无法治愈的道德败坏和放纵（akolasia）的痛苦。相反，一个人若是还有能力去后悔并且由此在原则上承认正确的大前提，但是却不能付诸现实的行动，那么他所承受的就只是一种间歇性的和可治愈的道德败坏以及意志薄弱的痛苦。这第五个要素解释了，为什么只有人才会意志薄弱。因为这并不仅仅取决于个别情形的小前提，而且也取决于正确的普遍性的大前提，但是动物是无法认识普遍之物的，因此从根本上看动物是不会意志薄弱的（VII 5，1147b3–5）。

借助于这五个要素，我们现在可以对以下含义进行更精确的阐释——在这个含义中，意志薄弱者“未做决断或者与决断相悖地行动”：只要意志薄弱者与一个醉汉相似，他在决断的第一个、也就是意志的阶段是自主的——因为他知道，他正在做什么以及是为了什么（VII 11，1152a15以下），但是却处于无知者的有限形式之中。关于第二个要素、即思考，有两种可能性：“意志薄弱有一部分是轻率，有一部分是孱弱。有人虽然思考了一样东西，但是在激情之后却没有坚持这种思考；其他一些人则缺少思考，完全受激情指使”（VII 8，1150b19–22）。最后，一个人与放纵者不同，他虽然能够支配一种道德上的预先规定，但是这种规定在他身上还不够深刻牢固（VII 5，1147a22），那么他从本性上的预先规定来说是意志薄弱的，。

我们重新再审视在开头部分提到过的复杂化过程：按照关于意志薄弱的文章，人们总共可以具有六种与欲望的关系。如果人们把它们直接排列到一起，那么意志薄弱的概念就会变得非常明确：当一个深思熟虑的人（sôphrôn）具有一个和谐的灵魂时——这个和谐的灵魂与暴躁的、尤其与不良的欲望毫无关系（VII 3，1146a11以下），而一个放纵者（akolastos）根本上会沉溺于其“和谐的”不良欲望。虽然一个自我控制者和一个经过磨炼的人既拥有好的欲望，也有坏的欲望，就此而言拥有一种分裂的灵魂，但是自我控制者（enkratês）根本上比那种不良的欲望要强大，而经过磨炼的人（karterikos）完全能够经受由欲望所产生的痛苦。相反，软弱者（malakos）逃避了这种痛苦；意志薄弱者（akratês）则会被这种欲望所战胜；在理性与欲望之争中，欲望总是一次次地胜出，即便它所获得的不是根本上的胜利。放纵者整个是道德败坏的，而意志薄弱者只是“一半败坏”（hêmiponêros：VII 11，1152a17）。总的来看有一个明确的序列：在善的顶峰是（1）深思熟虑；接下来在善的程度递减的意义上依次有（2）自我控制；（3）磨炼；（4）软弱和（5）意志薄弱；更坏的一种是（6）放纵；而最坏的一种是（7）动物性的野蛮。

13.4 亚里士多德知道意志的概念吗?

在哲学史家那里以下这个问题尚有争论：对近代极为重要的意志概念是否是在基督教思想中，亦即在奥古斯丁那里才第一次被提出来？或者说，这个概念是否已经出现在亚里士多德那里？我们相信，按照亚里士多德的观点善的生活只取决于两种因素：对善的追求和对相应手段的思考；因而对这个争论的问题给出一个否定的答案的有高特希尔和约里夫（Gauthier/Jolif 1970第2版，II 218）、蒂勒（Dihle 1985）、麦金太尔（MacIntyre：《道德研究中的三种竞争性类型》 1990，111）和霍恩（Horn 1996）以及之前已经谈到但只是一般性地涉及古代亦即希腊时期的休谟（《道德原则研究》，附录五）和克尔凯郭尔（《致死的疾病》第2段，第2章）。然而，肯定的答案具有更为古老的历史，且流传更广泛。支持这一肯定答案的最早已有古希腊注疏家亚斯巴修（Aspasius XIX，27–32），后来还托马斯·阿奎那——他将亚里士多德的希望［boulêsis］表述为“志愿的”［voluntas］（《神学大全》I q.80 a.2；《论真理》q.22 a.3–4）。黑格尔也认为，亚里士多德应该知道意志的概念，肯尼（Kenny 1979）和埃尔文（Irwin 1992）也持这个观点。

按照前文的解释，这个处于争议中的问题无法通过一个明确的是或者否来进行回答。尽管行动理论的基本概念已经提供了一个很清晰的否定答案；因为追求在于达到一个预先给予的目标，这个目标最终就是幸福，而从意志出发所考虑的目标并不是预先被给予的，而是选择出来的。那种对目标有意识的承认——包括知道善却仍然作恶这种可能性，在本质上属于意志。此外，这个概念还要求“在我们的力量范围之内征集所有的手段”（康德：《道德形而上学原理》，科学院版全集第四卷，394）。尽管欲求理论的思想明显与意志理论的构想相矛盾，但是亚里士多德借助一些可以将人类的欲求与前人类的欲求区分开来的特征，将某些意志的要素置入到他的理论之中。置入这些要素是必要的，因为总有一些与幸福背道而驰的驱动力，并且对受理性决定的生活还是受激情决定的生活之选择就是由此展开的。

人类欲求的第一个特征，亦即自主性，只是指出了一个意志的先决条件；它还没有触及意志本身的层面。行动可以由当事人负责，这一点在孩子和动物那里就已是如此；除此之外，还有一些非理性的驱动力也在发挥作用，比如欲望和愤怒，它们将一种理性驱动力所含的意志排除在外。在一个更进一步的、现在是人类所特有的特征，即希望［boulêsis］那里，与托马斯·阿奎那和埃尔文不同，也与基冈（Gigon 1991）不同，我看到了一种尚未以清晰的方式给出的意志。因为希望也指向某些只有愚人才会想指向的东西，指向某些无法实现的东西，所以希望在一种愿望和一种真正的意欲之间活动，即便它包含了一个理性的环节（《论灵魂》III 10，433a22–25）。

亚里士多德的第三个意志特征包含在决断之中。尽管决断仅仅指向手段，而在这里却也指向一个属于善的生活的整体领域，因此也指向目标，甚至指向最终目标。只有第二层次的最终目标，即幸福，被排除在外。但是即便是幸福也不是以如下方式被预先给出的，即幸福的缺失可以追溯到认知的缺乏。与此相反，作为第二层次的目标，幸福在某种程度上会挑战那些意志的因素。亚里士多德有充分的理由将幸福看作一种纯粹的预先规定；因为幸福被理解为诸目标所具有的目标适宜性的条件（参见14.1章），因此人们几乎不能对此做出赞成或者反对的决断。但是决断是在行动、立场、甚至是生活形式的领域中被要求的，由此人们可以期待幸福。而且以下状况，即在这里人们能违背更好的决断而生活，至少部分地会导致一种支持或者反对善的决断。

《修辞学》中有一处内容（I 10，1368b6以下）与完整的意志概念非常接近；关于不正当的作为，那里写道，这种作为不仅仅自主地（hekonta），甚至是经过思考的决断（prohairounta）而施行道德败坏的行动。现在这种道德败坏被定义为与法规的矛盾（para ton nomon），并且在法规那里，那种所有人都共有的、却未成文的法律——这种法律与道德法则很相近，也会明确地被考虑在内。在这一点上，亚里士多德认识到一种通过知识和意志、且恰恰出自决断而得以施行的不正当行动。但是他还没有得出那种道德理论上的后果，即对幸福原则的一种相对化——这种相对化有利于一种新的原则、一种意志自主。

那种以指向幸福为己任的本性美德也包含了一个意志的部分。亚里士多德将这种美德规定为一种既非认知性的又非前理性的能力（参看14.2章）；并且他强调，不仅善的行动存在于我们的能力之中，道德败坏的行动也存在于我们的能力之中（《尼各马可伦理学》III 7）。另外，行动中的意志特性在关于感情冲动［akrasia］、关于道德弱点的文章中也得到了呈现。但是克尔凯郭尔所说的希腊人的“知识的范畴命令”（《致死的疾病》，第2部分，第2章）注意到了苏格拉底——这说法其实也就是针对他的，因为按照苏格拉底的看法，人们能够在不违背更好的知识的情况下违背善。借助于一种实践三段论的思想，亚里士多德也将道德上的弱点解释为一种知识的欠缺；但是这种欠缺要追溯到一种与善竞争的驱动力，追溯到欲望或者恼怒，因此根本上有的不是一种知识上的欠缺，乃是一种意志上的欠缺。

这个简短的研究已经表明了，亚里士多德完全领会了意志概念的那些要素，他将之理解为对于目标的责任性——这些目标并非是指向认知的或者前理性的本性。但是根本上他还是未能跨越那条由追求概念所设定的界限。只有在某些地方，比如在上文提到过的《修辞学》段落中，以及在对幸福原则的某种相对化过程中（参看14.4章），他超越了这条界限。除此之外，关于意志的完整概念，即对于善和恶的自由决断，并没有清楚地被给出。

奥古斯丁以堕落的天使为例，特别清楚地提出了意志的完整概念。属于此范围的神学论证，即关于创世、原罪和神证论的思想，亚里士多德一无所知，因此人们或许想要为他在相应概念上的欠缺开脱。人们甚至可以补充说，对一位道德哲学家而言这种欠缺是有利的，因为它使那种以普遍性为目标的道德理论与那种在此方面四分五裂、并且与一种启示神学密不可分的基督教分离开来。另一方面，下述问题出现了，即在缺少完整的意志概念的情况下，是否会出现一种道德上或者毋宁说是道德哲学上的缺失：一种缺少了完整意志概念的文化是否具有一种几乎无法发展的道德意识，或者至少具有一种甚少发展的关于自身充分发展的道德意识的理论？对于“惯常的”道德或不道德事件，对于善或者恶的问题，以及意志强大或者意志薄弱的问题，亚里士多德的理论看起来已经够用了。他的理论甚至可能为以下经验提供了空间——康德将这种经验归为极端恶的概念，在这里“极端”并不意味着“极度的”，而是“从根底上”，也就是说：这个人具有一种对不正当行为的癖好，而且这种癖好无法完全被克服。关于审慎和自我控制，人们所需要建立的“只是”一个相对的、而非绝对的概念。然而对于在一些原始部落的“杀人场景中出现的习以为常的残忍”——在康德看来这证明了人“本性上是恶的”（《单纯理性限度内之宗教》，科学院版 VI 33），我们又该如何看待呢?

只有在面对此类现象时，那种超越了亚里士多德解释的系统化问题才能被确定。一种更为详尽的研究可以指向关于极端不道德行为的领域（当然是很小的领域）——这个领域亚里士多德在他的行动理论中并未加以关注。或者在这里，他是否可能指的是那种动物的野蛮状态（thêriotês）——在这种野蛮状态中，善并未被摧毁，而只是从未被拥有过（《尼各马可伦理学》VII 7，1150a1以下；参看VII 1，1145a17；VII 6，1149a1），甚至指的更是那种道德败坏——人在这种道德败坏中决心（“决定”：prohairounta）造成危害并且违背法律干一些坏事（《修辞学》I 10，1368b12–14）？康德对恶的定义也无外乎是一种成为推动力的无法无天（《单纯理性限度内之宗教》，科学院版 VI 20）。

14 善的生活

14.1 幸福原则

在亚里士多德那里，善的概念领域包含了众多的表达。Agathon的意思是那种对人而言善的［/好的］东西。这个词的单数形式并带有定冠词就是tagathon，善的东西［/好的东西］，还有作为最高级形式的ariston，至高的善——这与道德上的善非常接近。如果人们在这里将之理解为一种无限有效的约束力——不仅朝向他人，也朝向自身，那么这个词所指就是道德上的善。Dikaion，权利和公正，所指的是一个关于朝向他人的约束力的特定的领域；prepon，相宜之物，指的是自身文化中的习俗和习惯；deon，相匹配之物，具有一种真正的道德特征；kalon，自身中的善，那种富有魅力和美好的东西，它没有考虑那种实用的东西，这最有可能符合那种道德上的善。（而在《论题篇》I 5，102a6中kalon被看作与prepon是等同的。）

从这个概念领域出发，亚里士多德获得了他行动理论思想中的主导概念。今天称之为“道德原则”的东西，即人类行动的最终准则，源自追求概念，存在于一种至高无上的目标之中，也就是存在于一切实践之善中最高级的那个善：eudaimonia，幸福。由于亚里士多德是从欲求概念出发的，所以他的伦理学就会成为一种关于善的生活的理论，更确切地说，甚至成为一种关于最好的［/最善的］生活的理论，而这种理论中包含了一种真正的道德。另一方面，自身共同体的习俗仅仅扮演了一个次要的角色。

在寻找一个完善定义的概念的过程中，亚里士多德既拒绝了那种过于微小的幸福，即“交了好运”（《尼各马可伦理学》I 10，1099b10以下；《政治学》VII 1，1323b26以下），也拒绝了那种过度的幸福，即神才配享有的极乐境界（makariotês）（《尼各马可伦理学》X 8，1178b21以下）。所谓幸福不是人们消极等待的幸福，也不是神所赠予的礼物，而是自己积极创造的幸福，是一种欲求的幸福；与那种渴求等待的幸福不同，欲求的幸福存在于生活（eu zên）和行动（eu prattein）所固有的完善性之中。Eudaimonia［幸福］这个词字面上的意思是，被一种善的精神赋予灵魂，但是这个词也包含了祝福与拯救的意味。按照康德在其知识理论中所提出的反驳，幸福概念承载了一种极大的不确定性（《道德形而上学原理》，科学院版 IV 418），亚里士多德却成功地给出了一个关于幸福概念的精确且客观的定义。

生活形式［Lebensformen］。对于“幸福在哪里”这个问题，《修辞学》（I 5，1360b19–24）以一个长长的列表做出了回答：“高贵的血统，许多正直的朋友的倾慕，财富，子孙满堂且富有教养，幸福的晚年，还有身体上的好处，比如像健康、美丽、力量和运动才能，除此之外还有好的名声，知名度，命运（eutychia）的垂青，最后还有美德，包括其众多部分如聪明、勇气、公正和审慎。”《伦理学》涉及了希腊人信念中共有的所有这些要素，并且是以一种其特有方式进行了强调。

首先，《伦理学》是沿着可选择的生活形式［bioi］讨论幸福的（I 3和X 6–9）。它所指的是那种将生活作为整体来引导的可选择的形式，并且同时也意味着那些人之存在的某些特定的类型。这种思想已包含了三个命题。第一，它说明了那个众所周知的困难，即每个人都追求幸福，但是由于获得幸福要通过生活形式的中转才能达成，所以这种追求并不能直接进行。狄尔泰所说的“……因此我决定变得幸福”，是不可能实现的，同样不可能的还有功利主义者边沁所做的尝试，即借助于一种“享乐主义的计算方法”去计算幸福。对于这个追问幸福的问题的回答至少需要具有三个层次：（1）人们寻找一种与幸福相适应的生活策略；（2）在其范围内人们可以发展某种基本态度（“美德”）或者还可以发展次一级的行为规则、原则；（3）从这些基本态度或者行为原则出发，具体的行为才能被确定。

其次，就如亚里士多德所言，鉴于生活形式是被选择的（《尼各马可伦理学》I 3，1095b20；参见《形而上学》IV 2，1004b24以下），所以一个人不应过于极端地将幸福归因于外部力量而非其自身。就像在演奏音乐时，虽然乐器至关重要，也就是说那些外在之物很重要，但是演奏的技艺其实更加关键（《政治学》VII 12，1332a25–27）。最后，人们既不需要将幸福与一种最高福祉的（暂时）状态等量齐观，也不必将之与一种杰出的个体成就视为同一——比如在古希腊广为传诵的阿基里斯或者安提戈涅的英雄事迹。幸福就是那种可以很可靠地实现的，并且在一种“幸福之民主化”的意义中向多数人开放的东西（《尼各马可伦理学》I 10，1099b18–20），它是被某种生活构想所期待的。

在《伦理学》的开头部分（I 3），亚里士多德就将三种受到最多讨论的生活形式：享乐生活、政治生活和理论生活，连带着还有第四种选择，即以盈利为导向的生活，置于一种相互竞争的关系之中。因为政治的生活是以两种形式出现的，因此总的就有五个竞争方，在其中有三个被排除了：

根据智者特拉西马库斯［Thrasymachos］的观点（参见柏拉图：《国家篇》I，343b以下），行为正义的人会令自己不幸福；幸福者的理想状态就是暴君，他可以只按照个人的感觉行动。尽管没有直接提到过这个观点，但是亚里士多德是从根本上否弃它的。关于这种相应的生活，即享乐生活，bios apolaustikos，做出如此选择决定的除了大众，还有强大的统治者，比如萨达纳帕（亚述巴尼拔）[1]。人们放弃了对他们生活本身的控制权，而屈从于感官欲望和激情亦即情绪，就此而言以被奴役的方式（andrapodôdeis）生活，就像动物那样（《尼各马可伦理学》I 3，1095b19以下；III 13，1118a25，b4，b21；关于作为道德败坏的行为和态度的根源的快感和不快，可以参见《尼各马可伦理学》II

1 这里是指亚述王Assurbanipal，公元前668–629年在位，他的别名是Sardanapal。——译注

2，1104b9–11；参看VI 5，1140b17以下）。

尽管一种单纯的享乐生活无法通向幸福，但是快感［/享乐：hêdonê］却构成了幸福所不可缺少的一个组成部分（I 5，1097b4以下）。如何精确地规定这个部分，是两篇讨论快感的文章的任务（《尼各马可伦理学》VII 12–15＝A；X 1–5＝B；参见Gosling/Taylor 1982；Ricken 载于：赫费 1995）。令人惊奇的是，这两篇文章对对象下了不同的定义。文章A将快感等同于那种不受阻碍的活动（VII 13，1153a14以下；VII 14，1153b10和16），而文章B在快感中看到的是一种完成，这种完成参与到一个完善的活动之中，它可以与花期中盛开之花的美丽相比较（X 4，1174b33）。除此之外对快感的评价也不尽相同。比如，只有文章B拒绝了尤多克索斯［Eudoxos von Knidos］的享乐主义观点——这种观点认为，快感是最高的善，而且每一种快感都值得被选择；但是与那种严格的反享乐主义不同，在这篇文章中有一些快感形式被承认在自身中具有选择价值。在另一点上，文章A和文章B是一致的，即两篇文章都不将快感视为一种运动（kinêsis），而视为一种现实性（energeia）。最主要的是，两篇文章的基调是相同的：快感被理解为是对人正在从事的活动的一种自由的赞同，它引起了对此活动的一种提升（X 5，1175a30–36以及b14以下），并且同时引起了对善的生活的一种提升。然而，只要众多美德之一，即勇敢，包括了对接受受伤，甚至对接受死亡的准备，善的生活就不是在每个方面都与快感密不可分（III 12，1117b7–16）。

还有一种生活形式比单纯的享乐生活更加无益于幸福，马克斯·韦伯将这种生活形式描述为资本主义的基础，它体现的是一种仅仅以经济上的盈利为目标的存在（chrêmatistês bios）。亚里士多德并不鄙视财富；相反地，他将对身外之物的占有算作幸福的条件之一（比如《尼各马可伦理学》X 9，1178b33以下）；并且巨大的财富能够提升慷慨大度的美德（IV 4–6）。他谴责的仅仅是那种歪曲，即将手段——比如财富，作为最终的目的（参见《政治篇》I 9–10以及VII 1，1323a36以下）。它导致人们无限地积累钱财——这使人想起资本的累计过程。他还谴责了那样的一种政治生活（bios politikos），在其中人们只以名声和荣誉［timê］为目的。在这里亚里士多德并没有批评那种对希腊人来说极为典型的兴趣，即他们渴望在后世记忆中占有一席之地。但是他认为这种荣誉仅仅是人们根本上要寻找的东西的一个外在的符号。

只有两种生活形式在通向幸福的竞赛中留了下来：政治生活——只要它所关注的是自身的才能（aretê：I 3，1095b22以下；参见IV 7，1124a22f），以及理论的存在。但是在这场竞赛得出结果之前，还有很多其他的问题有待解释，首先就是关于幸福的一个更为准确的概念。亚里士多德在三个论证系列中确定了这个概念：在一个对柏拉图的批判中（《尼各马可伦理学》I 4，参见《优苔谟伦理学》I 8），在一个形式上的、语义学的思考中（I 5），以及在一个内容上的、人类学的思考中（I 6）。

对善的理念的批判。柏拉图将一种共有的形式称为“理念”，这种形式为分有它的众多之物提供了模型或者标准；理念是理想的原型。而对于伦理学来说，人们似乎可以借助相对主义的论据拒绝这种理念，即带有标准含义的某种普遍之物是不存在的。亚里士多德将他的整个伦理学设置为以唯一一个主导性概念，即幸福为导向，而由此他拒绝了那种道德上的相对主义。他对柏拉图的批判并不是针对关于标准普遍性的思想，而首先是针对具体的概念及其适用范围。最初的五个论证是关于发展顺序的论证（I 4，1096a17–23）、范畴论证（a23–29）、科学论证（a29–34）、关于物化的论证（a34–b3）以及关于永恒性的论证（b3–5）。这些论证都驳斥以下假设，即将善的多样性归于一个理念。事实上，范畴论证就指出，对于伦理学的基本谓述词“善”的不同含义，就像对于“存在”的不同含义一样，并没有一个共同的最高概念（参见《优苔谟伦理学》I 8，1217b25–35）。按照接下来的科学论证，在一个共同理念的情形中只可以有唯一一门关于善的科学，但是事实上这门科学是以复数的形式存在的：作为军事指挥技艺、作为治疗的技艺、作为体操运动等等。如果这种科学论证并不涉及每一种类型的善，那么它也间接地限制了一门哲学伦理学的要求。除此之外，亚里士多德反对对普遍概念的物化（实体化）——这种实体化过程伴随着“善自身”和个别的善之间的分离（参见11.3章）。

接下来的三个论证（1096b8以下）首先介绍了一个柏拉图的可以设想的答复，然后对之进行驳斥。假设说，理念论并不涉及每种形式的善，而仅仅涉及那种为了其自身而追求的善，那么它所关注的就是那些为前文提到过的生活形式进行奠基的各种各样的善，也就是关注思想、某些快乐和荣誉；但是在它们那里，也不存在普遍的理念。只有理念为了其自身是值得追求的：但是接下来它会成为一种eidos mataion，即成为一种既无内容又多余的概念（论证7）。最后亚里士多德尝试性地假设，迄今为止的“本体论”批判是无的放矢的。那么这就留下了一个异议——现在看来是实践性的，即被理解为理念的善，人是无法达到的。亚里士多德并没有将理念看作一种过高的目标，或者看作一种虽然美丽却虚幻的图景。手工业者、医生和军队统帅都尝试着尽可能好地［/善地：gut］掌握他们的专业，但是他们却对善的［/好的：Gut］理念不感兴趣，通过这些例子的提示，亚里士多德提出了一种独立存在的理念，它可以不对我们的实践产生影响（参见《形而上学》I 9，991a8以下，以及XIII 5，1079b12以下）。

在这种情况下，理念批判在《伦理学》的各项研究中继续推进。比如说，有一个多次重复过的命题，即人们通过正义的行为才能变得正义，通过审慎的行为才能变得审慎（《尼各马可伦理学》II 3，1105b9–11等），这个命题说明了，至关重要的是具体训练和生活过程，而不是对一个善的理念的洞见。另一个批判隐含在《伦理学》的结构安排之中。在柏拉图那里，理念学说或者本原理论是巅峰，相关的对话《裴多篇》和《国家篇》都为了达到这个巅峰而努力。在亚里士多德那里，从某种角度来看的功能上的对应物，如幸福概念，给出了生活形式的标准。此外他还构造了一个呼应结构，将文本的开头与结尾联系到一起，但是没有更多的了。无论是在第一章第5节关于幸福概念的语义学，还是第十章第6–9节关于两种可确保幸福的生活形式的讨论，都不具有巅峰式的重要性——这里的巅峰是说，其他研究，比如关于自主性和决断、关于道德上的美德、关于无法克制状态、关于友爱以及关于快感的相对独立的文章，都要汇聚到这个至高点。

绝对最高的目标。为了掌握幸福独特的目标特性，亚里士多德以一种杰出的方式［via eminentiae］构想了关于最远和最终之物的两个概念，这种最远和最终之物人们根本上只能去追求（《尼各马可伦理学》I 5）。对于第一个概念，他构建了关于目标（telê）的一个形式上的等级结构，它由三个层次构成，（1）纯粹的中间目标，就像财富一样，是为了其他的东西，以及（2）目标性的目标（telê teleia），就像快感、荣誉和理性一样，已是为了其自身而被选择的，最后（3）那种"最具目标性的目标"（teleiotaton），人们"永远只是基于自身而不是由于他者的缘故去追求"这种目标，这是绝对最高的目标，幸福（I 5，1097a15–b6）。此外，作为最高的目标，幸福的性质与第一推动者很相似。为了这里的行为与那里的运动问题中的自然过程一样，不是无根基的，人们必须设定一个最终的目的：在自然的情形中，这种目的存在于第一推动者之中，而在行为的情形中，它存在于幸福之中。

关于这个最高的目标，无论是在关于亚里士多德的争论中还是在关于具体事项的争论中，都有两个解释。幸福或者作为某种不可分割的整体，作为一个超过其他所有目标的、统治性的目标（比如Heinaman 1988；Kenny 1992），或者作为某种自身中包含多样性的东西，作为一个包括了所有其他的目标的、包容性的目标（Ackrill 载于：赫费 1995）。这两种定义同时关注了城邦，因为在与家庭共同体和村庄的相互关系中，城邦不仅仅超过了其他任何共同体，而且还把它们都包括其中（《政治学》I 1，1252a4–6）。这两个定义也同样都适用于幸福的概念，但是二者都有所局限。只要亚里士多德规定幸福比那些一般的最终目标具有更高的逻辑层次，那么他就赋予了幸福概念一种统治性的特征。但是因为这里并没有呈现可选项（幸福或者快感，幸福或者认识……），所以对他而言一个统治性目标的一般概念就不会真正变得正当。在同一个层次上，理性相对于荣誉就具有统摄性。而幸福将很多“最终目标”相互间联系在一起，在这个意义上它具有一种包容性的特征；至少快感作为其中的完成因素总是属于幸福。在《伦理学》一书的展开过程中，亚里士多德几乎研究了所有在《修辞学》中提到过的希腊人的幸福想象的要素。但是他并没有宣称，一个人只有实现了所有这些要素，他才是幸福的；相反，政治生活［bios politikos］可以在缺少一些要素的情形下达成，而理论生活［bios theôrêtikos］则可以在缺少很多要素的情形下达成。

亚里士多德的幸福概念使人想起对于上帝的本体论定义。安瑟尔谟［Anselm］在谈及存在者（ens）时所说的观点，即上帝就是那种东西，超越他，人们就没有什么更伟大的东西可以想象了：他是能够设想的无与伦比的东西［id quo maius cogitari nequit］，在这里正好符合关于善亦即目标的说法。作为理论目的［telos teleiotaton］，幸福被表达为一个目标，在这个目标中，目的性是在一种不可超越的最高意义中被给出的。只要这个目标处于一个高于众多一般目标的层次上，然而却仅是“内在于”这些一般目标中被实现，那么它就具有一种先验性质。尽管亚里士多德并没有像康德所想要达到的那样，去证明一种综合的先天性，但是他做到了以下要求，即规定一种“关于某事物之可能性的基本条件”。幸福就是对一切目标之适当性进行决断的条件。

为了幸福的第二个定义，即自给自足（autarkeia：I 5，1097b6），亚里士多德重新构造了一个最高级，在这里就是“值得期望”（hairetos）的最高级。针对那种降低概念之独特性的尝试，他补充了一个“不计算剩余之物”［mê synarithmoumenê］的尝试。如他后来所说的，一种快感的生活通过与聪明的结合就变得更加令人期望（X 2，1172b29–31），而幸福就是最值得期望的，因为人们在幸福之上无法再添加什么了（I 5，1097b17；参见1172b31以下；参见《论题篇》III）。像正义这样的美德是可以被褒扬的，而幸福相反，它是一种绝对意义上的自身目的，人们将之称颂为神性之物和一种更美好的东西（I 12，1102a1–4）。

人的自我实现。今天人们区分一种普遍主义的伦理学和一种具有文化或者时代特殊性的伦理学。亚里士多德对理念论的批判以及幸福的语义学可以被归入前一种伦理学，并且表明了，它要大于人们一般所认为的那样。同样的情形也适用于第三个论证次序，即寻求一个含有内容的概念是必须的，因为仅仅是语义学上的定义可能会导致一种陈词滥调。亚里士多德并没有重新以希腊城邦的特殊性为基础，而是以一种超越文化的、在此可称为人类学的思考为基础（《尼各马可伦理学》I 6，参见I 13）。因此他的标准伦理学的基本模式就是：行为理论加上（建设性的）语义学再加上人类学。

虽然今天针对人类学思考的怀疑态度已经占据主流，但是亚里士多德最先采取的那种形式始终还是令人信服的。他追问一种人所特有的东西（ergon ［tou］ anthrôpou：I 6，1097b24以下，1098a7，参见a16），并且以这种方式将幸福与自我实现等同起来——当然是在一种客观的理解中。人是在一种合乎逻各斯的生活中实现其真正的自我的。亚里士多德为了避免由此引发的危险，即过于重视知识的领域，采取了以下措施，一方面在《政治学》（I 2，1253a9以下）中，他强调理性的道德–实践性质，另一方面在《伦理学》中，他在当下用两种方式来看理性，一种是“本质上和在自身中的”，另一种是“像顺从父亲那样顺从理性”（I 6，1098a以下，以及I 13，1103a3）。本质上的理性是在科学–哲学的生活中展示自身的，而那种“顺从式的理性”是在一种合乎本性之美德的生活中展示自身的。

依据梭伦的观点，人们只有在人生终结之时才可以谈及幸福，但是在此时那种应称之为幸福的东西，即人生［/生活］，已经结束了（I 11）。亚里士多德通过以下提示回答了这个悖论：幸福必须在“一个完整的人生”中持续（I 6，1098a18）；因为若有人像普里阿摩斯[1]那样在晚年遭受了巨大的不幸，人们就不会说他是幸福的（I 10，1100a5–9）。这个简短的研究使人想起犹太人约伯的经验，一个人即便本分地为了他的幸福而工作，仍然摆脱不了那种高于他的力量的摆布。然而亚里士多德作为一个世俗的思想家，并不是在神学意义上理解这种力量，而是将之理解为那种意外遭遇的体现。

---

1 普里阿摩斯［Priamos］是特洛伊战争时期的特洛伊王，他目睹了自己的儿子赫克托与阿基里斯决斗致死，后来他自己也战死。——译注

理性无法确保理性生活的意义，无法确保幸福，因为即便是一种适合幸福的生活形式也无法完全避免生活中的不确定性和风险——这种观点看上去像是对以下这个斯多葛派命题的一个提前的批判：即便圣人遭受了贫穷和疾病，甚至被折磨，他自己还可以是幸福的。这种生活经验看起来支持了亚里士多德。另一方面，亚里士多德在《伦理学》的结尾对理论生活和政治生活进行评价的时候，以下这点无关轻重，即尽管人们一定会为幸福做出各种努力，但是幸福仍然是一种脆弱的东西。亚里士多德并没有得出人只能为他自身的幸福价值负责，而不能为幸福本身负责这个尖锐的结论；这个结论也会在很大程度上将幸福原则相对化。与此相反，他很有把握地认为，没有任何人类活动会像合乎美德的行为那样具有一种恒定性（I 11，1100b12以下）。尽管道德上正当的道路无法保证可以避免不幸福，但是其他的所有道路则更容易通往深渊。

14.2 本性的美德

尽管聪明所指向的是人类的主导目标，即幸福，但是负责达成这种指向的并不是聪明本身，而是其必要的补充，即性格美德，aretê êthikê。一个人只有同时具备了聪明和性格美德，成为杰出的人（spoudaios），才能表里如一地生活。他行善举，只是因为这些行为是善的，因此实践了康德的道德性概念。同时他也为了他自身的幸福而努力：与道德败坏的人不同，他并不承受内心的斗争；他拥有愉悦的回忆和希望，以后也无须为任何事后悔（《尼各马可伦理学》IX 4，1166a1以下）。

性格美德是通过古典的方式，即通过属和种，被定义的。在属的层面上，性格美德乃是作为一种态度或者立场（hexis），在种的层面上，它作为我们之中的一个中点（meson pros hêmas）。第一个概念补充了生活［bios］的概念。一个人如果从一个立场出发生活，那么他的行动，正如他所做的那样，就不会是出于偶然或者出于一种愉快的心情，而是出自他人格的一个固定组成部分，并且因此极为可靠。亚里士多德在这里很重视一种提升的过程，这个过程又使人想起康德的道德性概念。他强调说，一个遵循某种规则而做出正确行动的人，并未具有美德，而只有那种发自内心为正确之事喜悦的人，才算具备了美德（II 2，1104b4以下；参见III 11，1117a17）。

关于这种立场，一定存在着一种自然的倾向（VI 13，1144b1以下）。人们必须学会那种根本上的美德，但是在这里至关重要的并不是一个理论化的过程。为了防止在这个问题上的误解，亚里士多德不知疲倦地一再强调，人们只有通过正义的行为才能变得正义，只有通过审慎的行为才能变得审慎，并且一般而言只有通过美德式的行为——简而言之：通过练习，才能变得具有美德（II 3，1105b9–12等）。当人们找到一种处理他们情绪的正确态度，并且由此自发地追求正确的目标时，这个学习过程就成功得以完成（II 4，1105b25以下）。

美德的第二个定义要素，即中道［/中点］的概念，展现出一种不同寻常的影响力；但是今天这个概念的效力已经黯淡或者流于空泛了。

比如法学家凯尔森（Kelsen：《纯粹法律学说》1960，375）就认为，在这里亚里士多德以数学–几何学的方式去定义道德上的善，这是不可容忍的。但是亚里士多德的这个文本谈及的却是一个“在我们之中的”（pros hêmas）中道，并且明确地拒绝了一种数学上的可规定性，亦即一种客观的中道（pragmatos meson）（II 5，1106a29–31）。连康德也陷于一种误解，他反对亚里士多德的“两个恶习之间的中间道路”，认为美德和恶习不仅仅是程度上的差异，而且在它们的质性上也有不同（《美德学说》：导言 XIII；§10）。在古代，中道［/中点］不仅仅被理解为数学意义上的一个点，这个点与两个被给定的点或者线之间的距离相等；中道也意味着某种完满之物。在这个意义上，亚里士多德用最高级来定义美德；他认为美德是最好的、最终的东西，并且从优秀和善的方面来看是至高无上的东西（II 2,1104b28；II 5，1106b22；II 6，1107a8以及a23；参见IV 7，1123b14等等；参见Wolf 载于：赫费 1995）。

我们以面对危险时的正确行动为例。那种andreia，即勇敢和正直不阿，被规定为鲁莽和怯懦之间的中道（II 9–12），这说明了一个鲁莽者占有了过多的勇气，而一个怯懦者占有的勇气却太少。而更重要的是，这二者都陷于一种自然的倾向，前者无视任何危险，而后者则惧怕任何危险。与此相反，“勇敢”意味着，一个人无所畏惧、坚定地面对危险，因而信心十足地战胜这些危险。然而，这种态度准确地看处于什么位置——“我们之中的（中道）”所暗示的就是这一点，这个问题无法在脱离主体的情况下得到说明。我们在一个面对危险会产生惧怕的人身上所期待的东西，与在一个乐于逞“匹夫之勇”的人身上所期待的东西，是有所不同的；除此之外，危险的形式和大小也至关重要。

一个勇敢者既不会将所有危险都承担下来，也不会在所有危险前都退缩，在这个意义上他秉持了一种居于中道的态度。然而他只有通过以下途径才能获得适当的立场，即他具备一种对于其情绪的正确关系。人们也可以说，他理性地组织了其情绪；具有美德者能够控制他的情绪并且能够深思熟虑。由于他通过这种方式暂停了一种纯粹的情绪状态，因此他以一种合格意义上的无情绪状态而著称（apatheia：II 2，1104b24–26）。

对于其他的美德，情况也相似。面对一种身体上的快感，自然的倾向或者是一种无节制的放纵，或者是一种麻木不仁——后一种情形甚少发生；与此相反，一种有节制的实践行为则是审慎（sôphrosynê：III 13–15）。在金钱的问题上，一个自由人（eleutheros）所应当有的态度，即慷慨（eleutheriotês：IV 1–3），就是既反对浪费又反对贪婪；一个人只有不抱着他的财富死不放手，那他在人格意义上才是自由的。亚里士多德甚至提出了一个独特的美德来描述那种非凡的慷慨：豁达大度（megaloprepeia：IV 4–6）。

在对美德的阐释中最令人印象深刻的章节所描述的是一个人的荣誉感（timê），也就是：名望、认可和荣誉，这种荣誉感远远超过了一般标准，即超过了一般的爱慕荣誉［philotimia］。这是一个大度之人

（megalopsychos：IV 7–9）[1]。在其背后，我们可以看到一种贵族的阶级意识。贵族与出身上的名望联系在一起，但是亚里士多德从根本上将贵族与其出身上的名望脱离开来；对他而言，道德贵族在某种意义上应当取代世袭贵族。享有名望的权利完全是基于自身的成就；荣誉乃是对美德的奖励（IV 7，1123b35），因为“事实上只有善的人才配享有荣誉”（IV 8，1124a25）。在这里，亚里士多德再度与那种斯多葛派称之为理想的东西区别开来。根据他的观点，那种占据优势的道德人格是不会退出政治世界和工作世界的；大度之人是非常积极的，但是他只关注重要的几件事情。除此之外，从其对自身价值的意识出发，他有节制地处理与外在的占有物如财富和权力的关系；他既不会在幸福中欣喜若狂，也不会在不幸中怨天尤人。此外，他不会记恨他人，他爱那种自身是善的事物胜过那种可以带来收益或效用的事物。在对于大度之人的讨论中，亚里士多德伦理学中的一个观点特别清楚地显露出来：“善的人”就是“对事物的规范和标准”（III 6，1113a32以下；相似的IX 4，1166a12以下以及III 12，1117b17以下），这依据单数情况即单个的人来说的——尽管他也与周围的人发生联系，但是在他的道德观中，他不依赖于周围的人。

对于上述的和其他的美德，存在着一种典型情况，这种典型情况可以对各种美德的任务领域进行定义，并且它不是从某些特殊的希腊时

1 Megalopsychos，字面意思是“灵魂宏大之人”，一般译成“大度”，也译成“豪迈”。亚里士多德在《尼各马可伦理学》中指出，“大度的人就是对于荣誉和耻辱抱着正确的态度的人”，“大度”是“德性之冠”。——译注

代的条件中，而是从人类普遍的条件中产生出来的。在亚里士多德那里，性格美德并非一个共同体通常习性的结果，而是在历史中生发的对道德实践的图式化，它在与某些激情类型和行为领域的关联中展开。因此我们再次遇到了一个普遍化的要素；这种要素既适用于对这种典型情况的自然反应，也适用于对此的美德式反应。

在柏拉图那里，甚至可能已经在毕达哥拉斯学派那里，有关于四种主要美德或者基本美德的图式被构想出来：审慎、勇敢、明智或者智慧，还有正义。因为亚里士多德一方面发现了超过四种的典型情况，另一方面在两种典型情况中发现了不止一种的道德立场，因此出于差异化的原因，他放弃了这种图式（但是在《政治学》VII 1，1323a23以下，他还未放弃这种图式）。然而，西方思想史尽管在一些个别的定义上常常遵循亚里士多德，但是一般而言强化了规范（《神学大全》，I–II 问题61等），并且同时强化了在其中所包含的简化。

14.3 公正，天赋权利，公道

考虑到收入与财富，亚里士多德认识到了三种美德，除了慷慨和豁达之外，还有公正［/正义］（dikaiosynê；参见Bien 载于：赫费 1995；Williams 载于：罗蒂 1980）。然而对于公正来说，最重要的不仅仅是与金钱的纠葛。公正的一个典型特征是负欠的概念，这个概念对于法伦理学很重要。通过这个概念亚里士多德尝试区分了法律与道德，这种区分在近代的亚里士多德主义者们那里——比如萨姆埃尔·普芬道夫［Samuel Pufendorf］和克里斯蒂安·沃尔夫［Christian Wolff］那里则缺失了。公正是通过以下情形与慷慨和豁达区别开来的：只有有所负欠的时候，那种强制性的权力才能插手干预，在其他情形下则不可以。亚里士多德谈到了"陌生者的善"［allotrion agathon］（《尼各马可伦理学》V 3，1130a3以下，参见V 10，1134b5），人们可以将它理解为这样一种善，即一种他人对此有所要求的善。与负欠的特征相符合的也不再是中道的主观性概念（"我们之中的中道"），而是客观性概念（"按照实事得出的中道"）或者"数学的精确性"——为了那种与美德不同的法律，康德也曾力求这种精确性（《法学的形而上学初始根据》，导言§E）。

一般而言，"公正"和"不公正"这两个词具有两种含义。在客观化的，亦即制度化的理解中，这两个词所涉及的是规则，特别是法律规则（法则），以及制度，甚至是一个政治共同体的基本秩序；在主观化的亦即个人的理解中，这两个词所涉及的是人的立场。在相关的文本，即《伦理学》第五卷中，亚里士多德研究了这两种含义。在前一种含义中，他谈及了dikaion，即法律和公正，在后一种情况中，他谈及了dikaiosynê，即作为美德的公正［/正义］。

因为第二个含义给出了一个指导性概念，所以人们很难借助迪尔迈尔的注解（Dirlmeiers 1991第9版，438）去谈及一种"崭新的"、当前"合乎法规的处理"。亚里士多德在一开始谈到公正时说道，人们通过公正不仅有能力去做公正之事并合乎公正地行为，并且也会想要这样做（V 1，1129a8以下；参见V 10，1135a5–V13）。"公正"所包含的不仅仅是那种与公正行为的符合——这种符合康德称之为“法律上的”合法性。这里还需要一种自由的允诺，即一种法律的思考亦即（法律上的）道德性。顺便说一句，康德还遵循亚里士多德（以及柏拉图，《国家篇》I 331）的传统举了寄存的例子：一个人只有出于自愿而不是由于对刑罚的畏惧归还财物，才可以在根本的意义上被称为是公正的（《尼各马可伦理学》V 10，1135b4–8）。类似地，只有在出于相应的态度而产生的不公正那里，亚里士多德才看到了一种并非纯粹偶然意义上的不公正（V 13，1137a22以下；《修辞学》I 13，1374a11以下谈及了prohairesis［决断］）。

在客观性意义上，公正之事被规定为是合法之事（nomimos）以及平等之事（isos：《尼各马可伦理学》V 2，1129a33以下）。第一个规定指的是部分成文、部分不成文的法律，第二个规定并不是指诸如民主的平等机制，而是指以下状况，即一个人得到的不应该过少，但是也不应该过多，他应按照法律得到他所应得的。一个不公正者总是因其贪得无厌（pleonektês：b1以下）而想拥有更多，而一个公正者所选的乃是一条介于不公正行为和不公正遭遇之间的中间道路［/中道］。此外，亚里士多德还引入了一些区分，尽管这些区分并非总是清晰的，但它们在某个经院哲学的定义中，并且直至近代，占据了一种近乎经典的地位。

第一类区分是从对象中产生的。公正性只要构成整体的美德（holê aretê）——经院哲学称之为“普遍的公正性”（iusitia universalis），就被视为完善的美德（aretê teleia：《尼各马可伦理学》V 3，1129b26–

1130a13）。因为在自身的事务中具备美德是相对更容易的，所以那些也能够使他人具备美德的人就实现了一种提升。然而，就如亚里士多德针对柏拉图所做的限定（《法义》I 631c–d），即整体的美德仅仅关系到他人的公正，而并不关系到自身。在第五章15节中，尽管亚里士多德认为自杀作为一种典型的针对自身的不公正之事应该被禁止，但是他将自杀解释为一种反城邦的不公正之事；柏拉图关于一种针对自身的不公正之事的思想，在亚里士多德看来，只能在比喻的意义上出现（V 15，1138b5以下）。

令人惊奇的是，这种普遍的公正性被等同于那种法律上的公正性（iustitia legalis）（V 15，1138a8–10等）。这里有一个奠基性的观点，即法律"论及一切"，比如说法律规定了"勇敢"所要求的内容是什么：坚守岗位，或者规定了什么是属于"审慎"的：不要通奸、不要进行暴力行为（V 3，1129b14–25）。不过，人们不必担心，这里所谈的是一种法律的道德化，并且同时是对法律体系的一种过高的要求。因为根据亚里士多德的观点，法律并不能要求相应的美德，而只能要求其成果（erga）（V 3，1129b19以下）。除此之外，法律事实上通过禁忌满足于一部分美德，这些禁忌在当时被视为违法之事，比如说对通奸的禁忌。

另外，亚里士多德反对那种传统的观点，即认为在一个好的城邦中，在公民的正直做派和城邦的法律之间有一个完美的统一。他通过第二种类型将法律上的公正性相对化了，即将公正性相对化为一个特殊的部分（en merei aretê：V 4以下）。这种个别的公正性［iustitia particularis］致力于一种外在物，这种外在物在政治生活领域中具有作为先决条件的重要地位。亚里士多德将官职和地位（荣誉：timê），收入亦即金钱（nomisma）还有健康亦即安全（sôtêria：V 4，1130b2）都称为“社会的基本占有物”（罗尔斯），但是并没有要求重新分配这些东西。

个别的公正性可以细分为（V 8，1132b24以下）（1）分配的公正性（nemêtikon dikaion），即iustitia distributiva，和（2）规范商业交往的公正性（diorthôtikon以及epanorthôtikon：1132a18）。后者自托马斯·阿奎那以来又被称为“交换公正性”（iustitia commutativa），但是亚里士多德并没有提出这个名称。其标准就是算术上的对称性（“a:b＝b:a”）。这种起规范作用的公正性就其自身而言又可以划分为（2.1）一个“自愿的领域”，即今天的民事法律——只有在自愿的领域中，人们才能谈论交换的公正性，并且仅仅在关涉到占有物的时候；（2.2）一个“非自愿的领域”，即今天的刑事法律——在这个非自愿的领域中，亚里士多德又区分了（2.2.1）“隐秘的犯罪”和（2.2.2）“暴力的犯罪”。值得关注的是这些法律领域的持久性：亚里士多德所提出的内容（V 5，1131a1–9）时至今日仍然具有现实性。

对于柏拉图来说，金钱总是可疑的，它不外乎是一个无可逃脱的祸害。然而，联系到那种起规范作用的公正性，亚里士多德提出了欧洲第一个关于金钱的成文的理论。他以惊人的清晰性描述了货币的本质和功能。由于货币可以使那些完全不同的商品和服务内容成为可比较的，因此它就使一个劳动分工的社会中多种多样的交换过程成为可能。马克思也承认："亚里士多德的天才恰好在以下情形中闪光，即他在商品的价值表达中发现了一种平等的关系。仅仅是他所生活的社会的历史局限阻碍了他去探寻这种平等关系'事实上'究竟存在于哪里这一问题"（《资本论》，《马恩全集》23，74）。马克思给出的答案是人的劳动。相反，亚里士多德以使用价值和需求价值为导向，因此把货币定义为需求的替代物（《尼各马可伦理学》V 8，1133a29），这也可以被理解成是与马克思不同的一种可能性选择。

第二个区分不再指向对象，而是指向法律的有效范围。在一个短小的段落中，亚里士多德提出了一对概念，这对概念几乎到今日仍然影响着西方的法律思想。他提出了自然的法律（to physikon即physei dikaion）和约定的法律（to nomikon：V 10，1134b18–1135a5；参见《修辞学》I 13，1373b4以下）；后来人们称之为：自然法和约定法。对于这个区分很重要的是在《修辞学》I 10中提出的一种特殊法律与一种普遍的、人们所共有的但是未成文的法律之间的对立。自然法，也就是那种普遍的法律，对应的是那种道德上的法律观念，它在亚里士多德那里是通过两个特征被标识出来的：一是普遍性——这种法律在任何地方都具有同样的效力，二是非任意性，这是说，这种法律并不取决于人的观点。奇怪的是，亚里士多德并没有讨论它与那种约定法产生冲突的可能性；只有在《修辞学》（I 13）中，在谈到索福克勒斯的《安提戈涅》时，他承认过这种可能性。

由于今天自然法常常被看作是过时之物，因此人们会将之理解为一种永恒不变的理念，但是亚里士多德认为它是可变的（kinêton）。然而，他究竟是将这个理念本身视为可变的，抑或仅仅是将那种永远不完满的实在化视为是可变的，这一点在这里并不是十分清楚。无论如何，他肯定没有设想一个由普遍有效的法律命题所构成的完整体系，并认为这个体系应当取代约定法。在《伦理学》中，他不止一次地提出了标准；在《政治学》中谈及宪法理论的时候，他基本上只重复了共同利益的思想（参见16.2章）。因此在亚里士多德那里，自然法存在于一种“调节的理念”中，即存在于一种无法进一步定义的共同利益之中，并且正是因此它包含了一种社会批判的潜力；除此之外，他放弃去确立一些具体的原则。然而在《政治学》的最后两卷中，他构想了一个理想的城邦，或许通过这个城邦他想进行如下尝试，即具体兑现自然法的意向。但是这个尝试并没有遵循、至少未能明确地遵循普遍性和非任意性两个标准。

亚里士多德的第三个区分，即与公道（epieikeia：《尼各马可伦理学》V 14）有所差别的公正性，这里公正性所涉及的是对法律所提供之物的一种修正。这种修正可以被想象为是一种“改善”；如果法律制定者不够细致，那就必须对法律进行修订。《伦理学》阐释了这个任务，它谈及的是那种仓促发布的法律（V 3，1129b25）。但是公道所致力的乃是另外一种修正，即对具体应用的修正；因为法律按照其概念是普遍的，但是它并非对每个个别情形都适用。公道既防范那种吹毛求疵的精确性，也防范那种对误差零容忍的精确性。所以西塞罗可能是立足于亚里士多德的观点，他在《论义务》［De officiis：I 10，33］中谈到那种最高的正义时说道：最高的正义有可能会蜕变为最高的不正义

（summum ius summa iniuria）。然而这个被西塞罗所援引的罗马谚语是基于双重意义之上的：在第一个部分中所涉及的是一种通过法律保障的正义，在后一个部分中所涉及的是类似于一种道德上不正义的东西。

对于一个公道行事者，即使法律就在他身边，他也已做好让步的准备（《尼各马可伦理学》V 14，1137b34–1138a3）。关于这种类型的放弃，康德通过一个充分的理据说道（《法学的形而上学初始根据》，“法学导言附录”），这种放弃不可以是被迫的。尽管那种被授权对法律进行强制修正的主管机关，即法官，被亚里士多德称为有灵魂的或者有生命的公正性（dikaion empsychon：V 7，1132a22），但是他并没有将之与公道混为一谈，在这个意义上，亚里士多德同意康德的说法。《修辞学》（I 13，1374b19–22）明确让法官（dikastês）负责法律，而只允许仲裁员（diaitêtês）关注公道——在雅典，仲裁员是一个独立的机构。

尽管公正性和公道是作为两种美德被提出，但是这二者并不被视为不同的态度（《尼各马可伦理学》V 14，1138a3）。要求公道的情形在某种程度是一种测试性的实例，在其中人们证明了他们的公正性。与那种不假思索的包容针锋相对，公道挑战了判断力，并且就此而言对聪明进行了补充（参见 VI 11，1143a19–24）。当公道预备着对法律进行可能的修正时，聪明则确定了那种精确的修正。因为其他的美德也必须要适用于个别情形，因此人们在这些美德上也同样可以期待一种修正。但是由于这些美德与公正性不同，它们不对规则负责，作为“我们之中的中道”，它们甚至明确拒绝了此类责任，因此公道仅仅作为修正所包含的内容：一种根据情形而变的灵活性。这是这些美德内在固有的。

因为规则无法保证个别情形中的公正性，因此人们似乎可以完全放弃这些规则。柏拉图在《国家篇》中恰好提出来这种观点，当他说道："最好的情况不是法律具有权力，而是那个天赋洞见的王者具有权力"（294a）。亚里士多德在《政治学》（III 15）中展示了同样的选择，但是与柏拉图不同，他认为两个方案中的任何一个都是不可放弃的——既不可放弃法律的规则公正性，也不可放弃公道中的个别情形的公正性。法律之所以是更好的，是因为它与人不同，法律完全不受制于激情；相反，人可以在个别情形中提出建议，因此会更好地理解公正性（《政治学》III 15，1286a17–21）。在这里就有一种包含着紧张的双重任务展现出来，这种任务在"公正和公道"之联系中以及在"对所有人公道和公正的思想者"之联系中捍卫了日常语言。一方面，法律在关注平等性的时候需要普遍的规范，另一方面它也必须承认个别情形的无可替换的特殊性。

14.4 理论的抑或政治的存在？

《伦理学》中结论性的反思（X 6–9）对于那种此前一直悬而未决的竞争，即理论生活［bios theôrêtikos］和道德–政治生活［bios politikos］之间的竞争做出了一个决断。在这里，关于最高目标和自足性的语义学观点，以及除了快感之外人类特有的内涵，二者都发挥了作用。由于人类是通过逻各斯与动物区别开来的，因此结果就显而易见。那种亚里士多德示例性地所举出的阿那克萨哥拉和泰勒斯的生活，在这里享有优先地位（《尼各马可伦理学》VI 7，1141b3）。一个优秀的人的原型就是那种知晓最难且最令人惊异的、但却完全无用的东西的人（b6–8）。他不是那个以实用为目标的人，而是纯粹的理论科学家和哲学家（《政治学》VII 1–3，特别是1325b14–32）。在亚里士多德看来，理论［theôria］的生活满足了最高程度上的幸福的标准，比如自足性，因为理论与政治生活不同，既无须外在的占有物，也无须要以公正、慷慨等态度对待的同胞和朋友（《尼各马可伦理学》X 7，1177a29–32）。此外，理论不受那种不利情形的威胁。作为一种以自身为目标而展开的实践（《形而上学》I 2，982b24–28），理论在自身中包含了其理由。（除此之外，理论还具有一种神圣的起源，并且在那里标识了宗教仪式活动的出现。在亚里士多德的世俗化阐释中，那种起源性的理解只存在于理论对象之中，存在于永恒之物中。）

这个回答有两点引人注目。其一是，亚里士多德自己所选择的生活形式具有最高的等级；其二是，这种生活形式只对某些人开放：《伦理学》所捍卫的是一种精神上的贵族。而宗教文本和艺术家的表述使用的是同样的策略；所不同的是，在宗教中人们将神圣者置于最高点，而在艺术中则是创造性的艺术家位于最高点。

关于理论具有最终优势的命题在当时可能比在今天还要更具煽动性。在亚里士多德的时代，还没有一个长久稳固并且获得高度认可的科学机构；类似于这种机构的设置，比如像柏拉图的学园，在当时受到质疑（参见阿里斯托芬的《云》以及柏拉图的《国家篇》VII 500b中对哲学家的尖锐批判；也可参见《高尔吉亚篇》484d以下等）。《形而上学》的开篇第一句话通过一种“巧妙的向前策略”，即通过纯粹求知欲的人类学地位提出了与此相反的观点。除此之外，《伦理学》还补充说（X 7，1177a22–27），求知欲提供给人们最大的快感，并且这种快感具有极高的纯粹性和持久性。《诗学》支持了这一观点：“学习不仅仅对哲学家而言是充满乐趣的，对于其他人同样如此；但是后者很少能享有这种乐趣”（4，1448b13–15）。另外，通过理论，人们能够接近神圣之物，并且最受神性关爱（《尼各马可伦理学》X 9，1179a30）。柏拉图的著名诉求，即哲学家应该成为王，由此国家的不幸就可以被终结（《国家篇》V 473c–d；参见段落 VII 326a–b），仍然承认了今天流行的关于“社会影响”的标准；亚里士多德关于纯粹理论的辩护才毫不妥协地拒绝了这个标准。

援引亚里士多德，让·博丹在他的《国是六书》［Jean Bodin：Six Livres de la république，1583：I 1］中将“个体的和国家的最高的善”解释为“同一的”。但是理论生活［bios theôrêtikos］的优先地位所说明的则与此相反。维尔纳·耶格尔所做的小心翼翼的诠释（W. Jaeger：1954第3版，第一卷，16页以下），关于“政治人道主义”的思想，即认为人只能在城邦的范围内才能发展其可能性，甚至也只在一个有限的范围内符合亚里士多德的观点。因为那种增强理性并且通过理性增强人性的理论生活，就其自身来看，是非政治的。

奇怪的是，尽管理论存在的优先地位显而易见，但是它却不是毫无限制地发挥效用。道德–政治的存在也可以提出对于幸福的要求。因为那种完全非强制之物，即理论的自由，基于一种较高水平的经济和文化发展状况才是有可能的。除此之外，只有少数几个人才有能力过上相应的理论生活；尤其是对这些人而言，理论被表达为一种生活状态，这种状态正是人竭力追求的使人不朽（athanatizein：《尼各马可伦理学》X 7，1177b33），但是对人而言，这始终是在一个短暂的时间内、在一个实现完美的瞬间才有可能（《形而上学》XII 7，1072b14以下）。

如果人专注于其自身中神性之物的实现过程，他就将自身超越于道德–政治生活之上。按照亚里士多德的观点，哲学家不再能成为柏拉图意义上的王，他们退出了城邦。但是他们这样做并非是由于政治希望的落空而选择一种听天由命的放弃，也不是因为缺乏政治上的责任担当，而是出自一种对自身本质的洞见。由于其逻各斯本性，人注定要超越政治生活；只有当他实现了这种超越时，他才是"最充分的人"（《尼各马可伦理学》X 7，1178a7）。

在哲学王的命题中，柏拉图拥护一种哲学与城邦的统一体，但是哲学家并不是自愿实现这种统一体的（《国家篇》VII 519b–521b）。亚里士多德并没有针对这种相对的统一体提出一种割裂的方案，即将政治的存在和理论的存在严格地分离开来。对于城邦本性的超越应该"以更为辩证的方式"被理解为一种内在超越的形式：超越总是与被超越之物联系在一起。因为人看见自身必须要依靠生活必需品且处于其后果之中——但这种后果并不仅仅是它们造成的，而且也要依靠与他人的共同生活，因此理论生活［bios theôrêtikos］并不完全符合幸福的语义学条件。与政治生活［bios politikos］相比，理论生活尽管被证明是占据主导地位的，但仅仅是作为相对而非绝对具备优先价值的目标。理论生活只有在与政治生活的结合中才能符合那种无限追求价值的标准。对于大多数人来说，政治生活表达了一种形式，在这个形式中，人们能够为了自己生活；对于少数人来说，这种生活则构成了一个领域，在其中他们可以将自身提升到理论之中，并且由于人并非由纯粹的理智所构成，而是由身体和灵魂共同结合而成的（X 7，1177b28以下），所以人总是要一再回归到这个领域。在前一种情形中，政治生活是一种可替代的选择，而在后一种情形中，它是对于理论生活的一种补充形式。那种献身于理论生活的人，所拥有的是一种部分超政治的、但不是外在于政治的存在。

最后是一条批判性的注解。因为政治生活是通过那些在《伦理学》中发展出来的要素被定义的，比如说通过性格美德，以及通过明智，还有通过那种友爱的最高形式——这种形式是为其自身而存在的，因此人们不是为了任何一种利益而进行这种生活；它在亚里士多德的意义上是自由的。然而我们在《伦理学》结论处的思考中却找不到诸如此类的提示。

15 政治人类学

15.1 关于"政治"的现实性

在所有对其他文化的法律思想和国家思想的关注中，一种真正的理论，哲学的奠基性反思与经验研究及规范性评价的结合，要追溯到希腊人那里。在荷马那里法律系统还是以宗教的形式发挥作用，之后相关内容就来自于埃斯库罗斯（比如《奥瑞斯提亚》［Orestie］）、索福克勒斯（《安提戈涅》［Antigone］）和欧里庇得斯（《俄瑞斯忒斯》［Orestes］）的相关内容的悲剧，以及像希罗多德和修昔底德那样的历史学家所书写的文本——这些人连同智者们为两位杰出的理论家柏拉图和亚里士多德铺平了道路。这两位理论家通过分析力和思辨力的无与伦比的结合来研究他们的对象，即包含了法律、正义和国家的政治。但是我们只能在亚里士多德那里期待第一个完整意义上的推理研究。

柏拉图的主导意向，即对一个"符合愿望的国家"的构想（参见《政治学》II 1，1260b28以下），在亚里士多德那里依然存在。亚里士多德详细地描述了国家的大小、国土的特性以及与海洋的关联、社会的阶级、婚配年龄和教育，甚至也描述了土地分配。然而，在研究理想国之前，他研究了现实的城邦，包括其基础、结构和面临的危险。相关的文本是关于政治科学的一部伟大著作，时至今日仍然无出其右，它就是《政治学》。它有充分的理由不仅仅被哲学家、语言学家和历史学家研究，而是也被法律学家和宪法理论家、被政治学家，甚至被持经验立场的社会学家研究。

这本著作中的很多内容在经历了中世纪和近代早期直至美国和法国大革命之后仍然被保留了下来，而且常常发挥影响。这些内容包括：对“统治”一词多重含义的强调（《政治学》I 1）；关于一种政治人类学的核心陈述（I 2）；一门经济理论的开端（I 3–13）以及影响巨大的对于利息制度和高利贷的批评（《政治学》I 10，1258a38以下），还有同样很有影响的对奴隶制的辩护；从问题史角度对宪法的讨论（II）；关于政治的比较构型理论（形态学）的模型（III–IV），包括合法的和非法的国家形式构想；一门政治社会学的纲要，包括一门政治病理学的纲要（V）；一种关于民主的理论，这个理论也对民主所带来的后果进行了反思（VI 1–5）；还有在一个共同体构想意义上的政治乌托邦的现实图景（VII–VIII）——值得注意的是，许多课题和重要的命题要么可以追溯到亚里士多德，要么在亚里士多德那里得到了千百年来具有决定性的一次探讨。

《政治学》并不是一部天衣无缝的著作。如果说其中的八个部分从一开始就构成了一个统一的整体，那么这些部分读起来并不像《伦理学》那么顺畅，但是它们却代表着一种本质上一致的学说。毫无疑问，这部著作包含了一些受时代局限的因素。过小的共同体规模对我们来说就已很陌生；与那个在爱琴海沿岸的狭小空间里建立起来的城邦国相比，即使是一个较小的现代国家看上去也已是一个纷繁复杂的庞大社会。此外，在当时的法律体系中，管制的密度要小得多，并且没有职业的法官和律师。最重要的是，当时流行的直接民主的程度，不仅仅与我们今天的代议制民主，而且甚至与今天直接民主制的典范，即瑞士各州的村镇集会，都有很大的出入。其他因素，特别是奴隶制亦即农奴制度，还有妇女的不平等地位，则是违背我们的一般观念的；但是这些因素在当时如此司空见惯，甚至直至19世纪还在欧洲和美国保留着。

直至今日国家理论中最重要的那个要素，希腊人却是熟知的。他们的共同体负责制订和实施民法和刑法；这些共同体征收赋税，征召公民服兵役，通过贝壳放逐法（ostrakismos）[1]实施流放，还有判决死刑，人们可以想到苏格拉底。简而言之：希腊人的共同体熟知公共权力，并且由此认识到概念化的中立意义上的统治。从方法上看，《政治学》与《伦理学》相似，都不带有形而上学的要素。亚里士多德以人类学的方式和社会理论的方式、制度理论的方式，或者通过宪法比较进行论证，论证有时也与生物学相关——当他认为，依据本质（physei，ousia），整体要先于部分（《政治学》I 2，1253a20–22），或者谈道，自然不会做任何徒劳之事（1253a9），但总是与形而上学无关。除

1 古希腊的贝壳放逐法是指，每个公民将他所认为的对国家有危害的人的名字记于贝壳上进行投票，得票逾半数者将被流放国外，也可以用陶片替代贝壳。——译注

了将理论与经验联系在一起以及其中的实践–政治兴趣，亚里士多德的《政治学》还具有特别浓厚的现代气息。

一种较新的社会哲学方向，即社群主义，也很喜欢从亚里士多德出发。因为社群主义者认为，亚里士多德应该就已经对一种普遍的公正性原则表示了怀疑，并且主张以局部的生活形式取代之，另外还支持小规模的共同体。而事实上，亚里士多德将自身的社会传统相对化，他了解“善和公正”的多样形式；他并不是单纯以习俗（nomô）为根基，而是倡导那种先于实证和超实证的自然物（physei）。他没有在任何地方为习俗和传统辩护过——这些习俗和传统并没有事先经过那种普遍地、至少是在大多数情况下（hôs epi to poly）得到承认的关系的衡量。人们并不是在一种抽象的世界社会中，而是在那个自身所处的共同体中学会美德的，从这个状况中我们并不能得出，人们仅仅习惯于自身所处的共同体的特殊性。在亚里士多德看来，人们首先学会的是那种普遍有效的东西：人在面对危险的时候既不应懦弱也不应莽撞，而是要勇敢地做出反应；人们面对金钱既不应浪费也不应吝啬，而是要慷慨地使用它；人们对待痛苦和快感时要尽量审慎，诸如此类。

如果那些为一种尽可能与国家无涉的共同生活辩护的社群主义者援引了亚里士多德对于友爱的高度评价，那么他们就忽略了以下这点，即亚里士多德尽管强调了从属性和个人关系的价值，但是同时他也知道，这二者既不能取代法律秩序，也不能替代政治部门亦即公共管理者。他对无政府的状态深表怀疑，而且为了克服无政府状态必需有法律系统和国家系统，亚里士多德用他的方式甚至承认了普遍的公正性原则。尽管他没有提出一个关于基本权利和人类权利的目录，但是却列举法律所禁止之事，比如说禁止盗窃、虐待、杀人、抢劫和侮辱他人（《尼各马可伦理学》V 5，1131a5–9），通过这些禁止，他间接地表达了对一些相应的基本权力的支持：对保护财产的支持、对保护身体和生命的完整性以及拥有好名声的权利的支持。对他来说，政治上的参与权始终是理所当然的。“一个共同体的善”也并不包含那种被社群主义者们所猜测的反普遍主义的特点。对于亚里士多德来说，这里关涉的是关于共同利益的普遍主义思想，这一思想尽管模糊，但符合他的意向。（关于亚里士多德的一种社群主义倾向的批判也可以参看Nussbaum，载于：Patzig 1990。）

15.2 “天生是政治的”

一门政治人类学的基本口号是从亚里士多德那里产生出来的：人天生是政治的动物［physei politikon zôon］（对此参见赫费 2003，134–141）。在《政治学》一开头（I 2，1253a2以下），上述的命题就与另外三个观点密不可分：城邦是一个完善的共同体（1252b28），它是天生的［/自然的］（1253a2；参见a18以下），并且天生［/从自然出发］先于家庭和个体（1253a19；参见a25）而存在。千百年来，所有这四条理论都几乎毫无争议地得到承认；直至近代的开端，它们才遇到尘嚣日上的批判。如果这种批判是合理的，那么这些定理就会沦为一条过时的道路［via antiqua］，被现代的道路［via moderna］所取代。

最为尖锐的反对意见来自霍布斯。因为他认为，人首先是一个冲突之物而不是一个社会之物，所以他在政治共同体中看到的“不仅仅是集会，而且还有结盟，缔结同盟必不可少的是守信和契约”（《论公民》[De cive]，I 1，注解）。由此出发，他得出了一个立场鲜明的反命题，即共同体并不是天生被造就，而是通过人为的技艺（art）被造就的（《利维坦》，导言）。他认为，亚里士多德的另一个错误在于以下假设，即认为在国家中应该占主导地位的不是人，而是法律（《利维坦》，第46章）。

在霍布斯提出第一个异议之后，出现了一种基于合法性理论的异议：亚里士多德从关于人的命题即人是如何的，推导出他应当如何与他人共同生活；由此他混淆了是什么和应当如何。最后，人不可能先天就是政治动物，因为相应的政治共同体在历史上出现得相对较晚。

最后一个与历史相关的异议相对比较容易反驳，这个异议设定了一个静态的自然概念，而亚里士多德使用的却是一个动态的概念。对那个合法化理论之异议的反驳：亚里士多德把描述性部分和规范化部分相互结合起来。根据生物学过程的模式——更确切地说根据三个角度：开端和同时出现的动力、目标，最后是发展的过程，“自然”在与政治人类学的关联中意味着一种发展。

根据其第二层含义，自然[/本性：Natur]是与人的本质和自我实现相关的。亚里士多德并没有宣称，人类总是已经在城邦共和国中被组织起来，但是他认为，人类特有的性能[ergon tou anthrôpou]（参见第14.1章）只有在城邦共同体之内才能完全实现。根据另一种异议，亚里士多德不仅将个体的人，而且将家庭共同体比作器官，器官只有在整体的且有生命力的有机体的范围之内才有能力实现其特有的功能（《政治学》I 2，1253a20–22）。但是他由此提出的却不是那种类似于器官学的理解——这种理解将共同体解释为一种按照等级受到划分的有机体，其中有质性上不同的、并且既有控制性又有服务性的各种功能。以下这点已经对此作了反驳：有一部分人只具有服务性的功能，即奴隶，对于亚里士多德来说，这部分人根本不是国家公民，而其余部分，即公民，因为城邦被定义为自由人的共同体（参见16.2章），相互之间地位平等，原则上享有同等权利。亚里士多德通过器官的比喻强调单个的人和前政治的共同体与城邦的那种本质上的关联。当然在涉及个体的时候，这种关联只是本质上对大多数人有效，而不是对所有人都有效。因为总有那样的人，他们没有群居的能力，就像一头野兽（thêrion）那样，除此之外也有那样的人，他们具有一种非同寻常的自足能力，就像神（theos）那样，因此根本不需要共同体（《政治学》I 2，1253a27–29）。

亚里士多德也没有盲从于一种“生物学层次的错误结论”——按照这个结论，政治共同体是在未借助人的一种有意识的独特贡献的情况下“自行”构成的。他提到创建城邦的人，称他为最伟大事件的发起者（《政治学》I 2，1253a31），并且由此接近了霍布斯。正是因此，与基特（Keyt 1987，载于Keyt/Miller 1991）的阐述不同，这两位思想家并没有构成一种非此即彼的对立，旧道路和新道路之间并没有一个非此即彼的选择。亚里士多德可能会同意霍布斯所主张的那种人为的因素；

但是他拒绝以下观点，即认为政治之事乃是非自然意义上人为的，因为这一观点阻碍了对人的一种根本上的规定。与此同时，有一种本质上的共同性显现出来；亚里士多德与霍布斯一样反对以下观点，即认为国家是这样的场所，人们在其中疏离了其本质——可能是由于奢华和衰落（就如柏拉图在第二个城邦等级之中所指出的），也可能是由于对自由过度的限制（就如无政府主义对国家的批判）。对这两位哲学家来说，国家毋宁说是一种对人类有益的社会形式。

在下述意义中，亚里士多德也是“现代性的”：他将人与类似于人的生物关联在一起；因为政治的特性在动物那里也可见到。在《动物志》I 1中，亚里士多德区分了单独生活的动物和群居的动物，后者又被细分为分散生活的动物和“政治的”动物；关于“政治的”动物，他举了人类、蜜蜂、黄蜂、蚂蚁和鹤为例子；因为这些动物都在共同生活中进行一种群体性的活动（koinon ergon：487b33–488a10）。在阐述政治概念的第二个主要段落，即在《政治学》I 2中，亚里士多德并没有取消生物学的定义，而是通过运用比较补充了这个定义。根据现在这个定义，人不是唯一的政治动物，但是他比蜜蜂或者其他任何一种群居动物都更具政治性（politikon...mallon）（《政治学》I 2，1253a8以下）。

我们可以从纯粹数量上来理解这种提高。但是对亚里士多德来说，重要的并不是这种提高，首先重要的也不是今天我们理解中的所谓真正的政治，不是职位和机构，不是权利和围绕权力的斗争。毋宁说，他认为重要的是那种已经包含于生物学概念中的群体化活动［koinon ergon］。在这一点上，他较不重视合作的可靠性——如果我们关注纠纷甚至战争，就很难认为人会比蜜蜂和蚂蚁更具合作精神，而较重视质量。对于动物来说，根本上重要的只有简单的生存（zên），而对人来说则相反，重要的是美好生活（eu zên）。此外，亚里士多德是“现代性的”，因为他已经对最近热门的辅助性思想进行了阐释，他认为，群体/社会是辅助手段：是对个体的帮助和支持；更高一级的群体形式/社会形式是对较低级的群体/社会形式的帮助和支持，但最终是对个体的帮助和支持。

亚里士多德对人的政治本性的论证是通过四组关系极为紧密的论据展开的，在这里我们会概述其中的三个。第一组论据（《政治学》I 2，1252a26–1253a7）接受了柏拉图的思想，即个体自身是不够的（ouk autarkês），而是需要很多共在的人（pollôn endees：《国家篇》II，369b）。亚里士多德拓展了这一思想，与柏拉图不同的是，他不只是在关于劳动分工和使生活便利的经济学意义上讨论这个思想。他从两种相互依赖的形式出发。这种相互关系使人想起一种规范性的因素，这个因素通过其简化的交换正义又一次显示出亚里士多德的现代性特征：由于一种类似于本能的冲动（hormê：1253a30），即性欲，男人和女人联系在一起；基于质性上不同的天赋，主人和仆人亦即奴隶共同工作。第三种关系是在其他地方补充进来的，即（需要帮助的）孩子和父母的关系。从这三重关联中产生了社会的同时也是经济上的基本统一体，即家庭（oikos，oikia）。因为成长起来的孩子会建立他们自己的家庭，同一个家族谱系下的家庭成员的共同体——在这里是第二代发展层次，就形成了，出现了一个氏族亦即部落意义上的村庄（kômê）。多个氏族最终构成了城邦，即那样一个共同体，在其中血缘关系不再被看作是决定性的要素，起决定作用的是对于美好生活的兴趣。

第一组论据支持了自然的城邦，它们部分从生物学的（男人–女人、父母–孩子）社会冲动出发，部分从生物学的–经济学的（主人–仆人/奴隶）社会冲动出发，而第二组论据则以语言天赋和理性天赋为基础（I 2，1253a7–18）。然而，这两组论证并不是迥然不同的，因为奴隶的特点就是缺少一种理性，以及缺少一种有预见的理智（《政治学》I 2，1253a31–34）。因此，西方人类学的两个基本定义，即人的政治本性和语言及理性的本性，是相互关联的。如果没有理性天赋，人就不能实现他的政治本性，而理性天赋本身又是在城邦的范围内被发展起来的，但是只有在城邦之外才能达到理性生活［/理论生活：bios theôrêtikos］的完满状态（参见14.4章）。

亚里士多德区分了三个层次，并且在每个层次都分配了一个相应的交流能力的层次。第一个层次是实践理性的前层次，是对痛感和快感的感受，这个层次动物也具有；它使那种简单形式的政治成为可能，使个体和种属的生存成为可能。由于第二个层次，也就是第一个真正理性的层次，即反思有益之事和有害之事的能力，人们可以将生存这个主导性目标区分为局部目标和中间目标，并且构造出一个相应的目标共同体。最后，逻各斯能够超越局部实用性的立场，并且由此达到真正的政治层面，达到一个不仅关涉到善和恶、而且也关涉到公正和不公正的共同体（《政治学》I 2，1253a14–18）。

针对这样一门得到深入发展的人类学，霍布斯提出了他的疑虑：在这里政治只被理解为一种合作的形式。但是由于这种合作必须是有组织的，并且会受到冲突以及别有用心者的威胁，所以就需要具有强制性权力的职位和机构。事实上，希腊城邦也不是一个不带有统治要素的共同体的特殊情形。

《政治学》也研究了法律和对法律的服从，此外还极为详细地研究了职位和机构，甚至论述了三种公共权利——这三种权力与我们在近代分权理论中所看到的三种权立是相同的（《政治学》IV 14）。以下的情形可能更令人吃惊，在他的政治人类学中（《政治学》I 2），亚里士多德对于合作谈了很多，但是关于强制性权力和统治，他未置一词。真正的政治之事由此获得了一种非政治的特性，亚里士多德通过这种沉默［per silentium］表达了对那种在近代，亦即在法国大革命时期才被明确提出的倾向的赞同；他支持无政府主义。如果亚里士多德仅仅立足于合作，那么他首先可能就无法实现他的论证目标，即从局部开始对城邦进行重建；仅仅从社会本性出发就不会形成具有强制权力的社会秩序，“不会形成国家”。

除了这两个已经提到过的思考，亚里士多德还提出了第三组论据；但是这组论据被霍布斯以及很多哲学家忽视了：关于生活在城邦之外的人，亚里士多德十分明确地指出，这种人“具有战争欲”，更有甚者：他们是“野兽”；此外，亚里士多德还说道，最糟糕的情况是被武装起来的不正义（《政治学》I 2，1253a6，a29，a33以下）。在这里，霍布斯关于“一切人反对一切人的战争”和“人对人是狼”的命题的部分内容被预先表达了出来。除此之外，人们不可以仅仅从社会本性出发去看待权利和正义（dikaion）的概念。简而言之：霍布斯通过他的阅读方式在亚里士多德的政治人类学中仅仅看到了社会本性，这是令人惊讶的偏见。与霍布斯不同，按照亚里士多德的观点，为了避免战争的危险，存在着不止一个的应对措施；至少友爱就与权利和正义同样重要（参见15.3章）。

简略提及的这三组论证看上去并不完全连贯。第一个论证将城邦与那种更加严苛地实现美好且成功的生活［eu zên］的任务联系在一起，而另外两个论证则满足于相互间的利用以及一个具有权利和正义的共同体。在《政治学》的论证过程中，有两个定义被接纳。第一个定义，即美好的生活的定义的例子在第三章第9节（III 9，1280a32，b33），第二个定义在第三章第12节（III 12，1282b17：政治的善是正义［politikon agathon to dikaion］）。真正被兑现的还是第二个目标。尽管城邦也接受了教育的任务，但是它既不对幸福的完满幸福的形式，即理论的生活负责，也不处于那种为了全面实现美德所展开的政治生活的范围之中。城邦满足于那个由共在之人承担的部分（参见15.3章），因此一个好公民（politês spoudaios）的“日常”美德与完满的美德（aretê teleia）并不重合（《政治学》III 4，1276b16以下以及b34）。

根据第一种对政治［politikon］的非特殊化的理解，政治的本性只意味着以下内容：孤独的人不会是幸福的，只有与他人生活在一起才能获得幸福。而第二种特殊化的理解则更精确地指出了共同生活的形式：人们实现自身的过程并不是在性生活或者劳动中，不是在经济上的“自力更生”（参见《政治学》VII 6，1326b27–30）和经济上的富足中，也不是在协助反对违法者的过程中，不是在内在的和外在的和平之中，而是只有当人们承认了这些过程而非弃之不顾，并且通过将这些过程融入一种高要求的生活之中，从而同时超越这些过程的时候，人们才实现了自身。在这个方式中，“政治”包含了一个丰富的多样性。它以一种几乎非政治的方式开始于家庭成员的经济关系；当涉及亲属关系、信仰和文化共同体以及对内和对外的保护时，政治得到了提升。而城邦通过法律和正义的共同体具备了最大程度上的政治性。在关于辅助性的第一个层次的意义上，人根本上所依靠的是与他人的共同生活，他是一个社会存在（ens sociale）。在辅助性的第二个层次上，共同生活的机会在一个自由且平等的共同体中才能实现，这个共同体自身组织起了人的共同生活，也就是说，人是一个真正的政治生物（ens politicum）：亚里士多德所谈的政治本性的含义是这两种阅读方式共有的，因为它存在于这个具有双层含义的陈述之中。现代人越来越怀疑共同体的责任就是其公民的幸福这个说法，尤其在亚里士多德那里，幸福被高要求化地解释为内在于人类的理性可能性的实现，或者更一般性地，幸福被解释为自身实现和人性。在这当中，现代人怀疑的是，法律关系和国家关系究竟是否有可能帮助公民实现自我。他们主要担心的是，一个法律制度和国家制度还会试图去干涉社会力量的自由游戏以及个人的私人领域，因此发展出一种集权化的、至少是非自由主义的倾向，这与根本上的目标，即人性背道而驰。

但是在亚里士多德那里，人们必须区别形式上的幸福定义和实质上的幸福定义。在亚里士多德看来，幸福在形式上并不是一个“积极的”目标，但却是一个必要的目标，也就是那个视域，在其中所有惯常的目标和兴趣都会找到它们的意义。因此，即使人们从根本上或者在政治合法性争论的领域中对亚里士多德实质上的幸福定义保持怀疑，也可以赞同他的形式定义。此外，人们要区分对致力于美好生活的城邦的直接解释和纯粹的间接解释，这种区分亚里士多德本人并未始终关注到（比如在VII 2，1325a7以下就没有）。还有人们不可以忘记，希腊城邦作为一个拥有熟悉的地形和公民的一览无余的空间，并不仅仅是一个目标组织，而且也是家乡；并且因此较之具有体系化特征的当代国家，希腊城邦提供了更多直接的人性之可能性。此外，当代国家由于其多样化的官僚手段和警察力量，具有比古代城邦大得多的被滥用的可能性。此外，人们不可以用一种过于强调的方式来解释美好生活理念中的规范化要素。即使亚里士多德自己并没有充分地注意到这一点，城邦也是有利于那些寻找一种快感生活或者利益生活的人，这些人所信奉的生活策略与那种实质性的幸福定义背道而驰。

15.3 友爱和其他前提

如果亚里士多德仅仅证明了人的政治本性，而对政治的先决条件和边界置若罔闻，那么他就不会成为最著名的政治思想家中的一员。就政治的先决条件和边界而言，最重要的要素就是友爱。它不仅仅是一般意义上的生活必需品（《尼各马可伦理学》VIII 1，1155a4以下）。只要城邦为了美好的生活而存在，那么它就依托于“婚姻结合、宗族关系、公共祭祀和各种消遣活动”；而所有这些都是“友爱的结果，因为友爱是人们选择共同生活的初衷”（《政治学》III 9，1280b36–39；参见《尼各马可伦理学》VIII 13）。亚里士多德并没有将友爱限定于“浪漫主义的”特殊情形，即完全个人化的灵魂友爱，他指的毋宁是那种意向性的（参见“决断”）并且同时又不是机构化的、无论如何不是以城邦形式出现的机构化的关系。

因为友爱所涉及的是那种非机构化的关系，也因为它与正义的关系非常紧密，所以友爱在《伦理学》中得到了探讨（VIII–IX；参见II 7，1108a26–30；《优苔谟伦理学》VII；还有《修辞学》II 4）。在平等之中的那种友爱有三种类型（《尼各马可伦理学》VIII 3–8和15）。它可以是为了正义的事业或者共享的快乐，或者是为了真正的善且同时也为了友爱自身——因此它是那种完满的形式，即“性格友爱”。在所有这三个动机中，友爱显现为是人自身所接纳的所有关系的一种社会反映，因为“没有人想成为另一个人”（IX 4，1166a20以下）。一个人选择接受的友爱类型表明，对这个人来说在生活中最终什么是重要的。

其他的友爱类型则基于一种不平等性（VIII 8–10；还有VIII 12–13以及16）。在这里包括了父母和孩子之间的关系、男人和女人之间的关系、甚至还包括主人和奴隶之间的关系；主人和奴隶都被看作人的话，他们之间也能产生友爱（VIII 13，1161b5以下）。友爱具有多样的形式，如同志关系、发小及个人信任、旅行中的友谊、热情好客以及家庭关系与邻里关系，用现代的话说，还有俱乐部的生活、共同的登山小组和实用网络，直至致力于善行的不常见的联合组织（VIII 6,1157b23；13，1161a13–27），所有这些友爱的形式都构成了对霍布斯“一切人反对一切人的战争”这一命题的反驳。它们创造了人与人之间和睦的关系，这种关系尚未从城邦里的官职和机构中生成。它们以这种方式促进了政治凝聚力，因此在亚里士多德看来，对于立法者来说，友爱的这些形式比正义还重要（VIII 1，1155a23以下）。友爱不需要正义（然而在以实用为目的的友爱那里却是需要的：《尼各马可伦理学》VIII 15，1162b16以下），但是正义还需要友爱作为补充（VIII 1，1155a26以下）。

友爱还需要在与他人建立真正的关系的同时又不失去自我独立性的能力。对于这个目标，人们必须摆脱两种类型的影响：一方面是不要被急切的渴望和精于计算的迎合影响，另一方面是不受好斗和粗暴的影响。由于这两方面的影响是相互对立的，因此二者之间的中间状态也属于友爱（《尼各马可伦理学》II 7，1108a26–30；参见《优苔谟伦理学》III 7，1233b30–33）。我们从性格美德中认识到这种中间状态，它导向一种相对于两种影响的经过反思的、既慎重又优越的关系。

人们应该最爱谁，自己还是他人？对于这个问题《伦理学》给出了一个让人吃惊的回答：善的人应该爱自己（philautos；参见《优苔谟伦理学》VII 6），道德败坏的人（mochthêros）则不会爱自己。亚里士多德的论证如下：善的人合乎道德地行为，同时造福于自身和他人；他为他的朋友和他的祖国无私付出，可能会牺牲金钱，甚至在危机时刻牺牲他的生命。但是道德败坏的人，由于他们遵循那种道德败坏的激情，因此他们不仅伤害了自己也伤害了旁人（《尼各马可伦理学》IX 8，1169a11以下）。因此在亚里士多德看来，只有在善的人那里，自身的幸福与他人的幸福才形成一个统一体；朋友是“另一个自我”（IX 4，1166a32；9，1170b6；《优苔谟伦理学》VII 12，1245a30）。这里解决了一个关于幸福主义的基本问题，即人们如何能自己投身于幸福原则，而同时又能成为一个无私的利他者（参见Annas 1993，III，12章）。一个人能够这样，是因为他“以幸福之名”接受了那种远远超越了自身利益的友爱。（关于以下问题，即一个幸福的人是否需要朋友，也可参见《尼各马可伦理学》IX 9–11。）因此利他主义无须做特别的说明，就能在幸福主义的伦理学中占据一个无可争议的位置。但是利他主义者所指向的只是一些人，尽管不是少数人，但是肯定也不是所有人。那种一般意义上对所有人的友爱，按照圣经中平等地爱所有人的模式所得出的那种对邻人之爱，在这里还没有出现。

亚里士多德关于友爱的理论还涉及对柏拉图《国家篇》的批评（《政治学》II 1–6，关于这一点可参见Stalley，载于：Keyt/Miller 1991）。针对妇女共同体、儿童共同体和财产共同体中的那种匿名关系，亚里士多德指出了个人关系的优越之处：很少会有争论、争端与暴力行为；人们会更多地相互照顾；此外，社会关系会变得更加明晰。亚里士多德明确地表示反对个体在政治共同体中的张扬。有时人们会将以下观点归于亚里士多德，即亚里士多德支持个体在政治共同体中的张扬，如果人们使用了这个标签，那么亚里士多德就不属于社群主义的一方，而是属于一种“社会自由主义”（参见16.2章）。

城邦的第二个先决条件出现在某些要素之中，城邦就是从这些要素出发建立起来的，就像在对柏拉图的批判中所阐释的那样，亚里士多德认为这些要素本身是有理由存在的。不仅仅经济关系，男人和女人的关系，以及父母与孩子的关系，都基于前政治的原因而产生。这些关系的合法性也是前政治的，因此一个共同体只能无视这些关系，却不能废止它们。《政治学》就像理所当然似的承认了这些相应的“自身理据”——在这里《政治学》也被证明是相对比较现代的。那个讨论家庭共同体的结构和合法性的部分（《政治学》I 3–13），在其自身理据中从没有被狭义上的政治哲学所涉及。科学包括哲学也遵循自身的合法性。

另一个先决条件与城邦处于一种复杂关系之中。性格美德既是城邦的一个前提，也是城邦的一个后果，其中包括那种超越城邦的东西：（1）若没有性格美德，城邦的存在和良好的状态就会受到威胁，在这个意义上它是一个前提。在具有性格美德的人那里，法律所面对的就是一种自由的赞同，因此它的强迫部分就变小了，并且城邦也不必总是动用其强迫手段——这种强迫手段会使城邦负担过重或者甚至导致其性质的改变，成为一个集权的国家。在这里亚里士多德认识到了一个洞见，近代的自由主义一步一步地才又重新赢得了这个洞见，那就是：人依赖于一种与其相关的道德。（2）城邦的一个后果乃是美德，因为大部分美德涉及社会的或者政治的关系，因此人们在城邦之内的生活中练习这种美德。最后，（3）在以下意义上美德超越了城邦，即公民的美德所囊括的只是完善的美德的一个部分；但是在统治者看来，公民的美德应当与人的美德重合（III 4，1277a12以下）。亚里士多德也承认，国家不可能只由完美的人组成（《政治学》III 4，1277a37以下）。城邦也不对美好生活的整体负责，它在根本上只负责关于公正与不公的共通性（参见《政治学》I 2，1253a15–18等）。《伦理学》中那个被多次引用的命题，即个人和城邦遵循同样的善（I 1，1094b7以下；参见《政治学》VII 1，1323b40以下以及VII 15，1334a11以下），因此应得到一个朴素的阐释。为了美好生活这个目标，城邦提供了经济的、社会的和法律的领域，但是每个公民自身必须进一步规定并且自己引导在这些领域中的生活。在这里，个人的幸福与共同利益并不总是重合的。

关于城邦，一个更为深刻的界限在于逻各斯的本质，因为这种本质既非完全地，也不是优先地服务于那种合作性的实践活动。相反，这种人类自我实现的最高形式，即理论，属于善的行为，即eupragia（《政治学》VII 3，1325b14以下）。当亚里士多德在谈及一个由于其自给自足而不需要群体的人时说道，他或许是道德败坏的，但是或许比那种（与群体密不可分的）人更为高尚（1253a4，参见28），他在这里暗示的可能就是这种逻各斯的本性。无论如何出于多种原因，政治本性并不是人的整体；在国家中的生活与那种完善的人性也并不重合。

亚里士多德的论证时至今日依然令人信服——但仅仅是在原则上令人信服。因为至少有两个批评点无可回避。一方面，对于公共权力，这种论证首先感知到的是它维持秩序的潜力并且弱化了其统治的性质，在这个意义上这种论证是想“掩饰美化”公共权力。另一方面，还有一种值得关注的缺失。尽管在希腊人那里有共同的机构组织，比如像奥林匹克运动会或者德尔斐的神谕，以及通用的钱币，此外还有贸易和战争协议，还有与希腊之外的国家的关系，但是关于一种囊括了城邦的、至少在希腊之内的法律共同体本身的相应理论，则缺少相关的思考。还有菲利普二世在战胜了雅典人和底比斯人（公元前338年）之后召开和平会议，由此产生了一个应实现普遍和平的泛希腊联盟，对于这个事件亚里士多德的哲学也未作反思。在对亚历山大大帝的一个政治劝诫中，亚里士多德应该发展出了一个世界国家的设想，一个具有同一部宪法和同一个政府而无战争的宇宙城邦（Stein 1968）。但是一部像《政治学》这样内容丰富的著作，却未包含任何在这个方向上的思想，这不免使人生疑：这个仅仅在阿拉伯流传的文本是否真的是亚里士多德所作。就亚里士多德极为关注的“国际化”角度（《政治学》II 6，1265a20以下）而言，他是那种习惯战争的文化的“孩子”。与柏拉图一样（《国家篇》II 373d–e），他尽管看到了预备战争的理由，但是却没有看到致力于建立一种“国际化”法律体系的理由。一位近代早期的亚里士多德主义者，阿尔图修斯［Johannes Althusius］在他的《政治》（Politica 1614年第3版，17章，§ § 25–33）中还关注了那种更为庞大的统一体——这些统一体在他的时代已经成真。除此之外，他接受了亚里士多德论证的基本模式；政治的基本概念就是生活共同体（consociatio symbiotica）。婚姻构成了其最小的形式，在此基础之上，社会整体按照先后顺序有组织地被建立起来：首先是家庭和同事（同业者），然后是社区、村镇、县市、省，最后是国家。通过最后两个社会层次，阿尔图修斯超越了亚里士多德对于单个城邦的关注。但是即便是在他那里，也还缺乏关于世界范围内法律体系的思想。

16 政治公正性

16.1 基本的不平等

尽管亚里士多德通过语言和理性天赋来定义人，但是他并没有基于这种天赋承认人具有一种法律上和政治上的基本平等性。与此相反，他为他那个时代的不平等性辩护，即为奴隶、野蛮人和妇女缺乏平等权利的状态辩护。这里所呈现的论证中，至少有一部分具有意识形态的性质。

16.1.1 奴隶

奴隶从事采矿、手工业、私人家务和农业生产，他们的法律地位甚至比仆人［希洛人：Heloten］（“附属者”）还要低下。那种像在斯巴达的希洛人，尽管他们也不能据有财产，不能享受政治权利，而且还有义务向他们的主人上缴征款；但是他们生活在一个固定的地方。而奴隶则不同，他们被买下或者在战争中被掳获，也可以再次被卖出去。

除了在法律上具有更加卑微的地位之外，奴隶还缺少定居生活，无家可归。

有一些人，比如智者阿尔基达马［Alkidamas］，就质疑了奴隶制度的合法性（参见欧里庇得斯，Ion 854以下；以及《政治学》I 3，1253b20以下），但是亚里士多德则宣称，奴隶制的存在不仅仅是基于暴力［bia］，而且也是天生的［physei］，因此是有充分理由的（《政治学》I 4–7；参见VII 14，1334a2："有些人理应成为奴隶"；参见Schofield 载于：Patzig 1990；Schütrumpf 1991，I 234以下）。在《政治学》中，他设想了天生的奴隶和天生的主人（I 5，1254a23以下）；然而令人奇怪的是，这种思想在其他著作中均未出现，比如在《优苔谟伦理学》和《大伦理学》中，尽管它们也讨论了奴隶制的问题。

尽管我们对亚里士多德心怀崇高的敬意，但是他认为存在着天生的奴隶，这种观念对我们来说无异于一个纯粹的麻烦。不过通过进一步的研究，这个麻烦减轻了不少。主人与奴隶的关系应该致力于共同的福利（《政治学》I 2，1252a30–34；I 5–7以及13），因此这个关系的目的在于互惠性，并且通过这种互惠性致力于实现公正性：一个人由于其智力能力而能够为他的生活未雨绸缪，这样的人自然地就是主人；而一个人缺乏智力能力，即基于一种受天资决定的不利状况，一种先天的缺陷，就要依赖那个为他思考的人，另外他具有一个适合于"获取生活必需品"的身体（I 5，1254b22以下），这样的人自然地就是奴隶。

事实上，在一种极端的智力缺陷的情况中，那种未成年人［不具备民事行为能力］的状态可能是必要的，它符合奴隶制的法律方面。此外，还有一系列的论证都与亚里士多德针锋相对，比如在古代雅典，智力缺乏的人几乎不可能多到占人口总数的百分之三十五到百分之四十，但是奴隶群体的比例却有这么高。另外，智力的缺陷在大多数情形下成为一个人被分配较为简单的工作以及得到较低薪酬的理由，但是不是其受到法律上和政治上不平等待遇的理由。还有，智力上的缺陷不必与更强的体力劳动能力关联在一起。此外，亚里士多德的立场并不一致；在《政治学》第七章第10节中（1330a32以下）他建议，承诺给予奴隶自由作为他们劳动成果的报酬，这对天生的奴隶来说是荒谬的。他也承认，对于一个奴隶来说，只要人们不将他看作一个奴隶，而是看作一个人的话，他也有可能具有友爱（《尼各马可伦理学》VIII 13，1161b5以下）。

除了智力上的缺陷和身体上的状态之外，亚里士多德为捍卫奴隶制提出的第三个合法性理据是一种本性上的弱点，即缺少勇气（VII 7，1327b27以下），这使人想起黑格尔《精神现象学》中著名的章节"主人与奴隶"。决定一个人是主人还是奴隶的不是其面向未来的思考能力，而是其面对生死一搏的准备情况。然而缺少准备并不会导致法律和政治权利的不平等，但是大多数情况下会导致失败的事实。此外，亚里士多德并不是真的从对等的立场出发去观察主人和奴隶的关系，而是从主人的立场出发去观察。后一种立场总是致力于一种休闲活动，因此除了惯常的工具之外还需要那种服务于生产性活动的、"有生命的工具"，作为其行动的助手（《政治学》I 4）。一个人过于贫穷，才会使用牛来代替奴隶（I 2，1252b12）；而那些有能力拥有奴隶的人可以雇佣一个管家，自己则投身于政治或者哲学（I 7，1255b35–37）。在这里情况正好相反。缺陷是在主人身上，作为主人他害怕（体力）劳动，并且从那种看上去像平等的劳动分工中，事实上得到了更大的利益。因此《政治学》合理地承认了一种公正性的缺乏，但仅仅是在通过战争强迫人成为奴隶的情况中（《政治学》I 6）。另一方面，亚里士多德并没有赞美奴隶制；相反地，他在奴隶制的实行中没有看到任何值得提倡之处（VII 3，1325a25以下）；然而，甚至理想的城邦也是在这样的机构制度之上建立的（VII 10，1330a25–33）。除此之外，我们也不可以忘记，第一个对人权的阐释，弗吉尼亚州的人权法案，就是在一个奴隶制国家中产生出来的。

16.1.2 野蛮人

希腊人称之为野蛮人的并不是中立意义上的一个陌生语言共同体中的成员，而是那些不会说高级文化的语言、不会说希腊语言的人；这个拟声词［指“Barbaren”（野蛮人）这个词］将那些说外语的人贬低为文化上较低下者。然而在古典时期，比如在希罗多德那里，像埃及人和波斯人那样的野蛮人则由于他们的科学、智慧和人性而受到推崇（比如《历史》VII 136，在那里希罗多德描述了波斯国王薛西斯面对斯巴达人所表现出来的巨大勇气）。尽管如此，亚里士多德却颇为赞同地引用了诗人的话（欧里庇得斯，《在奥里斯的伊菲格涅亚》［Iphigenie auf Aulis］，V.1400）：“希腊人统治野蛮人，是适当的”（《政治学》I 2，1252b8）。在这里，他从一种文化的优越性中得出了一种政治上的特权；此外他还强化了诗人的这句话：他将野蛮人与天生的奴隶放在同一个层面上。他提出的理由是，野蛮人缺少一个“自然的［/天生的］统治者”。但是在这里说他们缺乏面向未来的思考能力显然已经不准确了，因为埃及人、波斯人等民族也都享受了经济和文化繁荣以及政治稳定的伟大时期。

埃斯库罗斯在《波斯人》（V. 181–199）中将野蛮人的世界和希腊人的世界描述为具有平等地位的生活系统；受到批评的只有以下企图，即逼迫希腊人到一个陌生的国家去。安提丰是苏格拉底的同时代人，他也明确地否认任何一种人类学上的差异：“从自然出发，我们所有人在所有方面都是平等地被造就的，无论是野蛮人还是希腊人”（Diels/Kranz 87 B 44）。在这个意义上，亚历山大大帝平等地对待所有民族，甚至还试图使各个民族的精英阶层相互融合到一起。

虽然亚里士多德没有采用这个评价，而更加关心那个宪法政治的奇点，即自由人对自由人的统治——他将这一点解释为希腊人领先于非希腊人的道德–政治上的优越之处（《政治学》VII 14，1333b27–29），但是这并没有削弱他的研究的好奇心。在《修辞学》中，他多次呼吁进行政治情形的比较研究（比如I 4，1360a30–37）；对于像迦太基这样一些国家的宪法，他表示了高度的敬重（《政治学》II 11，1272b24以下）。

16.1.3 妇女

在雅典，妇女在法律上依附于一个监护人，这个监护人在多数情况下是她的父亲或者丈夫。丈夫并不是自由选择的；相关事务都受到监护人的监管，妇女没有继承权，但是她们可以作为女继承人把财产转交给她们的儿子。另一方面，她们在法律上是自由的，在法律上可以要求得到赡养，并且在受到虐待的时候还享有通过诉讼得到保护。亚里士多德在这方面的陈述并不是完全一致的。一方面妇女比男人要低下，甚至是在美德方面也是如此（《政治学》I 13，1260a20–24），此外整个家庭，也包括妻子，都是以一种君主专制制度的模式被统治的（《政治学》I 7，1255b19）。另一方面，《伦理学》削弱了一种单纯贵族式统治的优势，并且另外还谈到了一种劳动分配（VIII 12，1160b32以下；VIII 13，1161a22以下）。在《政治学》I 12–13中，这种关系甚至被定义为“政治的”，因此被规定为一种平等的关系。然而通过一种隐蔽的比较手法，亚里士多德又一次引入了不平等性；男人虽然不适合单独去执政，但是适合在一个较大的规模中去执政（hêgemonikôteron：《政治学》I 12，1259b2）。

由于那个时代的法律制度，即女继承人、妇女有权去“统治”一个家庭（《尼各马可伦理学》VIII 12，1161a1–3；参见《政治学》II 9，1270a26以下），也由于以下状况，即在其他民族那里妇女是具有统治地位的（gynaikokratoumenoi：《政治学》II 9，1269b24以下），因此经验主义者亚里士多德就可能会对他自己的那个假设，即认为妇女的领导能力较为低下，心存怀疑。他总归是指出了在斯巴达宪法中妇女的正式地位（《政治学》II 9）。他也承认，妇女构成了“自由人中的一半”（I 13，1260b19）。但是更为常见且更具分量的是他那些与此对立的命题：比如说他引用索福克勒斯的《埃阿斯》（Aias，V.293）中的话“沉默是一个妇人的饰品”（《政治学》I 13，1260a30）。此外，在他谈到美德的地方，他所说的不是一个善的人的美德，而是善的男人的美德（aretê andros agathou：III 4，1276b17），还有在谈到孩子的时候，他只说父亲（I 3，1253b6以下），以及在涉及孩子教育的时候，只谈儿子（VIII 3，1338a31）。因此在这里，亚里士多德跟随了一种较为普遍的实践：尽管在某些信仰仪式中（参见德尔斐的阿波罗女祭祀）以及在一些重要的节日中，妇女扮演了一个统治性的角色，尽管在荷马以及在悲剧中出现了一些伟大的妇女形象，像佩内洛普［Penelope］、安提戈涅［Antigone］、伊菲格涅亚［Iphigenie］、美狄亚［Medea］，并且我们在那些陶制器皿画上也发现了拥有极为丰富的文化和公共活动的妇女生活，但是我们看到的希腊人首先还是作为公民、战士、户主和父亲，简而言之：是作为一个男人。

16.2 自由人对自由人的统治

亚里士多德的政治人类学（《政治学》I 2）研究了社会合法性的最低条件，研究了每一位成员的相互利益。在这里人们可以谈及一种城邦合法化的正义；因为政治组织使每个人变得更好，所以与没有这种组织的情况相比它是合理的。但是亚里士多德的《政治学》也包含了城邦规范化的正义的基石。它们出现在亚里士多德对于始基［archê］的思考中。

社会需要一种原则、一种统治或者治理，这一点亚里士多德从不怀疑。其中的一个原因或许是，他从始基这个概念中看到的并不是那种强制的性质，而是秩序和引导的因素，因此在缺少始基的情况下，他最先感受到的是无秩序、无领导和无法无天。与荷马（《伊利亚斯》II 703和726）、希罗多德（《历史》IX 23）、欧里庇得斯（《赫卡柏》［Hekabe］V.607；《在奥里斯的伊菲格涅亚》V.914）和柏拉图（《国家篇》VIII 558c和560e）一样，亚里士多德也认为，在那种无始基［an–archia］下，即在无政府状态下，自由不可能得到实现，它只能成为军事和政治没落的一个原因（《政治学》V 3，1302b27–31）。对亚里士多德来说，无政府状态就像一艘没有船长的航船一样不值得被追求——船是一个经典的比喻，是国家的缩影（《政治学》III 4，1276b20以下；参见柏拉图，《国家篇》VI 488a以下）；亚里士多德将统治看作一种“合乎自然的”事实（《政治学》I 2，1252a31–34）。然而在有一个地方，他提到了那种“不受统治状态”，即mê archesthai（VI 2，1317b15），但是在那里他只是自问，人们是否可以如此解释民主，并且最终摈弃了这种解释。在古代，大致上只有希罗多德（《历史》III，80–83）提到了一个波斯贵族，欧塔涅斯［Otanes］,他主张一种完满的民主，其理由是他既不想统治他人，但也不想被统治。

对亚里士多德来说，统治的存在是如此理所当然，但是关于统治的更为具体的类型在他看来则不是那么明确的。一个合法的统治在五个方面受到限制：第一个限制被包含在亚里士多德不同的统治概念之中。按照他的看法，人们引领一个城邦，或者像国王那样去统治，或者像掌管一个家庭，或者像命令奴隶，这其中存在区别（《政治学》I 1，1252a7–13；参见VII 3，1325a27–30）。家庭的主人，希腊语写作despotês，也就是独裁者，统治那些无自由的人，而城邦的统治者则统治自由人。在这里，统治是从公民出发被定义，并且同时受此限制：合法的统治指向自由人，也就是那些属于他们自身并且以他们自身为目的的人（《政治学》I 7，1255b20以下；《形而上学》I 2，982b26）。自由人既不接受一种附属的地位，也不是为了报酬而工作（《政治学》VIII 2，1337b5以下），因为他拥有财富，所以就能够把那种对生计的操心让渡给他人，而自己投身于公共事务。此外，他并没有充满焦虑地守着他的钱财，而是以慷慨大度著称。

在这一点上，关于“自由”这个概念领域还有一句题外话，亚里士多德与一般希腊人的看法一样，还没有将“自由”这个概念领域看成一个统一整体；但是他认识到了其中局部现象的多样性（参见Raaflaub 1985）。亚里士多德虽然缺少一个总的标题，但是并不缺少一种既丰富又千差万别的问题意识。我们在这里举出六个最重要的观点：

（1）“自愿”［Freiwilligen］（hekôn，也就是hekousion）这个行为理论的概念首先意指的是一个人的消极自由；一个人自愿地行为，这种行为既非源自于外部的强迫，也非源自于无知，而是源自于自由的部分，即从他自身出发。（2）关于行为自由的一个相应的积极的概念，亚里士多德使用了prohairesis这个词，即深思熟虑后的决定。（关于第1点和第2点参见13.2章）。（3）关于自由的另外一个概念就是那种完全自给自足状态，就是autarkeia（参见14.1章）。（4）经济意义上的以及法律和政治意义上的自由，被称为eleutheria［这个希腊语词一般被译为“自由”］。在这个意义上，一个人只要与奴隶不同，不是被一个主人所占有，并且因此以其自身和美好生活为目标生存，那么他就是自由的（参见《形而上学》I 2，982b26）。在与他人的共同生活中，一个人只服从于法律和公共部门的一系列义务，那么他在政治上就拥有双重意义上的自由：在肯定性的意义上，他既可以统治他人也可以转换状态，被他人统治（《政治学》VI 2，1317b2以下）；在否定性的意义上，他可以随心所欲地生活（b12）。

所以亚里士多德认识到了时至今日对政治自由主义仍然具有决定意义的那些维度中的三个。而根据本杰明·康斯坦斯著名的文章《古代自由与现代自由之比较》（1819）［*Benjamin Constants, De la liberté des anciens comparée à celle des modernes*］，古代人认识到的只有第二个维度，即政治的维度，还没有认识到第三个维度，即个人的维度——第一个维度在康斯坦斯那里无足轻重；但是亚里士多德的哲学不仅讨论了经济上的自由，而且还讨论了积极的政治自由，即那种民主参与——这种民主参与还远远超出了我们民主国家的民主参与，最后甚至还讨论了消极的政治自由，即个人的自由：关于按照自己的喜好和想法去生活的权利。诚然，这第三个维度还没有从基本权利角度得到保障，因此只有人口中的一小部分人才有权得到这种自由：即自由的男人，居留于此的外国人（无公民权的外邦人）、奴隶和妇女无权得到这种自由。并且亚里士多德没有看到，在第一个维度有所缺乏的地方，相应的福利国家必须去创造一种平衡。

（5）在亚里士多德看来，如果一个人不是死守着他的财富或者挥霍财富，而是能够自主地与身外之物打交道，并且以慷慨大度（eleutheriotês）著称，那么他在道德–实践的意义上就是自由的。（6）最后，一个共同体如果能自己制订法律，因而具有自治权［autonomia］，那么这个共同体就是自由的（参见《政治学》V 11，1315a4–6）。

这六个要点相互关联，在《政治学》中都扮演了一个重要的角色。当统治在其特殊的政治形式中指向自由人（以及具有相同地位者）时（《政治学》I 7，1255b20），当城邦被定义为一个自由人的共同体（《政治学》III 6，1279a21）并且也常常涉及到处于自由状态的公民时，这里主要涉及到要点（4），即三个维度上的自由：经济上的、法律上的和政治上的独立性。在政治维度上与其相应的乃是与要点（3）的关联，即一个城邦的自给自足，以及与要点（6）的关联，即城邦的自治权。那种作为个人独立性的自由乃是以要点（2）为前提的，那种在《伦理学》中讨论过的决断的能力。关涉作为个人独立性的自由的还有同样出自《伦理学》的著名要点（1），消极的自由。自给自足的状态（3）不仅仅在《政治学》中很重要，而且在《伦理学》中也举足轻重；在《政治学》中，它标识出“城邦”这个共同体形式，在《伦理学》中，则指出了幸福原则。

在这段题外话之后，让我们回到那些使统治规范化的要素：柏拉图在哲学王的命题中主张要有一个好的统治者，而亚里士多德则主张要有一种（好的）法律（参见《政治学》III 16，1287a18以下）。在这里，他追随了在希腊受到极高尊崇的诗人品达［Pindar］（约公元前518–446年），在这位诗人看来，（冷静理智）法律乃是“所有人的国王”（引自柏拉图，《高尔吉亚篇》484b，参见段落VIII 354c）。关于公正的统治的第二个限制在于“法治”［Rule of Law］，即法律的统治（III 11，1282b2以下）。通过普遍的以及平等使用相关物的规定，权利的平等性被造就了，这种平等性消解了以下危险，即人很容易变得独断专制，因为他们乐于按照他们自己的意愿行动（《尼各马可伦理学》V 10，1134a35–b2）。法律不受一切激情的影响，此外它们出自长期的、也就是说具备丰富经验的相关考虑（《修辞学》I 1，1354a–b2）。然而，通过法律所实现的只是第一个维度上的权利平等，即公正地使用规则，但是它却完全承认奴隶和妇女不平等的法律地位。此外，亚里士多德意识到了那种处于普遍性规则之中的限制，他为法律添加了一种修正，即公道（参见14.3章）。希腊既没有专业的律师，也没有其他以此为业的专家，因此政治不仅与民众较为贴近（“更加民主”），而且也较少受严格的法律形式的制约；取代了法律专家位置的是那种“准专家”，即演说家（参见4.3章）。

亚里士多德已经区分了三种公共权力（《政治学》IV 14–16）。在这个预示了三权分立思想的区分中，第三个对于统治的限制变得明晰起来（《政治学》IV 14，1297b37以下）：权威的审议机构大致相当于立法机构，因为它在战争与和平、结盟与条约、法律以及官员的选举和问责等问题上做出决断（《尼各马可伦理学》VI 8，1141b32以下部分特别介绍了立法过程本身，及其与审议的不同）。官员构成了行政部分，并且占据司法判决的三分之一。事实上还有一种第二的，甚至是双重的权力划分的形式，但是亚里士多德对其没有进行深入研究。在希腊，权力被分配给不同的城邦，而这些城邦整体上分有了“精神中心”德尔斐的影响力。

在他影响巨大的关于两组各三种宪法亦即国家形式的学说中，他将那种以公共利益（to koinê sympheron）为导向的宪法与那种以统治者利益为导向的宪法（to tôn archontôn）区分开来，并且指出前者是完全正当的，而后者则相反缺乏正当性（《政治学》III 6，1279a17–20）。（在霍布斯那里这个标准丧失了：《利维坦》第19章）。根据这第四条标准合法的有：君主，但不是暴君；贵族，但不是寡头政治（有钱人的统治，因此更好地可以称之为财阀统治）；最后还有政治体制，但不是民主，因为亚里士多德将民主理解为一种穷人的统治（参见16.3章），但这种统治乃是“最差的宪法中”尚“可容忍的”一种（《政治学》IV 2，1289b2–5）。这种僭主政治与近代的国家形式，比如专制或者独裁，更不用说极权统治，完全无相似之处。一位希腊的专制君主几乎不可能拥有现代国家机器所包含的控制与镇压的手段。他出身于一个据有领导地位的家族。首先他会组建一支私人军队，即一队武装的护卫，然后尝试着通过那些公共建筑物（庙宇、喷泉、要塞），也就是完全通过对公共利益所作的贡献来使统治合法。君主成为诗人、艺术家和宗教庆祝活动的资助者，这也是上述的合法化尝试之一。

在《政治学》与此相关的第四章第10节中，亚里士多德区分了僭主政治的三种类型。其中，头两种，即某些野蛮人的无限专制统治以及在史前希腊出现的所谓独裁政治［Aisymnetenherrschaft］（也可参见《政治学》III 14–15），符合在道德–政治上中立的僭主政治的概念；僭主，比如像索福克勒斯的悲剧《俄狄浦斯王》中的俄狄浦斯，所指的是一个独裁者，他不是通过继承获得权力的。在亚里士多德所指出的两种情况中，统治基于一种法律基础，并且针对那些自愿的服从者（因为由人民所选择？）（《政治学》IV 10，1295a15以下）；但是除此之外，亚里士多德也有提到按照个人感觉所实施的统治：a17，这个部分看起来像一个无法与前文保持一致的补充部分。第三种类型，即根本上的僭主政治才符合那种应加以谴责的标准：（1）独裁者的统治无须承担说明的责任；（2）他统治一切人，包括与他平等的人以及那些比他还要优秀的人；（3）他的统治首先是为了自身的利益，而不是为了臣民的利益；（4）没有人自愿服从（a 19–22）。

共同利益这个概念虽然在逻辑标准上具有较高的重要性，但是根本上是含糊不清的。亚里士多德并没有直接对这个概念进行过解说。但是从他所描绘的理想城邦的形象中，我们可以获得这个概念所具有的一些要素。第一点可称之为对国家的防卫。无论这里所涉及的是否是城邦的地理位置（《政治学》VII 5，1326b39–1327a7）及其与海洋的联系（VII 6，1327a18–25），抑或是国土的扩张（VII 10，1330a16–23），或者涉及道路的规划（VII 11，1330b17–31）——亚里士多德总是对军事安全极为重视。第二个要素是贸易关系（VII 5，1327a7–10）或者关于经济政策的普遍问题。第三个要素是耕地的分配问题。亚里士多德建议了四个（并非明确平等的）部分：（1）共同拥有的土地（国有土地），其收成用于（1.1）祭祀活动的消耗和（1.2）公共餐食的消耗；（2）私人拥有的土地。不仅是出于公正性的原因，而且也是为了实现与敌对邻人的和睦一致，每个公民获得两块土地：（2.1）一块在国家的边界上，（2.2）一块在国家内部，在城市附近（VII 10，1330a9–23）。这种由共有财产和私有财产所组成的混合体系，乃是针对两种极端，既针对一种完全的“社会化”，亦即对土地的国有化，也针对单纯的私人土地所有制。在这里，通过公有制如下两个层面得到了确保，一是公共事务（对于亚里士多德而言仅是祭祀活动）的开销，另一个则是每个公民充足的生活必需品（“公共餐食”）。

基于公有制的社会目的，我们在亚里士多德那里发现了福利主义和公平分配制度的思想开端。公共餐食得到了大众无保留的支持，这依据的是克里特的模式（II 10，1272a19–21），而与斯巴达几乎完全不同（II 10，1272a12以下）。因为水具有基础意义，理想的国家甚至还要操心水：哪些水只可以被饮用且不可用于其他任何的用途（VII 11，1330b11以下）。与努斯鲍姆（Nussbaum，载于：Patzig 1990）的观点相反，在这里人们却不能由此过高地估计亚里士多德的福利国家制度所惠及的范围，因为亚里士多德反对带有民主性质的机构制度，比如出勤费，尽管这种制度可以令较穷的人有可能参加全民集会。还有另一个要素，第一眼看上去很像福利主义，但是在仔细考察中则不能被解释为福利主义：在他对《国家篇》的批评中，关于财产所有制，亚里士多德主张一种混合形式，即主张占有（ktêsis）可以是私人的，使用（chrêsis）则是公共的。但是只有当这种公共的使用通过国家得到实现时，它才能被理解为一种福利主义。然而，亚里士多德并不赞成对于集体使用的一种国家层面上的、即匿名的、且强制展开的形式，而是支持那种在以慷慨大度著称的友爱状态中的个人层面上的自愿形式（尽管有VII 10，1329b39以下的说法）。对福利主义构成反驳的还有以下情形，即亚里士多德的理想城邦具有很强烈的贵族化特征。因此尽管土地被分给所有公民，但是却是由奴隶耕种的（VII 10，1330a25–33）。除了奴隶和无公民权的外邦人，工匠、商人和普通农民也被排除在公民之外。有资格享有美好生活的只留下一小群不从事谋生职业的人，这些人在青年时代服了兵役，在壮年时代投身于管理国家和法律事务，而在晚年则承担了祭祀的任务（《政治学》VII 9）。

如果人们把这两个较为重要的规定联系在一起，即限制专制和忠实于公共利益，那么合法的统治就不仅排除了政治上的压迫（“对于不自由人的统治”），也排除了剥削（“为了统治者自身利益的统治”）；而这种合法统治总是带有如下限定，即只是在真正的公民范围之内。另一方面，亚里士多德并没有认识到像实现所有人的平等权利这样苛刻的原则；享有完整权利的人既不是奴隶，也不是妇女和儿童，农民、工匠和商人从来都不在理想的城邦中。

最后，在那些致力于公共利益的国家形式中，亚里士多德更偏爱那种多数人统治的政体，而不是那种由唯一的国王或者少数贵族统治的情形。（奇怪的是，在《尼各马可伦理学》VIII 12，1160a32–36中，金权政治［Timokratie］的政体被看成比君主制和贵族制还要坏的政体。）这种政体是一种极为简单的政治状况，即“政治城邦”或者“公民国家”，在其中公民通过强化的政治参与，通过对统治过程的参与被定义——尽管在这里公民只是人口中的一部分。通过拉丁语翻译“共和国”［res publica］这个词的流传，这种政体在所有欧洲语言中都呈现为一种理想，这种理想政体排除了所有把权力授予和官方授权限制于单个人或者一个小群体的宪法。

今天，“共和国”与它的德语翻译“自由邦”［Freistaat］一样，是一个宪法理论的概念，它指称的是这样一个国家，在其中国王和贵族丧失了统治特权。还有两个要素也属于希腊时期的模型，即政府对公共利益的义务以及直接民主的程度，这两点甚至现在设有公民大会的瑞士各州都没有实现。一个完整意义上的公民应该参与所有的审判过程以及领导机构（《政治学》III 5，1278a36）并且轮流地对他们自身进行统治（I 1，1252a15以下）。在这里，大多数的职位甚至是通过抽签来决定的（参见《雅典的国家》42–69节，在其中所有的官职以及与之相应的职能，直至最小的细节，包括任命形式、任职期限和薪酬，都被列出；关于这一点还可参见Chambers 1990）。由此，由于其代表体系和代表者的职业化，任何一种权力的固化趋势都会被拒绝，这种固化趋势在现代民主制中则占据上风。在亚里士多德看来，一种完全合法的统治包含了相互性和对等性的关系，这种关系很像没了父亲，因此某种程度上可以称为孤儿的兄弟姐妹之间的关系，他们轮流统治他们自己。亚里士多德认识到，人在本性上就被规定为属于城邦，在城邦中，完整意义上的公民门第相当，都是贵族，互相间地位平等，有点像英国上议院的勋爵、法国科学院中的同行以及古典（德国）大学中的正教授。

16.3 民主抑或公民国家?

按照合法性原理来看，现代国家基于两大支柱，一是民主的宪法理论概念（“一切权力来自人民”），还有严格的、人权意义上的平等概念。由于亚里士多德没有认识到人权意义上的平等，并且明确地拒绝了民主制度，因此他的政治理想看上去像是前现代的。但是在他对民主制的批评中，他并不支持那种被近代民主制所取代的政体形式，即君主制。毋宁说，他一面在民主的概念中提出了一种区分，一面认为那种由民主政治和寡头政治混合而成的政治架构是理想的（《政治学》IV 8–9以及11以下），即那种公民国家（“政体”），这种公民国家作为一种混合架构的定义在今天已经不为人知，但是事实上现在它以“共和国”之名继续存在。

1. 在他对“民主制”的讨论中，亚里士多德将这个宪法理论的问题“谁是拥有主权者（kyrios）？”与追问拥有主权的人口群体的社会经济问题联系在一起。在民主制之外可选择的最重要的政体，即寡头政治中，富人是拥有主权的，而在民主制中拥有主权的并不是所谓人民整体，而是穷人的群体（《政治学》IV 4，1290b1以下）。然而这里所说的穷人并不是乞丐，而是农民、雇员、工匠和商人——在这里我们可以看出亚里士多德的贵族背景。

依据拥有执政可能的（被允许执政的）公民圈及其执政权限的范围，亚里士多德区分了四种形式，并且由此提出了一个关于民主的相对概念（IV 4）。前三种形式的共同点在于其与法律之间的关联。在一个此种类型的法治国家的范围内，在民主最初的和最弱的形式中，重要的是人口普查和财产评估。第二种较强的形式要求一种无瑕疵的血缘出身：父母双方都必须是公民。在第三种还要更强的形式中，这种氏族门第的标准有所放松，一切公民都有统治能力。所有公民都能够获得官员职位并且与法律的关联被取消，只有在这第四种形式中，民主才实现了其极端的或者完满的形式。在这种形式中，所有公民都有统治能力；就像人民领袖（dêmagôgoi）所期望的那样，人民可以不受任何法律条文的约束，在协调一致的情形中对一切做出决断，因而被允许公然地违背法律。因为民众在这里所关注的并不是公共利益，而仅仅是自身利益，因此他们会以专制的方式统治“那些更优秀的人”；极端的民主导致一种多数人的暴政（IV 4，1292a15以下；参见IV 14，1298a31–33等）。

在对四种民主形式（IV 6）的第二个描述中，亚里士多德指出了接受法律或者不接受法律的根据。令人惊奇的是，他在这里并没有借助于那种合法化理论的洞见，即法律是无成见的，尽管在其他地方亚里士多德认识到了这个洞见（比如《政治学》III 15，1286b17–21：摆脱激情）。毋宁说，在这里他提出了一种社会经济的根据，当统治者缺乏一种进行持久不断的政治统治的闲情（scholê）时——比如像农民那样，那么他就会让法律来进行统治。而如果城市变得更大，尤其是变得更富足，那么那些穷人，这里特别是工匠和雇员（参见IV 12，1296b29以下），由于有了足够的收入，就具备了政治活动所要求的闲情，因此法律就被取消，人民接受了整个统治活动（IV 6，1292b41–1293a10）。

关于民主的基础，即自由，亚里士多德认识到了两个概念：积极的政治自由，据此人们可以交替轮换地统治和被统治（VI 2，1317b2以下），还有消极的政治自由，这是一个很明显的自由主义概念，即人们可以按照他的意愿生活（b 12；参见VII 12，1316b24；VIII 4，1319b30）。从第一个概念出发，亚里士多德得出了民主的机构制度（b27以下）：官员职位由所有人（公民）所占有；一切决定，至少是那些最重要的决定是由全民集会做出的，诸如此类。

亚里士多德批判的主要是极端的民主。比如说，他反对出席费（即为参加全民集会所交的出席费），这个费用来自于财产税和没收的财物（《政治学》VI 5，1320a17–24）。更为根本的是对那种专业能力缺乏的指责：公民在道德上和理智上都难以胜任公民大会（《政治学》III 11，1281b25以下）。以伯罗奔尼撒战争为例，那些应当资助舰队的富人们是反对这场战争的，而与此相反，占据人口大多数的穷人们则强烈地支持这场战争，由此战争可能被视为是正确的；众所周知，这场战争以雅典的失败而告终。然而另一方面，亚里士多德也举出了赞成民主制的论据。比如他认为，在某些特定的问题上，大多数人比一小撮精英具有更强的能力（III 11，1281a39以下）。

以下论证尽管极为冷漠，但是也反驳了那种对能力缺乏的指责：不同人的美德和聪明可以简单地累加到一起，以便在两个方面，即不仅在性格方面还是在理智方面，都有一种更为优越的集体能力产生出来。这里所涉及的并不是论证的说服力，而是其亲民主的内容。还有以下这点也是亲民主的，即好的公民必定理解这两者，并且同时善于这两者，即统治他人和被统治（III 4，1277b14以下）。这里亚里士多德所指的是那种可交替轮换的服从他人和命令他人的能力，以及在上述两种功能行为中为了共同利益“无私地”发挥作用的决心。

2. 公民国家。亚里士多德的政治理想乃是一种民主政治和寡头政治的混合体。这种理想并非通过诸如“演绎”这样的方式被获得，而是将一种自梭伦改革后日益呈现的现实化带入到概念之中。亚里士多德重新将宪法理论的要素与一门政治社会学的观点联系到一起。为了在（富有的）领导精英和（不那么富有的）大众之间实现一种政治以及社会的平衡，他主张培育一个广泛的中间阶层；因为在占有中等规模的财富之后，人最容易服从于理性，并且更容易具备友爱，除此之外最不会卷入动乱和争斗，此外最好的法律制订者（像梭伦、莱克尔加斯［Lykurg］、卡戎达斯［Charondas］）应该就是来自于中间阶层（《政治学》IV 11）。

关于一种混合式宪政的构想在修昔底德的《伯罗奔尼撒战争史》中就已出现。在这部著作中，作者介绍了公元前411年宪政的发展（VIII 47以下，63以下以及89以下）。为了看到关于一种理论的思想萌芽，我们则要等到柏拉图的晚期作品、《法律篇》（III 693d以下）以及《八封信》（段落VIII 354a以下）；但是柏拉图的模型并不是雅典，而是雅典的对手斯巴达。

公民国家亦即这种混合式宪政在多大程度上可以与我们今天意义上的民主制兼容？这个问题取决于民主的概念。尽管对于现代民主来说，具有奠基性的那个问题，即一般统治的合法性问题，在亚里士多德那里根本未被提及，但是他拒绝了要替代今天的民主制的那些合法性形式，即认为一切权力源自上帝，或者源自上级权力，或者源自相应的传承——这种拒绝有部分是明确的，有部分是含蓄的。由于混合式宪政此外还致力于所有参与者的福利，致力于共同利益，并且由于在这种宪政下重要的决定都是由ekklêsia，即公民大会做出的，因此这种宪政从其合法性根基出发，即便在今天的意义上，很大程度上也还可以被视为是民主的。另外亚里士多德承认，“我们今天称之为政体（亦即共和国）的东西，之前就叫做民主”（《政治学》IV 13，1297b24以下）。因此我们不可以忘记，共和思想的起源既不是在美国革命，也不是在法国大革命，也不是在共和化的罗马才出现，而是在雅典就已经有了；而且其最重要的理论家就是亚里士多德。

亚里士多德的政治理念与现代政治理念的另一个共同之处在于，官员都是由民众选举出来的——虽然当时是直接选举而今天是间接选举，并且要对民众负有说明的责任。而相反地，政府职位则会被分配到个人，这些人是由上一层指派的——这么做是为了防止民主的蜕化（参见《政治学》II 12，1274a18以下）。只有在这里，我们才可以看到一种非民主的、一种贵族式的亦即寡头政治的因素。另一方面，在混合式宪政和现代民主制之间也有着重大的差异。在现代代议制的民主中，那种直接民主的要素要么缺失，要么只是很微弱地发生作用，而在古代的公民国家中则没有像基本权利和人权、党派和联盟、新闻界或者宪法法庭这样的机构制度，在古代也没有一个现代意义上的立法者。

五.关于影响

亚里士多德的影响在历史上几乎无出其右。从古代到17世纪的开端直至18世纪，在这两千多年的时间里，哲学和科学一部分接受和继续发展了亚里士多德思想，一部分批判了他的思想——无论如何都受到他思想的影响。这位哲学家的许多概念，一部分是直接地、更大的部分则通过拉丁语翻译，成为科学语言的固定组成部分，甚至成为欧洲和邻近国家的日常语言。同样地，很多学科的名称，尤其是它们的基本概念和众多论证模式都要回溯到亚里士多德。甚至他的思想在近代早期经历了一段消退期之后，又不断地成为系统化哲思的出发点。不难理解，关于这些错综复杂并且仍未得到全面研究的路径，我们接下来所能谈及的只是九牛一毛。

17 古代和中世纪

17.1 早期

对于他的同时代人来说，亚里士多德主要是由于他在逻辑学和伦理学的成就而受到推崇，他所作的包含丰富知识而且细致入微的自然研究则未受重视。在他去世后，他的影响更为巨大；这种影响产生于雅典学园——这个学园直至公元三世纪一直保持着时大时小的重要性。在学园的第一位领袖泰奥弗拉斯特（Theophrast 公元前372–287）的领导下，这个学园学生如云；根据第欧根尼·拉尔修（V 2，37）的说法，它有不少于2000个学生。虽然泰奥弗拉斯特尚还保持了亚里士多德宽广的知识视域——泰奥弗拉斯特通过他的《形而上学》、植物学著作以及关于性格的书而闻名，但是在他的继任者斯特拉顿［Straton］那里，经验化的自然研究占据了上风。在此之后，从赖肯［Lykon］开始，亚里士多德哲学进入了“死亡般的沉睡”（U.v.Wilamowitz）。在一些个别的具体领域，它仍得出了一些特殊的成果，但是新的哲学动力没有了。最多就是在罗德岛上，亚里士多德的哲学传统通过他的学生优苔谟

［Eudemos］继续流传，通过斯多葛派的巴内修斯［Panaitios］和波塞多尼奥斯［Poseidonios］的中间传播，对西塞罗产生了影响。

逍遥学派［Peripatos］没落的原因之一，就是学园官方图书馆的消失。由于它的消失，亚里士多德在希腊时代只能以他的对话和一些通俗著作闻名，但是其教学文本却几乎无人知晓。在亚历山大城［Alexandria］以及雅典和罗德岛应该有副本的保存，但是这些副本没有产生任何影响。还有就是那种很高的专业化程度。一方面，这导致了如下后果，即那些希腊时代伟大的科学家和学者都可以归入亚里士多德学派，比如地理学家和博物学家，来自梅西纳的迪凯亚克（Dikaiarch von Messene，生于公元前340年）；日心说行星模型的创始者，来自萨摩岛的阿里斯塔克（Aristarch von Samos，约公元前310–230年）；数学家、地理学家和天文学家托勒密（Ptolemäus，约公元85–160年）；语法和句法的创始人，阿波罗尼奥斯·底斯可罗斯［Apollonios Dyskolos］以及他的儿子希罗底安［Herodian］（二人都是公元2世纪）；希罗底安是格律学和韵律学系统化的建立者；还有医生、博物学家以及亚里士多德注释家盖伦（Galen， 公元129–199年）。但是另一方面，亚里士多德将经验研究与（基础）哲学兴趣结合起来，而这种高度专业化则使继续推进这种结合变得更加困难。此外，科学理论的一个优势，即不具有一种匀质的体系，加速了亚里士多德学派的瓦解。

直到学园的第十一代领袖，来自罗德岛的安德罗尼科［Andronikos von Rhodos］，才再次强调哲学课程，并且为了这个目的在罗马组织了那时为止被遗忘的相关论文的出版（公元前1世纪下半叶）。根据古代流传的说法，他所依据的是原始手稿，这些手稿经历了幸运的、几乎让人难以置信的偶然历程后最终到达罗马这个当时的政治和文化中心：纳留斯［Neleus］，作为最后一位亚里士多德学派的成员，从泰奥弗拉斯特那里继承了这些手稿，并把它们带到了他的家乡，即小亚细亚的斯开普斯［Skepsis］，这个地方靠近老特洛伊城。200年之后，这些手稿在那里被一个藏书爱好者阿柏里康［Apellikon］购得，并且在雅典，有兴趣的人通过一个并不太可信的“版本”有了阅读它们的渠道。公元前86年，一位对逍遥学派［Peripatos］怀有敬意的罗马执政官苏拉［Sulla］占领了雅典，他将书籍和艺术品作为战利品带了回去，这些战利品也包括阿柏里康的藏书。

安德罗尼科所编辑的版本引发了一场亚里士多德的复兴运动，这场运动不仅仅具有智识上的意义。具有巨大影响的罗马人如青年时期的屋大维（奥古斯都）［Oktavian/Augustus］就在亚里士多德主义者那里听课；而马可·奥勒留［Marc Aurel］后来在雅典设置了一个致力于亚里士多德研究的教席。在这个时期，亚里士多德的学说有一部分被系统化地统一起来，比如《亚里士多德伦理学概论》［Abriss der Aristotelischen Ethik］。而有一部分则与柏拉图的思想结合起来，比如小篇幅的著作《论宇宙》［Peri kosmou（De mundo）］（参见Strohm 1984年第3版），这部著作长期以来被看作是亚里士多德对其宇宙论的一个自我总结，尽管普罗克洛［Proklos］对此表示了怀疑。上文提到过的盖伦，在一部分问题上支持柏拉图，但是在自然科学的问题上主要支持亚里士多德。他试图通过亚里士多德的方法论将医学建设成为一门科学，由此哲学就成为了医学的基础知识。在十三世纪，根据腓特烈二世皇帝［Friedrichs II.］所作的相应规定（《奥古斯都法典》［Liber augustalis］，III，46），未来的医生仍然先要学习三年的哲学，尤其是逻辑学和科学理论，然后再学五年的医学。

从安德罗尼科开始，在第一次亚里士多德的复兴运动过程中，出现了数量众多的注释（参见Moraux 1973和1984，还有Sorabji 1990）。这些注释不仅仅出自亚里士多德主义者之手，也来自斯多葛派和柏拉图主义者，它们首先主要针对的是《范畴篇》，也就是亚里士多德早期的本体论，晚些时候，比如在亚斯巴修（Aspasius，公元2世纪上半叶）那里也涉及到了《伦理学》。古代的亚里士多德注释活动在那个闻名于雅典的阿弗罗狄西亚的亚历山大（Alexander von Aphrodisias，约公元200年）那里达到了最高峰。由于他所作注释的明晰性和可信性，人们称他为"亚里士多德第二"，与此同时却没有注意到，解释已经取代了亚里士多德的哲思本身。然而，亚历山大并不是一个纯粹的解释者。从人的能力出发，他试图在自由选择的意义上去证明意志自由的存在。有一个逻辑图式也可以追溯到他，那就是所谓的"驴桥"（pons asinorum）。他将第一推动者与活动中的精神（nous poiêtikos）等同起来，这一点使他成为精神形而上学史中一位关键性的人物；通过新柏拉图主义，他对阿威罗伊［Averroës］和德国神秘主义产生了影响（参见Merlan 1955，以及Krämer 1967第2版）。

在阿弗罗狄西亚的亚历山大之后的时代，亚里士多德首先在斯多葛派和伊壁鸠鲁学派那里被排挤到了幕后，在新柏拉图主义者那里才又重新受到关注。一般来看，新柏拉图主义者试图对柏拉图思想和亚里士多德思想进行一个综合。伟大的新柏拉图主义者普罗提诺［Plotin］（204–270）以及他的学生波菲利［Porphyrios］（240–325）尽管也意识到了柏拉图和亚里士多德学说的差别，但是并没有因此放弃对它们进行综合的打算。在新柏拉图主义那里，亚里士多德的著作得到了细致入微的注解，比如由君士坦丁堡的蒂米斯提［Themistios］所注解的著作《论灵魂》（公元4世纪），以及由普罗克洛的老师修利亚诺［Syrianos］所注解的《形而上学》，还有在亚历山大里亚首先由安莫尼奥［Ammonios］所注解的《范畴篇》、《解释篇》和《前分析篇》，最后由安莫尼奥的学生辛普里丘［Simplikos］所注解的《范畴篇》、《论灵魂》、《论天》和《物理学》。在当时的知识中心，如雅典、君士坦丁堡和亚历山大里亚，人们完全通过对亚里士多德的注解来学习哲学。然而，由一位新柏拉图主义者所写的最著名的关于亚里士多德的著作乃是波菲利为亚里士多德的《范畴篇》所写的导论（Isagôgê）。波爱修［Boethius］将这篇导论与亚里士多德的著作一道翻译成了拉丁语；时至今日，人们仍然习惯于将波菲利所写的这篇文字作为亚里士多德《范畴篇》的导论。

17.2 基督教，伊斯兰教，犹太教

所有这三种天启的宗教——按照历史顺序是基督教、伊斯兰教和犹太教，都与亚里士多德有所争论。为了为教义辩护，它们必须使自己

适应“异端的”哲学所具有的知识水平。为此它们接受了工具论中关于逻辑和科学理论的命题，并且借助于这些工具致力于使神学具备概念的明晰性和论证的严格性。除此之外，它们关注《物理学》VIII 5和《形而上学》XII 6中关于一个上帝“证明”的构想。在这里，它们几乎就像对待宗教文本一样地对待哲学著作；人们作引用，作注解，但是几乎不作批判性的分析。亚里士多德被看作哲学家的代名词，甚至被视为“praecursor Christi in naturalibus”，即关于自然之物，也就是尘世之物的追随基督的实践者。

然而在一些重要问题上，神学家在亚里士多德那里遇到了一些困难：（1）第一推动者的概念几乎无法与一种人格化的上帝理解统一起来；（2）关于一位自足的上帝的宇宙论概念几乎没有给一种神的天意或者世界关照留下空间；（3）与创世思想相矛盾地，亚里士多德认为世界是永恒的；（4）他拒绝灵魂的不死性；（5）另外，亚里士多德的伦理学并没有建立在神的诫命之上。

早期基督教神学对此类困难的反应各不相同。拉丁教父、基督教的柏拉图主义者如德尔图良（Tertullian，约160–220）和热罗尼莫（Hierronymus，347–419）［英文译名写作Jerome，所以汉译名也叫哲罗姆］，既不能宽恕亚里士多德对于理念论的批评，也无法容忍他那些所谓的与基督教矛盾的观点。除了约翰内斯·司各特·爱留根纳［Johannes Scotus Erigena］（810–877）之外，一直到十二世纪的拉丁世界只有一位亚里士多德的传播者具有重要的地位：波爱修［Boethius］（约480–524/5），“西方世界的教育者”。波爱修有一个翻译亚里士多德所有著作的计划，但是他付诸实施的只有“工具论”（约510–522），但还不包括《后分析篇》，其中只有两篇翻译一直广为人知，因此这两篇，即《范畴篇》和《解释篇》就成为中世纪讨论最多的亚里士多德著作。在卡尔大帝［Karl der Grosse[1]］统治下，修道院和教堂学校中得到批准的学习项目就是七种自由的技艺，即septem artes liberales，其中包含的唯一哲学科目就是以《范畴篇》和《解释篇》为基础的逻辑学，这个规定持续了超过四个世纪的时间。与此相反，从奥利金［Origenes］（约185–250）经由尼萨的格列高利［Gregor von Nyssa］（约330–395）和尼米西欧斯［Nemesios］直至伪狄奥尼修［Pseudo–Dionysius Areopagita］（5/6世纪）的希腊的教父学从亚里士多德那里获得了很大启发。自拜占庭的利昂提奥斯［Leontios von Byzanz］（6世纪）之后，教父学使用亚里士多德甚至比使用柏拉图还要频繁。直到在迈克尔·普塞路斯［Michael Psellus］（11世纪）那里，情况才再次被扭转过来，然而他的学生约翰内斯·伊塔洛司［Johannes Italos］重新又将亚里士多德置于优势地位。

一个忠于文本的亚里士多德注释的典型，即亚历山大里亚的哲学学派，由于不包含那种带有新兴力量的宗教或者冥思的趋势，在基督教看来并无问题。比如公元485年之后学派的领导人安莫尼奥［Ammonios］，虽然皈依了基督教，但是并没有放弃亚里士多德的那

---

1 卡尔大帝是德文Karl der Grosse的翻译，他的拉丁文名字写作Carolus magnus，法文写作Charlemagne，译为查理大帝，742/747–814，他统治法兰克王国时期疆域大为扩大，建立了查理曼帝国。——译注

些与之矛盾的命题。而雅典的学园则没有找到与基督教的妥协之路，因此查士丁尼皇帝［Justinian］在529年下令禁止学园中关于哲学和法学的研究，这个命令最后导致了整个学园的关闭。一百年之后，斯蒂潘诺斯［Stephanos］从亚历山大里亚被聘请到东罗马帝国的首都君士坦丁堡（拜占庭），君士坦丁堡就上升为亚里士多德研究的一个中心，这一中心地位持续了大约500年（参见Oehler 1968）。拉丁时代的欧洲所关注的只有《解释篇》和《范畴篇》，而在东罗马人们也研究《物理学》和《形而上学》，以及《论动物的部分》和《论动物的生成》还有《伦理学》和《政治学》。

在叙利亚的基督徒，即聂斯脱利派教徒［/景教徒］那里，亚里士多德有着更为巨大的影响。公元5世纪，他们在伊德萨［Edessa］建立了一个学派，这个学派汇集了来自安提阿［Antiochia］的亚里士多德的追随者，并且由一位杰出的亚里士多德翻译家依巴斯［Ibas］（卒于475年）所领导。在叙利亚还出现了《亚里士多德的神学》这部著作，事实上它包含了对普罗提诺形而上学中的一部分，即《九章集》［Enneaden］中的IV–VI部分的改写，并且深刻影响了后来受到新柏拉图主义影响的对《形而上学》的接受。《论原因》［Liber de causis］的情形看上去也与此类似；大阿尔伯特［Albert der Grosse］认为这部著作是对亚里士多德形而上学的一个完善，而事实上它是对普罗克洛《神学要旨》［Prokos，Elementatio theologica］的一个摘录选集。

从叙利亚出发，亚里士多德的影响到达了伊斯兰–阿拉伯的文化区域，这个区域成为了哲学和科学的中心。阿拉伯的统治者们都比较了解亚里士多德，因为他们雇用了叙利亚的医生为他们服务，这些医生除了带来托勒密和欧几里德的著作之外，也带来了亚里士多德的著作，并且这些著作不只是一些选本。只有《政治学》情况例外，因为在这里人们更偏爱柏拉图的《国家篇》。公元830年，在阿拉伯世界的首都巴格达，有一个学园被建立，它叫做Bait–el–Hikma，意为博学之家，这个学园通过将希腊语文本、叙利亚语文本和巴拉维语（中世纪波斯语）文本翻译为阿拉伯语，使所有科学在阿拉伯变成可通达的。其中最著名的翻译家是胡奈恩［Hunain，拉丁文名字Johannitius］（公元9世纪），他既是叙利亚人又是基督徒，由于他在这方面的成就人们称他为“阿拉伯文化中的西塞罗”（Düring 1954，280）。

早期以阿拉伯文写作的哲学家中最重要的一位是阿尔·肯迪［al–Kindi］（卒于公元873年），他是《形而上学》的翻译者，他在新柏拉图主义精神的影响下阅读亚里士多德。在数学家、音乐理论家、哲学家和神学家阿尔–法拉比［al–Farabi］（约870–950年）那里情况也相似，他被同时代人誉为（亚里士多德之后的）“第二位教师”。他多不胜数的著作，以及伪托亚里士多德之名而作的《亚里士多德的神学》，还有亚里士多德本人的作品，都对伊本·西那［Ibn Sina，拉丁名字Avicenna］（980–1037）这位波斯的哲学家和医生、伊斯兰第一位伟大的思想家产生了影响。

自公元8世纪之后，对于亚里士多德的研究，关于他的逻辑学和科学理论、他的物理学、形而上学和心理学以及诗学和修辞学的研究，成为了阿拉伯教育经典的一部分。随着巴格达被土耳其人征服

（1055年），这个伊斯兰–阿拉伯的亚里士多德传统时期宣告结束。然而对于伊斯兰人来说，亚里士多德并没有完全消失，因为希腊–阿拉伯的学者在此之前已经移民到了西西里岛，特别是西班牙的科尔多巴［Cordoba］。在这里，在“西方的巴格达”，伊本·路世德［Ibn Rushd，拉丁名字Averroës］（1126–1198）影响巨大，他通过他的亚里士多德注释成为将亚里士多德介绍给欧洲经院哲学的伟大传播者。伊本·路世德驳斥了阿尔·加扎利［al–Ghazalis］（1058–1111）以宗教为动机的针对哲学的怀疑，并且宣布，与这种怀疑相反，一种理性的形而上学比神学要优越。他比伊本·西那更加忠实于亚里士多德，他拒绝了创世的思想、神性的天意以及人类的个体永生，并且由此建立了在13、14世纪极为著名的阿威罗伊主义［Averroismus］。

犹太哲学受到来自叙利亚和波斯的亚里士多德思想的冲击最早是在7、8世纪。尽管萨德亚（Saadja：882–942）已经尝试通过理性来证明信仰真理，但是直到接受了阿尔–法拉比和伊本·西那的学说之后，人们才能够谈及一种犹太化的亚里士多德主义，它在伊斯兰文化的基础之上并且以阿拉伯语言发展起来。第一部完全贯彻了亚里士多德精神的著作是由亚伯拉罕·伊本·戴维［Abraham Ibn David］完成的：《崇高的信仰》（1161）。亚伯拉罕将亚里士多德研究阐释为信仰认识所不可或缺的前提条件；但是与亚里士多德不同，他坚持创世的思想。同样的情形也发生在与阿威罗伊同时代的一个人身上，他是一位重要的学者，即摩西·迈蒙尼德（Moses Maimonides：1135–1204）。中世纪犹太启蒙运动中最重要的著作就是来自于他，这部以阿拉伯语书写的著作叫作

《迷途指津》（*Dalalat al–Ha’irin*）；这部著作将亚里士多德的思想与新柏拉图主义的要素，比如流溢学说，联系在一起，并且被大阿尔伯特、托马斯·阿奎那和邓·司各脱［Dun Scotus］所接受。然而，在迈蒙尼德之后的时代，阿威罗伊在犹太世界的亚里士多德主义中大行其道，比如列维·本·戈尔森（Levi ben Gerson：1288–1340）就拒绝了从虚无中创世的思想。

17.3 伟大的亚里士多德复兴运动

中世纪的科学世界几百年来都满足于与亚里士多德相关的logica vetus，即“老逻辑学”，这种逻辑学来自于《范畴篇》、《解释篇》的拉丁语译本和波菲利的《亚里士多德范畴篇导论》［简称《导论》，Isagôgê］，以及波爱修自己的逻辑学短文。最早的通俗语言的翻译，也就是德语的翻译，是由圣加伦的僧侣诺特克［Notker：950–1022］完成的，翻译的文本是《范畴篇》和《解释篇》。在公元1120年前后，第二次内容更为丰富的对亚里士多德的接受才在西方开始，直到13世纪中期，它发展成为影响最大的亚里士多德复兴运动（参见Kretzmann等 1982）。承担这个复兴活动的是一群新型的、具有专业性质而较少寺院气息、并且思想国际化的科学家们。首先，波爱修对于工具论的其他部分翻译再度出现。由此开始了中世纪逻辑学发展的第二个时期，即“新逻辑学”（logica nova），这种新逻辑学包含了《分析篇》和《论题篇》，并且获得了作为一种面向整个欧洲的逻辑方法论基础知识的地位。

并不是因为亚里士多德在雅典或者在他著作的首次出版地罗马被持续不断地研究，而是由于经过叙利亚–阿拉伯和拜占庭的亚里士多德主义，那个还要更为丰富、不再仅仅局限于工具论的亚里士多德才到达了西方（与他一道的还有欧几里德、托勒密、希波克拉底和盖伦）。必要的翻译活动开始于拜占庭（威尼斯的雅各布［Jokob von Venedig］）、西西里岛和西班牙（比如居住在托莱多［Toledo］的克雷莫纳的杰拉德［Gerard von Cremona］），在牛津得到了推进（Robert Grosseteste：特别是《尼各马可伦理学》），在多明我会士摩尔柏克［Wilhelm von Moerbeke］那里达到了巅峰；他的翻译为托马斯·阿奎那的工作奠定了基础，因为阿奎那自己不能阅读希腊语。

除了已被翻译好却一直不为人知的《诗学》之外，在这个时代亚里士多德的《政治学》也出现了。这部著作被诸如大阿尔伯特、托马斯·阿奎那和奥雷姆的尼古拉［Nikolaus von Oresme：14世纪］等人注疏，但是值得注意的是，作注疏的这些人当中并没有法学家。尽管如此，如果人们将注疏的数量作为标准，那么亚里士多德首先是作为逻辑学家，然后作为形而上学家，再接下来排在第三位才是作为讨论道德和政治的哲学家而被接受。然而，作为大学学科，政治哲学还是将亚里士多德作为它的出发点。通过两部基于反对教皇统治要求所作的作品，他的《政治学》甚至赢得了一种超越纯粹教学性研究的影响。这两部作品就是但丁关于帝国的作品《论君主制》（De Monarchia，1310年左右）和帕多瓦的马西利乌斯［Marsilius von Padua］所写的关于和平的文章

《和平保卫者》（Defensor Pacis，1324），它们都洋溢着亚里士多德的精神；在这里，但丁将政治权力回溯到上帝，而在马西利乌斯看来，政治权力来自人民。

这个大规模接受亚里士多德的运动并非毫无争议。教会和大学曾

插图6：亚里士多德
（沙特尔大教堂［Kathedrale von Chartres，位于巴黎西南］，王者之门，12世纪）

发出了数量众多的亚里士多德禁止令（比如1196年在科尔多巴，1210年在一次巴黎的宗教会议上，1215年在拉特兰会议上），但是这些禁止令针对的并不是整个亚里士多德主义，而是其中与基督教相抵触的部分。无论如何，这些亚里士多德禁止令并不能阻止这位哲学家不断增长的影响力。在1255年3月19日，巴黎最重要的艺术学院规定，学生要学习当时已知的所有亚里士多德著作，也就是说不仅仅要学习“新逻辑学”，还要学习比如《物理学》、《论灵魂》、《形而上学》和《伦理学》。人们可以说，通过这种对亚里士多德哲学的承认，哲学系才得以产生，即哲学获得了相对于神学的独立性。不久，以下情形便随处可见，并且在很多地方至少持续到中世纪的末期，即亚里士多德构成了哲学研究的核心，甚至常常成为哲学研究的唯一内容。

有“全能博士”［doctor universalis］之称的自然研究者、哲学家和神学家大阿尔伯特（1193–1280）第一次以完整的方式接受了亚里士多德。他第一次将整个亚里士多德思想（也包括自然研究）卓有成效地运用到神学上，因此成为建立一种基督教的、带有奥古斯丁元素的亚里士多德主义思想体系的先驱；阿尔伯特的学生，有“经院哲学之王”和“宏通博士”［doctor communis］之称的托马斯·阿奎那（1224/25–1274）将这个思想体系发展为中世纪思想的一个高峰。在13世纪中期，亚里士多德代表了西方最至高无上的知识权威：他是“一切博学者中的大师”，就如伟大的世俗哲学家但丁在《神曲》（“地狱篇”，IV 131）中所赞誉的那样。而在叙利亚，雅各派主教和学者巴赫卜烈斯［Barhebraeus］发表了一部关于亚里士多德哲学的百科全书，它的题目是《智慧的精华》（*Butyrum Sapientiae*）。

有三个特点是大阿尔伯特和托马斯·阿奎那所独有的。这两人都在哲学和神学之间作了一个清晰的方法上的区分，由此，之前被规定为“神学的婢女”［ancilla theologiae］的哲学才可以探索它自身的问题。另外，这两人都倾向于将亚里士多德的哲学看作一个紧密结合的学说综合体，并且看作一种已完成的完整之物，因此这种哲学与教条主义仅有一步之差，而后者是那种富有活力的思想的死敌。最后，这两人都相信哲学和基督教之间有一种和谐的统一关系。

在此可以举出几个要素：与阿罗威伊以及亚里士多德本人不同，托马斯认为世界是上帝的创造物，并且在其中看到了世界的尊严。然而，被造之物的独立性和自主性，以及人主动认识真理的能力，则属于被造之物的完满性。在这个方式下，世界和人的理性通过信仰从各种制约中被解放出来；尽管它们面对上帝，但是在某种程度上还是依靠自身。托马斯以五种方式（“五路证明”［quinque viae］）去证明上帝的存在的学说（上帝是世界的最初根源，是第一动因，是必然的存在者等等），所紧密依照的就是亚里士多德的模式，除此之外也依据了大马士革的约翰［Johannes von Damaskus］、伊本·西那、伊本·路世德和迈蒙尼德（参见Seidl 1986第2版）。从他“青年时期的著作”《论存在者与本质》［*De ente et essentia*］开始——这部著作很快就引发了众多评论，托马斯使亚里士多德的本体论重新焕发生机，比如存在的范畴性、现实和潜能的概念对以及质料和形式的概念对，还有质料作为个体化的原则。同时，关于那些适合于每个如其所是的存在者，即超越之物的定义，亚里士多德在他的学说中仅仅加以暗示，而托马斯则对之加以发展，比如：ens（存在者）、unum（一）、verum（在可认识意义上的真）和bonum（在可评价意义上的真）（《论真理》［De veritate］I 1）。在本体论和认识论中，托马斯提出了一种实在论，因为他认为，普遍概念（属、种）具有一种实在的存在。至于行动方面，他的观点比亚里士多德要乐观，他认为，每个人发自本性地都有朝向理性的倾向。在伦理学中，他接受了亚里士多德的幸福原则。但是在他那里，政治生活的重要性比在亚里士多德那里要小得多；除此之外，他将完满的幸福安置到了超越的彼岸（《神学大全》I–II，问题1–5）；他还以那种超自然的美德补充了亚里士多德的“自然的”美德（I–II，问题55–67）。

在政治哲学中，托马斯遵从了亚里士多德，就像《神学大全》的相关部分所表明的那样（I–II，问题30–105：关于法律；II–II，57–59：关于权利与公正性），此外还有《反异教大全》［Summa contra gentiles］中的相关部分，以及两篇短小的文章《论诸侯的统治》（De regimine principum）与《论统治》（De regno）。托马斯也认为，人是为了自身的原因而存在；尽管如此，他并不拒绝奴隶制（servitus），他将之解释为原罪的后果。他认为人是一种社会化的、更具体地说政治性的生物，并且在国家中看到了共同体的完善架构，还使国家法律致力于一种共同利益。比较新颖的是，关于和平的思想成为共同利益的中心；而和平则是“公正性的产物”（opus iustitiae pax），这一点又很接近亚里士多德。通过对神权政治倾向的拒绝，托马斯强调了政治本身的权利。而关于自然权利，他说得比亚里士多德还要清楚，他认为人们不能违背自然法律［lex naturalis］，但是对除此之外的人类法律［lex humana］，人们可以自由地作更为具体的规定。然而关于以下观点，即认为人的理性由于原罪丧失了认识原初公正性的能力（《神学大全》I–II 问题 91，论题6），托马斯遵从的是奥古斯丁。另外，他在以下这点上背离了亚里士多德，即他认为经验性的自然研究无足轻重，这与他的老师阿尔伯特的观点也大相径庭。

托马斯·阿奎那对于基督教思想、亚里士多德主义思想和其他哲学思想作了一个综合，这就是托马斯主义；托马斯主义并非在所有地方都可以大行其道。然而，即便在托马斯主义的反对者那里，亚里士多德也具有重要的地位。总的来说，从13世纪下半叶开始，西方的哲学和神学学派在根本上通过他们对于亚里士多德的不同立场来进行相互间的区分。波拿文图拉（Bonaventura：1217–1274）使哲学再次从属于神学，在他看来，亚里士多德主义受到奥古斯丁的强烈影响，并且通过奥古斯丁受到柏拉图的影响。与之相反的观点是由西格尔·布拉班特［Sieger von Brabant：1235–1282］提出的，这个观点遵从了阿罗威伊，承认了那些与基督教的信仰教条相抵触的要素，这导致了双重真理的学说，并且最终使得哲学完全从神学那里解放出来。主张世俗理性的先驱奥康的威廉（Wilhelm von Ockham：1285–1347/49），在关于普遍之物的争论中，依照亚里士多德对于理念论的批判，认为普遍之物（Universalien）不具有一种外在于精神的存在，并且由此提出了一种与托马斯相反的唯名论。在对《物理学》的注解中，他还发展出他最著名的思维经济原则［奥康的剃刀］；然而，它不是真正的亚里士多德式的（参见7.2章）。

在14世纪，亚里士多德的权威性在很多地方还是无可争议的：在布拉格、维也纳、科隆和海德堡新大学的建立，都是在亚里士多德主义的影响下进行的。然而在同一时期，特别是在牛津和巴黎（布里丹［Buridan］、奥雷姆［Oresme］、萨克森的阿尔伯特［Albert von

插图7：写字台边的亚里士多德在写自然科学著作，罗马1457
（奥地利国家图书馆，维也纳，Cod.phil.gr.64）

Sachsen］），则形成了一些反对亚里士多德的运动，这些运动不再是针对亚里士多德反基督教的要素，而是针对他的本体论、认识论和自然哲学中的某些理论。比如说，由此发展出的所谓动力理论，就成为从亚里士多德的运动理论过渡到近代（早期）物理学的重要一步（参见Clagett 1961）。

由于对于权威的笃信不疑，西方的亚里士多德主义很快就僵化了，那个在11世纪作为知识的先驱登场的亚里士多德，越来越成为科学和哲学中的反动势力。在人道主义和文艺复兴时期，无论是在（自然）科学领域内，还是在哲学和神学的领域内，他都常常遭遇尖锐的驳斥。库萨的尼古拉［Nikolaus von Kues］甚至为了一种冥思式的思想而要摈弃矛盾律，而矛盾律是经院哲学中亚里士多德主义的一个基础（参见关于对立统一的构想［coincidentia oppositorum/concidentia contradictoriorum］）。而他是否成功，以及事实上矛盾律是否什么也没有说明，这是另外一个问题。另一方面，在15世纪末期，西方的第三次亚里士多德接受运动又开始了，这一次首先是以语言学为导向。这位哲学家与很多其他的古代作家一样，依据原始文本被整理编辑，并且被翻译为拉丁语和其他通俗语言。后来所有亚里士多德全集的模本，即五卷本的Aldina版亚里士多德全集（1495–1498），就产生于这个时期。

18 近代与当代

18.1 消退与回归

在中世纪末期，亚里士多德哲学的创新潜力看上去似乎已经枯竭了。无论是数学–实验形式的自然科学的兴起还是宗教改革，无论是主体性哲学（笛卡尔）还是自霍布斯之后的政治契约理论，无论是英国经验论还是康德的先验哲学，这些伟大的创新根本上都不再受亚里士多德的影响。尽管如此，如果人们说，现代人只有在从亚里士多德那里解放出来才能得到发展，那么这就是一个思想史上的神话。事实情况是，第三次接受亚里士多德的运动是以其多样性而著称的，作为纯粹的多样性，它有助于中世纪那种和谐一致的世界观的解体，并且有助于瓦解其与权威性的关联，取而代之赋予亚里士多德那种自由研究的精神以空间。意大利的人道主义者对《尼各马可伦理学》进行重点研究，并且将其融入到一种新的思维之中。

让我们从宗教改革时期开始：神学家迦耶坦［Cajetan］受教皇的委托在奥格斯堡的议会上与路德辩论，迦耶坦曾将亚里士多德–托马斯哲学提升到一个新的全盛时期，而路德与亚里士多德的关系则含混不清。因为路德深受奥古斯丁的影响，但是更重要的是，因为他在亚里士多德那里看到了一种理智的力量，这种力量有可能取代圣经中的观点，特别是关于原罪和被钉十字架的耶稣的学说，因此，路德针对亚里士多德进行了一些非常尖锐的批评（比如魏玛书 I 365，VI 186，VII 282，VIII 127）。针对很多经院哲学家的观点，即认为没有亚里士多德就不会有人能成为神学家，路德提出了一个针锋相对的观点："如果一个人还带有亚里士多德色彩，那他就不是神学家"（I 226）。而另一方面，他又主持关于《伦理学》的课程，并称赞其中关于正义的一卷是亚里士多德最出色的作品（VI 345），还推荐人们阅读《逻辑学》、《修辞学》和《诗学》（VI 458；参见Kohls 1975；参见Joset 1967，80以下）。此外，一旦新教神学觉察到它的科学根基受到神秘主义和狂迷状态的威胁，为了获得一种清晰的体系构建，它就会回溯到亚里士多德。从墨兰顿［Melanchthon］开始，新教的经院哲学就是建立在《论题篇》、《物理学》、《论灵魂》和《伦理学》的基础之上。像陶鲁斯（Taurellus：1546–1606）、蒂姆勒（C.Timpler：1567/8–1624）和托马修斯（J.Thomasius：1622–1684）等作者甚至还引入了《形而上学》。16世纪末期，从霍夫曼［D.Hofmann］开始，发生了一场反对新教中的亚里士多德主义的斗争，但是这场斗争所针对的并不是亚里士多德本身，而是反对将信仰理智化。

针对亚里士多德的最要害的攻击涉及到经验化的自然研究，特别是物理学、天文学以及那种致力于控制自然的技术这些方面。即便这种针对亚里士多德的动力学的攻击是合理的（参见7.2章），人们也不可以忽视它所包含的方法论上的推动力，那种基于对亚里士多德的注解所展开的自然研究甚至也包含了这种推动力。深受亚里士多德影响的帕多瓦学派（Schule von Padua，代表人物有彼得·德·阿巴诺［Pietro d' Abano］、锡耶纳的雨果［Hugo von Siena］、扎巴莱拉［G.Zabarella］），在对亚里士多德的逻辑学和科学理论进行重新解释的过程中，区分了一种"归纳的"方法（metodo risolutivo）和一种"演绎的"方法（metodo compositivo）。伽利略也曾回溯到这一点，但是他以一种定量方法取代了那种仍属质性的程序。亚里士多德的批评者霍布斯也是以帕多瓦学派的分解与复合的方法［resolutiv–kompositive Methode］为准则的。甚至在行动理论中（《利维坦》，第6章），人们也有这样的印象，即霍布斯的行动理论受到了亚里士多德的影响，比如受到《论动物的运动》6–7的影响。

然而以下说法也是事实，即晚近的自然研究必然会与那种敌视经验的亚里士多德主义分庭抗礼。因此乔达诺·布鲁诺［Giordano Bruno］说道，哥白尼的两个章节对于知识的贡献比亚里士多德和逍遥学派所有成员的贡献总和还要大。另一方面，伽利略批评道，人们将亚里士多德的话语，而不是他的研究精神奉为权威；因为如果亚里士多德也与伽利略一样，拥有一架望远镜，那他自己一定也会赞同那些新的观点（《关于托勒密和哥白尼两大世界体系的对话》［*Dialogo sopra i due massimi sistemi del mondo*］，1632，佛罗伦萨 1968，76）。哥白尼也不是一个纯粹的亚里士多德反对者；相反，他在亚里士多德《物理学》（有所修正）的基础之上，把他的日心说的宇宙论理解为一个实在模型（《天体运行论》［*De revolutionibus orbium coelestium*］，1543，前言）。

众所周知，伽利略在宗教裁判所的强迫下，不得已发誓放弃他的日心说“错误”。但是在他死后（1642）寥寥数年之后，有一种新的机构出现了，它所针对的就是那种教会和大学所设定的亚里士多德主义及其拥趸，这就是科学协会；科学协会接连不断且迅速地在德国（Leopoldina，Halle 1652）、意大利（Academia del Cimento，1657）、英国（Royal Society，Oxford 1660）和法国（Académie des Sciences，1666）被建立起来。在英国皇家科学会建立之后不久，英国哲学家和神学家格兰维［Glanvill］就说，科学协会在短时间内取得的成功比自亚里士多德以来的任何一种概念哲学都要大得多（《教条化的浮夸，以及对于逍遥学派的一些反思》［The Vanity of Dogmatizing...with some Reflections on Peripateticism...］，1661）。尽管如此，在1674年，马勒伯朗士［Malebranche］仍然还在巴黎强调指出佩特拉卡［Petrarca］在三百多年之前就已经注意到的东西（《知识》［Epist.］1，IX 14）：“时至今日，如果一个人认识了任何一种真理，他仍然必须表明，亚里士多德此前就已经看到了它；如果亚里士多德反对这一真理，那么这个发现就是错误的”（《真理的探求》［De la recherche de la verite］，卷IV，第3章，第III节）。在很多大学和教会机构中，特别是在多明我会和耶稣会的学校中，并且也在新教徒那里，一直到法国大革命前夕，亚里士多德–托马斯哲学都是必修的课程，在有些地方甚至还不止于此。

虽然近代的哲学和科学史在很多领域读起来就像是对亚里士多德的解构，但是这位哲学家在其他领域依然保持了其重要性。这里仅举几例：比如《诗学》就发展出了其独特的影响力。另外尽管洛克曾尖锐地批评过亚里士多德的科学理论，但他推荐阅读《修辞学》第二卷，因为借助于《修辞学》的相关部分，人们能够认识到人类精神（《关于阅读的几点思考以及绅士教育》［*Some thoughts concerning reading and study for a gentleman*］，1703/1720）。而康德尽管还致力于继续削弱亚里士多德的权威性，但是他，特别是在《纯粹理性批判》中，仍然使用了大量亚里士多德以及亚里士多德主义的概念——这些概念是经由德国的亚里士多德传统传递给他的，其中最重要的是克里斯蒂安·沃尔夫［Christian Wolff］。在康德的后继者中，特别是在新康德主义那里，对亚里士多德的拒斥则占据了上风。

第一位在经过很长一段时间之后重新全面地，甚至依据希腊文原本研究亚里士多德著作的大哲学家便是黑格尔。他的《哲学史》中关于亚里士多德的章节（全集，第19卷，132–249）直到今天依然值得阅读。此外，深受亚里士多德影响的主要是黑格尔的法哲学。近代的契约论以现成的个人作为出发点，而在亚里士多德看来，城邦从最基本的社会关系中产生。从近代的主体性理论出发，黑格尔以一种更加清晰、却也更为复杂的方式指出，人自身的意识属于他的个体性，这种意识是在交互行为过程以及交流过程中才形成，并且只有在体制化的构架中——比如在家庭、公民社会和国家中，一种全面成功的人生才有可能实现。

在《哲学全书》［*Enzyklopädie*］中，黑格尔令绝对精神的最高峰，即（本己的）哲学，在亚里士多德关于理论［theôria］的思想中，在（上帝）精神的自我思考中得到实现（第10卷，395）。

相反，在德国唯心论的另一位代表费希特看来，亚里士多德无足轻重。然而，谢林在被延聘到黑格尔的影响区域柏林之后，对亚里士多德大为推崇。但是谢林在这方面的思考没有留下任何线索。马克思和恩格斯对亚里士多德的赞赏看上去与黑格尔、谢林并无太大不同。相对于比如《资本论》称赞亚里士多德是“伟大的研究者”，甚至是“古代最伟大的思想家”，“他最先分析了价值形式，比如众多的思想形式、社会形式和自然形式”（第一卷，I，1：《马克思恩格斯全集》23，73和430），亚里士多德在较为晚近的批判理论中几乎没有得到什么正面的回应。

18.2 亚里士多德研究，新亚里士多德主义者

在19、20世纪，关于亚里士多德历史与文本的体系化研究极为丰富。在施莱尔马赫的推动下，由普鲁士科学院出版的《亚里士多德著作集》［*Aristotelis Opera*］为这种研究预备了文本基础。在黑格尔去世那一年，由伊曼努埃尔·贝克尔［Immanuel Bekker］所编撰的两卷本亚里士多德希腊文文本出版（1831）；这个文本构成了此后标准的全集版。即便对于单本著作来说还有更好的文本出现，但是时至今日我们还是按照贝克尔的版本来引用页数、栏数和行数。《著作集》的第三卷包含了

出自文艺复兴时期第三波对亚里士多德的接受风潮的拉丁语翻译；第四卷提供了注疏（Chr.A.Brandis编：1836），那些就是古代的注释；第五卷（1870）除了收集当时一些有问题的残篇（V.Rose），还包含了时至今日仍被尊为典范的《亚里士多德索引》［Index Aristotelicus］，这是由赫尔曼·伯尼茨［Hermann Bonitz］编写的。这个科学院还编辑了15000页的《古希腊亚里士多德评论》［*Commentaria in Aristotelem Graeca*］（23卷，1882–1909；目前在R.Sorabji的领导下，对这本书的英文翻译正在进行中；伦敦 1987及其后）。

在为数众多的亚里士多德专家中，生活在19世纪的除了贝克尔和伯尼茨，值得一提的就只有迈尔［H.Maier］和施威格勒［A.Schwegler］，而生活在20世纪前三分之一时间内的有阿尼姆［H.v.Arnim］、耶格尔［W.Jaeger］、乔丹［A.Jourdain］、罗宾［L.Robin］和罗斯［W.D.Ross］。"德译亚里士多德著作"系列是比较重要的翻译和注释，这个书系是由格鲁马赫［E.Grumach］建立，弗拉沙［H.Flashar］编辑，除此之外还有由奥斯丁［Austin］推动、艾克里尔［J.K.Ackrill］主编的《克拉伦登亚里士多德系列》［Clarendon Aristotle Series］。此外，亚里士多德属于那种在世界范围内都受到研究的哲学家。与此相关的我们可以提及，比利时鲁汶学派（A.Mansion，S.Mansion，E.de Strycker，G.Verbeke）、柏林的亚里士多德档案馆（P.Moraux）以及1957年之后每三年召开的"亚里士多德研讨会"。

在黑格尔之后的时代，亚里士多德在特楞德伦堡［A.Trendelenburg］和他的学生弗兰茨·布伦塔诺［Franz Brentano］那里赢得了不止限于历史文本研究的重要意义，用布伦塔诺自己的话来说，他“出生在一个经历着哲学最可悲的堕落的时代，找不到比亚里士多德更好的（大师）”（1916年3月21日的书信）。此外，卢卡西维茨将他对一门多值逻辑学的发展归功于对于亚里士多德的深入研究。人们还可以说，20世纪的物理学更接近亚里士多德而非牛顿，因为今天的物理学已经放弃了那种构成复杂功能系统的大量类似于弹子球的小个体的设想。作为唯一的哲学上的“宇宙论构想”，《过程与实在》［Process and Reality，1929，德文本1979］这部著作在20世纪占据重要地位，在其中怀特海［Whitehead］称赞了亚里士多德“对于‘生成’（‘Generation’）概念的杰出的分析”（第X章，1）。

亚里士多德对于早期海德格尔也有着深远的影响，这种影响是由布伦塔诺的处女作《按照亚里士多德论存在的多重含义》［*Von der mannigfachen Bedeutung des Seienden nach Aristoteles*（1862）］所激发的。显而易见的是，《存在与时间》（1927）与亚里士多德的关联非常密切：亚里士多德是此书中被引用最多的作者，甚至超过了康德。而且根据第8节［§8］，《存在与时间》未能发表的第二部分，即“对本体论历史进行现象学摧毁的基本过程”，也应该包括对亚里士多德在《物理学》VI 10中关于时间的文章的解释。当海德格尔在亚里士多德那里发现了一种与他非常接近的思想时，比如一种“极端的现象学的人类学”，那么就像在20年代的演讲课中（比如全集［《海德格尔全集》简写为GA］，第18卷，19，21–22）所阐述的那样，他所从事的就是以一种独特且富创造性的方式，将自然哲学的时间分析（《物理学》IV 10）

与《伦理学》中知识形式的理论（《尼各马可伦理学》VI和X6–7；以及《形而上学》I 1–2）以及与出自《形而上学》的对于真理的阐释（IV 7；VI 4；IX 10；关于《形而上学》IX：GA 31卷）联系到一起。在这里，亚里士多德受到了重新解释。在《存在与时间》中，一种被提升到本体论和基础哲学的关于前哲学的存在的分析，取代了那种关于哲学和道德–政治存在的相对独立的分析，并且同样取代了本体论和伦理学之间在很大程度上的区分。

海德格尔对于亚里士多德的研究频频出现在演讲课之中，但是几乎没有出现在出版的著作之中，然而在他的影响下却产生了一系列杰出的研究亚里士多德的专著。布洛克［W.Bröcker］、乌尔梅［K.Ulmer］和图根哈特［E.Tugendhat］的研究都受到了海德格尔的影响，同样受到他影响的还有伽达默尔《真理与方法》中“亚里士多德解释学的现实意义”的章节（1960，295以下）。

在20世纪中叶展开的极为广泛的实践哲学的复兴运动表明了，在亚里士多德的著作中还包含了更进一步创新的潜力。尽管人们后来认为康德的地位极为关键，但首先亚里士多德据有一个更为重要的地位。比如说，里德尔［J.Ritter］对政治哲学的革新就是以亚里士多德和黑格尔之名展开的。另外，佩雷曼［Ch.Perelman］、费维格［Th.Viehweg］和海涅斯［W.Hennis］进行了以下尝试，即尝试规定法科学和政治科学特有的、与自然科学不同的方法，这要追溯到论题学和修辞学的传统，与此同时追溯到亚里士多德。在分析伦理学中亚里士多德也很重要，比如在这门伦理学关于行为理论基本概念的讨论中，以及在对于美德的重新阐释中（比如E.Anscombe，Ph.Foot，A.Kenny）。而最近人们援引亚里士多德的伦理学和政治学，乃是为了与批判理论中对传统的遗忘（O.Marquard）以及与自由主义的政治哲学（社群主义）相抗衡。

亚里士多德对实践哲学的极为重要的意义可能会给人造成这样的印象，即他只有在实践哲学中才具有一个系统性的重要地位。但是语言分析的哲学纠正了这种看法。尤其是牛津学派展示了与亚里士多德的研究之间多重的亲和性：比如与他关于基本歧义性（pollachôs legomena）的研究，与他关于语言批判的理论（例如《辩谬篇》）和实践，还有与他关于先天之物的讨论。然而，他们试图通过语言疗法终结整个哲学沉思的趋势，与亚里士多德并不一致。

在分析哲学的第一个阶段，即奥斯汀围绕日常语言对哲学问题所进行的讨论中，分析哲学只是回溯到亚里士多德某些方法上的准则，而对于他的理论的某些部分，尤其是本体论，进行了猛烈的抨击。在“反本质主义”的标签下，奎因以最彻底的方式摈弃了任何一种形式的实体形而上学。然而赖尔［Ryle］已经与奎因分道扬镳，他追溯了亚里士多德那种进行奠基性的概念区分的能力（《心的概念》［*The Concept of Mind*］，1949，112和149）。更为重要的是斯特劳森［Strawson］的“描述形而上学的尝试”，即《个体》［*Individuals*］（1959；德译本《个体与逻辑主体》［*Einzelding und logisches Subjekt*］，1972）。他关于一门无修正的形而上学思想取消了分析哲学对于实体本体论的诅咒，并且为一种“好的、古老而时尚的亚里士多德式的本质主义”留下了空间（Brody，载于：《综合》［*Synthese*］1975）。这种无修正的形而上学满足于一种我们关于世界之思想的事实结构的描述。他的所谓类概念（参见诸如D.Wiggins，《趋同性与实体》［*Sameness and Substance*］，1980）——这是名词性的表达，说明了，一个确定的对象是什么，这无异于重新发现了亚里士多德的实体谓词。还有将“自然种类”看作类概念中一个基本层级的思想也令人想起亚里士多德。

有几句平淡无奇的话可以作为关于亚里士多德影响的“简短历史”的结语：一场哲学争论的目的不是要拯救一部著作或者为一部著作辩护，毋宁说其目的是更好地理解自然和人。因此，在这里最重要并不是重新发现亚里士多德，而是那种通过对他创造性的接受而将思想带到更远处的能力。因此，今天亚里士多德的思想是否还有创新的潜力，这个问题并不单只取决于他的著作，也取决于他的读者们自身的创新能力。

附 录

1. 亚里士多德生平年表

公元前384年	亚里士多德出生于斯塔伊拉（Stageira）（马其顿和色雷斯）；他的父亲尼各马可（Nikomachos）是马其顿宫廷中的医生。
前367–347年	第一次雅典居留：在柏拉图的学园中学习；与柏拉图的晚期哲学进行争论，包括教学演讲“论善”；完成了逻辑著作（《工具论》），以及《物理学》、《形而上学》、《伦理学》和《修辞学》的最初构想。
约前350年	马其顿和雅典之间的政治紧张局势；亚里士多德之前的马其顿信仰使他在雅典的居留变得困难。
前347年	柏拉图去世；应阿特内斯的僭主赫尔米亚（Hermias von Atarneus）的邀请，亚里士多德到了阿索斯堡（Assos）（小亚细亚）。
前345/344年	在米蒂利尼（Mytilene）（莱斯沃斯岛）与泰奥弗拉斯特（Theophrast）一同工作（特别是在动物学和植物学领域）。
前342/1年	应马其顿国王菲利普二世的邀请成为其子亚历山大的老师，后者不久（前340/39年）就接管了马其顿的国家事务。
前341/0年	与皮西厄斯（Pythias）结婚，她是在此前被谋杀的赫尔米亚斯（Hermias）的妹妹（或者侄女）。
前338年	克罗内亚（Chaironeia）战役；马其顿成为希腊的领导力量。

前335/4年	亚里士多德返回希腊；在利卡维多斯山（Lykabettos）的吕克昂（Lykeion/Peripatos）从事教学活动。
前323年	亚历山大大帝去世；雅典重新出现了反马其顿的势力，也威胁到亚里士多德。
前323/2年	搬迁到哈尔基斯（Chalkis）（艾维亚岛），住进他母亲的房子。
前322年	亚里士多德在那里去世，享年62岁。
公元前3世纪	亚里士多德学派、逍遥学派的没落。
约公元前50年	亚里士多德艰深的著作第一次完整出版，由罗德岛的安德罗尼科（Andronikos von Rhodos）完成；整部全集被分为四个部分（工具论；伦理学–政治学–修辞学著作；自然哲学–生物学–心理学著作；《形而上学》）。注疏的工作开始进行，但是一些亚里士多德的对话失传了，这些对话曾对西塞罗产生过强烈的影响。
约前200年	在阿弗罗狄西亚的亚历山大（Alexander von Aphrodisias）那里，古代对亚里士多德的注疏达到了顶峰。随后新柏拉图主义的注疏家（普菲力欧斯（Porphyrios），杨布利科（Iamblichos），辛普利奇奥斯（Simplikios））尝试对柏拉图和亚里士多德的要素进行综合；基督教的新柏拉图主义者（菲洛波诺斯（Johannes Philoponos），艾利亚斯（Elias），奥林匹奥多（Olympiodor））致力于贯通亚里士多德主义和基督教。
6世纪	波爱修（Boethius）翻译和注疏了《范畴篇》和《解释篇》；在西方中世纪早期，亚里士多德只通过“老式逻辑”被呈现。
7世纪	亚里士多德在叙利亚和阿拉伯世界获得了重要地位，首先是作为自然科学的权威。

830–1055年	在胡奈恩·伊本·伊斯哈格（Hunain ibn Ishaq），阿尔–法拉比（al–Farabi）和伊本·西那（Ibn Sina）（阿威森那）那里一种涉及很广的阿拉伯的亚里士多德主义形成，并对伊斯兰神学产生影响。
9世纪	在爱留根纳（Johannes Scotus Eriugena）那里西方接受亚里士多德的运动开始。
12世纪	伊本·路世德（Ibn Rushd）（阿威罗伊）以及其他阿拉伯和犹太注疏家把亚里士多德介绍到拉丁世界。
11–13世纪	几乎整部亚里士多德全集被译成拉丁语，通过这个译本自然科学从神学那里解放出来并且获得了强大的推动力。
13世纪	西方接受亚里士多德的运动通过布拉班特（Brabant）（阿威罗伊主义）、大阿尔伯特和托马斯·阿奎那的胜利，最终实现了哲学相对于神学的独立性。
1210/1231	教会禁止教授亚里士多德的著作，特别是《物理学》和《形而上学》。
1255	巴黎大学正式将亚里士多德的著作纳入他们的教学计划。
1500–1650	不同的亚里士多德主义的兴起，比如意大利文艺复兴运动中的亚里士多德主义（蓬波纳奇Pietro Pomponazzi），以墨兰顿（Melanchthon）为代表的新教的亚里士多德主义，还有耶稣会的托马斯主义。
16–17世纪	教会采取措施，反对哥白尼和伽利略反亚里士多德的自然科学。出现以培根（F. Bacon）和伽桑蒂（P. Gassendi）为代表的自然哲学中的反亚里士多德主义。
1831–1837	贝克尔（I. Bekker）受普鲁士科学院的委托，完成了通用版亚里士多德全集的编撰。

2. 文献

Ⅰ. 著作与工具文献

1.希腊语著作集与单行本

今天所引用的亚里士多德全集古典版本的页数和行数，都是依据普鲁士科学院版本编排的：

Bekker, I.（编）：*Aristotelis Opera*, 5 Bde. Berlin 1831–70（Bde. I-II: 希腊语文本；Bd.III: 文艺复兴时期拉丁语翻译；IV: Scholia; V: Fragments）.《亚里士多德全集》。

Bonitz, H.: *Index Aristotelicus*, revised edition by O. Gigon. Berlin 1960; Separate edn. of the *Index Aristotelicus*: Graz 19552（an indispensable word index）.《亚里士多德索引》。

一个被认为是过时了的、但却无法替代的对现存残篇的集合本：

Rose, V.: *Aristotelis qui ferebantur librorum fragmenta*. Leipzig [3]1886（cf. Ross, W. D. *Aristotelis fragmenta selecta*. Oxford 1955）.《亚里士多德著作残篇》

可靠并且价格合理的单行本可见系列“Scriptorum Classicorum Bibliotheca Oxoniensis”（Oxford Classical Texts）,1894 ff.《牛津古典文献》

带有始终非常出色的导言和注疏的文本（以及为数众多、有的有所改善的再版）：

Ross, W. D., Oxford, Clarendon Press:

—*Metaphysics*, 2 vols., 1924.《形而上学》

—*Physics*, 1936.《物理学》

—*Prior and Posterior Analytics*, 1949.《前后分析篇》

—*Parva Naturalia*, 1955.《自然诸短篇》

—*De Anima*, 1961.《论灵魂》

比较重要的单行本注疏：

Bonitz, H.: *Aristotelis Metaphysica*, 2 vols. Bonn 1849 （reprint Hildesheim 1960）.《亚里士多德的形而上学》

Brunschwig, J.: *Topiques*. I: *Livres I-IV*. Paris 1967.《论题篇I: I-IV卷》

Burnet, J.: *The Ethics of Aristotle*. London 1900.《亚里士多德的伦理学》

Cope, E. M.: *The Rhetoric of Aristotle with a Commentary*. Cambridge 1877.《带注解的亚里士多德修辞学》

Düring, J.: *Aristotle's Chemical Treatise. Meteorologica IV.* Goeteborg 1944.《亚里士多德的化学论文：气象学IV》

Grant, A.: *The Ethics of Aristotle.* 2 vols. London 1857.《亚里士多德的伦理学》

Hicks, R. D.: *De Anima.* Cambridge 1907.《论灵魂》

Joachim, H. H.: *De Generatione et Corruptione.* Oxford 1922.《生成与朽坏》

Lucas, D. W.: *Aristotle. Poetics.* Oxford 1968.《亚里士多德：诗学》

Newman, W. D.: *The Politics of Aristotle,* 4 vols. Oxford 1887–1902, repr. 1950.《亚里士多德的政治学》

Schwegler, A.: *Die Metaphysik des Aristoteles. Grundtext, übersetzung und Commentar nebst erlaeuternden Abhandlungen.* Tübingen 1847–48.《亚里士多德的形而上学：基本文本、翻译和注释以及解释性论文》

2.翻译与注释

The Complete Works of Aristotle. The Revised Oxford Edition, ed. J. Barnes, 2 vols. Princeton, 1984.《亚里士多德全集》，牛津修订版

Aristoteles：著作德文译本（带有文本历史和哲学的注疏），由E. Grumach发起, H. Flashar.编， Berlin.迄今为止出版的有:

—*Analytica Posteriora,* 2 vols.（W. Detel）,1933.《后分析篇》

—*Eudemische Ethik*（F. Dirlmeier）, 1984[4].《优苔谟伦理学》

—*Kategorien*（K. Oehler）,19862.《范畴篇》

—*Magna Moralia*（F. Dirlmeier）,1983[5].《大伦理学》

—*Meteorologie, über die Welt*（H. Strohm）,19843.《气象学：论宇宙》

—*Nikomachische Ethik*（F. Dirlmeier）, 1986[9].《尼各马科伦理学》

—*Opuscula I: über die Tugend*（E. A. Schmidt）,19863.《作品一：论美德》

—*Opuscula II und III: Mirabilia*（H. Flashar） *und De Audibilibus*（U. Klein）, 1990[3].《作品二和三：奇迹和论听觉》

—*Parva Naturalia III*（Ph. J. van der Eijk）,1994.《自然诸短篇》

—*Peri hermeneias*（H. Weidemann）, 1994.《解释篇》

—*Physikvorlesung*（H. Wagner）, 1989[5].《物理学讲演》

—*Politik, Buch I, II und III*（E. Schütrumpf）, 1991; *Buch IV–VI*（E. Schütrumpf,H. J. Gehrke）,1996.《政治学：第一卷、第二卷和第三卷》

—*Problemata Physica*（H. Flashar）,19914.《论物质世界的问题》

—*Der Staat der Athener*（M. Chambers）,1990.《雅典政制》

—*Über die Seele*（W. Theiler）,19867.《论灵魂》

—*Zoologische Schriften II*（J. Kollesch）, 1985.《动物学论著》

在“古代世界图书馆”系列中带有导言和注解的译本，O.Gigon编，作为便携本由德国口袋书出版社（Taschenbuchverlag,München）再版：

—*Einführungsschriften*，1982（Zürich 1961）.《导论》

—*Vom Himmel, von der Seele, von der Dichtkunst,* 1983（Zürich 1950）.《论天，论灵魂，论诗学》

—*Die Nikomachische Ethik*, 1991（Zürich/Stuttgart 1951,19672）.《尼各马科伦理学》

—*Politik*,1978（Zürich 1955）.《政治学》

在“Meiner哲学图书馆”（汉堡）系列中，一些较老的版本某些部分做了修正：

—*Kategorien. Lehre vom Satz*（E. Rolfes）, 9.Nachdr. 1974.《范畴：命题学说》

—*Lehre vom Beweis oder Zweite Analytik*（E. Rolfes, H. G. Zekl重新写了导言），1992.《证明的学说或者第二分析》

—*Metaphysik*（H. Seidl）, 2 Bde. 19893und 1991^{3}.《形而上学》

—*Nikomachische Ethik*（E. Rolfes; hrsg. von G. Bien）,1985^{4}.《尼各马科伦理学》

—*Physik*（H. G. Zekl）, 2.Bde. 1987 und 1988.《物理学》

—*Politik*（E. Rolfes; G. Bien重新写了导言），19814.《政治学》

—*Sophistische Widerlegungen*（E. Rolfes）, 13.Nachdr. 1968.《辩谬篇》

—*Topik*（E. Rolfes; H. G. Zekl重新写了导言）, 1992.《论题篇》

—*Über die Seele*（W. Theiler翻译，H. Seidl作导言和注疏）, 1995.《论灵魂》

—*Organon, Bd. 1: Topik; Topik, neuntes Buch oder Über die sophistischen Widerlegungsschlüsse*, 由H. G. Zekl编辑、翻译、作导言和注疏，希腊语–德语对照，Hamburg 1997.《工具篇，卷一：论题篇；

论题篇：第九章或论辩谬篇》

—*Organon, Bd. 2: Kategorien; Hermeneutik*, 由H. G. Zekl编辑、翻译、作导言和注疏，希腊语–德语对照，Hamburg 1998.《工具篇，卷二：范畴篇；解释学》

Reclams大学图书馆系列出版的译本，Stuttgart:

—*Metaphysik*（F. F. Schwarz）, 1970.《形而上学》

—*Nikomachische Ethik*（F.Dirlmeier; E. A. Schmidt注解）, 1969.《尼各马科伦理学》

—*Poetik*（M. Fuhrmann）, 1982.《诗学》（双语对照）

—*Politik*（F. F. Schwarz）, 1989.《政治学》

—*Der Staat der Athener*（P. Dams）, 1975.《雅典政制》

—*Über die Welt*（O. Schönberger）, 1991.《论宇宙》

—Kleine naturphilosophische Schriften （E. Dönt）, 1997.《自然哲学短篇》

—Kategorien （I. W. Rath）, 1998.《范畴》

带有注释的单行本翻译：

—*De motu animalium,* translated with commentary by M. C. Nussbaum. Princeton 1978.《论动物的运动》

—*De anima,* translated with commentary by R. D. Hicks. London 1907, Amsterdam 1965[2].《论灵魂》

—*Metaphysik,* translated by F. Bassenge. Berlin 1960.《形而上学》

—*La Metafisica,* translated with commentary by G. Reale, 2 vols. Naples 1968.《形而上学》

—*La décision du sens. Le livre Gamma de la Métaphysique*, introduction, text, translation, and commentary by B. Cassin and M. Narcy. Paris 1989.《意义的确立：〈形而上学〉γ卷》

—*Metaphysik Z,* translated with commentary by M. Frede and G.

Patzig. München 1988. 《形而上学Z卷》

—*On Rhetoric. A Theory of Civic Discourse,* newly translated with introductions, notes, and appendices by G. A. Kennedy. New York/Oxford 1991. 《论修辞学：公民商谈理论》

—*Protreptikos,* edited by I. Düring. Frankfurt/Main 1969. 《劝学篇》

—*Prior Analytics,* translated with commentary by R. Smith. Indianapolis 1991. 《前分析篇》

—*L' éthique à Nicomaque,* translated with commentary by R. A. Gauthier and J. Y. Jolif, 4 vols. Louvain 1970². 《尼各马科伦理学》

《克拉伦登亚里士多德系列》"Clarendon Aristotle Series," J. L. Ackrill编, Oxford, 提供了紧贴原文的翻译，带有系统的批判性注释：

Ackrill, J. L.: *Categories and De Interpretatione,* 1963. 《范畴篇和解释篇》

Annas, J.: *Metaphysics Book M and N,* 1976. 《形而上学M和N卷》

Balme, D.: *M. De Partibus Animalium I-De Generatione Animalium I,* 1972. 《论动物的部分I，动物史I》

Barnes, J.: *Posterior Analytics,* 1975, 1994³. 《后分析篇》

Bostock, D.: *Metaphysics Book Z and H,* 1994. 《形而上学Z卷和H卷》

Charlton, W.: *Physics I–III,* 1970. 《物理学I–III》

Hamlyn, D.: *W. De Anima,* 1975. 《论灵魂》

Hussey, E.: *Physics III–IV,* 1983. 《物理学III–IV》

Keyt, D.: *Politics IV–VI,* 1999. 《政治学IV–VI》

Kirwan, C.: *Metaphysics IV–VI,* 1971. 《形而上学IV–VI》

Kraut, R.: *Politics VII and VIII,* 1997. 《政治学VII和VIII》

Robinson, R.: *Politics III–IV,* 1973, 1995². 《政治学III–IV》

Saunders, T. J.: *Politics I–II,* 1995. 《政治学I–II》

Smith, R.: *Topics I and VIII,* 1997.《论题篇I和VIII》

Williams, C. J. F.: *De Generatione et Corruptione,* 1982.《生成与朽坏》

Woods, M.: *Eudemian Ethics, Books I, II and VIII,* 1982.《优苔谟伦理学：卷I，II和VIII》

其他对单行本著作较为重要的注释，可以在下面相应的类别中找到。

II. 二手文献

1. 全面的介绍以及选集

Ackrill, J. L. 1981: *Aristotle-The Philosopher*. Oxford.《亚里士多德——哲学家》

Allan, D. J. 1922, 19702: *The Philosophy of Aristotle.* Oxford.《亚里士多德的哲学》

Anscombe, G. E./Geach, P. T. 1973: *Three Philosophers: Aristotle. Aquinas. Frege.* Oxford.《三位哲学家：亚里士多德，阿奎那，弗雷格》

Barnes, J. 1991: *Aristotle.* Oxford.《亚里士多德》

（ed.） 1994: *The Cambridge Companion to Aristotle.* Cambridge.《剑桥亚里士多德研究指南》

Cherniss, H. 19642: *Aristotle's Criticism of Plato and the Academy.*（1st edn., Baltimore 1944）.《亚里士多德的柏拉图批判与学园》

Chroust, A.-H. 1973: *Aristotle*. London.《亚里士多德》

Düring, I. 1957: *Aristotle in the Ancient Biographical Tradition.* Göteborg, Acta Universitatis.《古代传记传统中的亚里士多德》

1966: *Aristoteles, Darstellung und Interpretation seines Denkens.* Heidelberg.《亚里士多德：对他思想的描述与诠释》

Düring, I./Owen, G. E. L. （eds.） 1960: *Aristotle and Plato in the Mid-fourth Century.* Göteborg.《四世纪中叶的亚里士多德和柏拉图》

Flashar, H. 1983: "Aristoteles." In: *Grundriss der Geschichte der Philosophie, Die Philosophie der Antike* （Überweg）, vol. 3, ed. H. Flashar. Basel/Stuttgart, 175–457.《亚里士多德》，载于《哲学史概要：古代哲学》

Guthrie, W. K. C. 1981: "Aristotle: An Encounter." In: *A History of Greek Philosophy VI.*, Cambridge.《亚里士多德：一场相遇》，载于《希腊哲学史VI》

Jackson, H. 1920: "Aristotle's Lecture Room." *Journal of Philosophy* 35: 191–200.《亚里士多德的讲堂》，载于《哲学期刊》

Jaeger, W. 1955^2: *Aristoteles. Grundlegung einer Geschichte seiner Entwicklung.* Berlin.《亚里士多德：对其发展历史的奠基》

Kiernan, Th. P. 1961: *Aristotle Dictionary.* New York.《亚里士多德辞典》

Lear, J. 1988: *Aristotle. The Desire to Understand.* Cambridge.《亚里士多德：求知的欲望》

Lloyd, G. E. R. 1968: *Aristotle. The Growth and Structure of His Thought.* Cambridge.《亚里士多德：其思想的形成和结构》

Merlan, Ph. 1946: "The Successor of Speusippus." *Transactions of the American Philological Association* 77 （2nd edn. *Kleine philosophische Schriften.* Hildesheim /New York, 1976, 144–52）.《斯包西普的继任者》，载于《美国语言学会学报》

Moraux, P. 1962: *Aristote et son école.* Paris.《亚里士多德和他的学派》

（ed.） 1968: *Aristoteles in der neueren Forschung.* Darmstadt.《晚近研究中的亚里士多德》

（ed.） 1975: *Die Frühschriften des Aristoteles.* Darmstadt.《亚里士多德的早期论著》

Moraux, P./Wiesner, J. （eds.） 1983: “Zweifelhaftes im Corpus Aristotelicum.” *Akten des 9. Symposium Aristotelicum.* Berlin/New York.《亚里士多德文集中的可疑之处》，载于《第九届亚里士多德研讨会文集》

Moravcsik, J. M. E. （ed.） 1968: *Aristotle. A Collection of Critical Essays.* London.《亚里士多德：批判文集》

Reale, G. 1988[6]: *Storia della filosofia antica,* vol. II: *Platone e Aristotele.* Milan.《古代哲学史》，卷二：柏拉图和亚里士多德

Ross, W. D. 1949[5]: *Aristotle.* London.《亚里士多德》

Russell, B. 1975[8]: *History of Western Philosophy.* London, 173–217.《西方哲学史》

Zeller, E. 1921[4]: *Die Philosophie der Griechen, in ihrer geschichtlichen Entwicklung dargestellt.vZweiter Teil, Zweite Abteilung: Aristoteles und die alten Peripatetiker.* Leipzig.《希腊哲学：在其历史发展中表述》，第二部分，第二部：《亚里士多德和古代逍遥学派》

2. 知识与科学

Barnes, J. 1969: “Aristotle’s Theory of Demonstration.” *Phronesis* 14: 123–52.《亚里士多德的示范理论》，载于《实践智慧》

1993: “Aristotle’s Theory of Sciences.” *Oxford Studies in Ancient Philosophy* XI, 225–41.《亚里士多德的科学理论》，载于《牛津古代哲学研究》

Barnes, J./Schofield, M./Sorabji, R. （eds.） 1975: *Articles on Aristotle,* vol. I: Science. London.《亚里士多德研究论文》，卷一：科学

Beriger, A. 1989: *Die aristotelische Dialektik. Ihre Darstellung in der Topik und in den Sophistischen Widerlegungen und ihre Anwendung in der Metaphysik M 1–3.* Heidelberg.《亚里士多德的辩证法：其在论题学和辩谬篇中的阐释，以及在形而上学中的运用》

Berti, E.（ed.）1981: *Aristotle on Science. The "Posterior Analytics," Proceedings of the Eighth Symposium Aristotelicum.* Padua.《亚里士多德论科学：《后分析篇》》，载于《第八届亚里士多德研讨会论文集》

Brandis, Ch. A. 1835: "Über die Reihenfolge der Bücher des Aristotelischen Organons und ihre griechischen Ausleger." *Historisch-philologische Abhandlungen der Königl. Akad. d. Wiss. zu Berlin* 1833. Berlin, 249–91.《论亚里士多德的工具篇及其希腊解释者论著的次序》，载于《柏林皇家科学院历史语音学论文》1833

Chen, C.-H. 1976: *Sophia. The Science Aristotle Sought.* Hildesheim/New York.《智慧：亚里士多德寻求的哲学》

Cole, T. 1991: *The Origins of Rhetoric in Ancient Greece.* Baltimore.《古希腊的修辞学的起源》

Devereux, D./Pellegrin, P.（eds.）1990: *Biologie, logique et métaphysique chez Aristote. Actes du séminaire CNRS–NSF.* Paris.《亚里士多德的生物学、逻辑学和形而上学：研讨会程序CNRS–NSF》

Ebbinghaus, K. 1964: *Ein formales Modell der Syllogistik des Aristoteles.* Göttingen.《亚里士多德三段论的形式模型》

Ebert, Th. 1995: "Was ist ein vollkommener Syllogismus des Aristoteles?" *Archiv für Geschichte der Philosophie* 77: 221–47.《何为亚里士多德完整的三段论？》，载于《哲学史文献》

Else, G. 1957: *Aristotle's Poetics. The Argument.* Cambridge, Mass.《亚里士多德的诗学：论证》

Evans, J. D. G. 1977: *Aristotle's Concept of Dialectic.* Cambridge.《亚里士多德的辩证法构想》

Flashar, H. 1974: "Aristoteles und Brecht." *Poetica* 6: 17–37.《亚里士多德和布莱希特》，载于《诗论》6

v. Fritz, K. 1971: *Grundprobleme der antiken Wissenschaft.* Berlin/New York.《古代科学的基本问题》

1978: *Schriften zur griechischen Logik,* 2 vols. Stuttgart. 《希腊逻辑学论著》，第二卷

Fuhrmann, M. 1992[2]: *Einführung in die antike Dichtungstheorie.* Darmstadt. 《古代诗歌理论导论》

Furley, D. J./Nehamas, A. （eds.） 1994: *Aristotle's Rhetoric. Philosophical Essays. Proceedings of the 12th Symposium Aristotelicum.* Princeton. 《亚里士多德的修辞学：哲学论文》，载于《第12届亚里士多德研讨会论文集》

Garver, E. 1994: *Aristotle's Rhetoric. An Art of Character.* Chicago/London. 《亚里士多德的修辞学：品格的艺术》

Granger, G. G. 1976: *La théorie aristotélicienne de la science.* Paris. 《亚里士多德的科学理论》

Grimaldi, W. M. A. 1980/88: *Aristotle. Rhetoric I/II. A Commentary.* New York. 《亚里士多德：诗学I/II，注释》

Hager, F. P. （ed.） 1972: *Logik und Erkenntnislehre des Aristoteles.* Darmstadt. 《亚里士多德的逻辑学和认识论》

Halliwell, S. 1986: *Aristotle's Poetics.* London. 《亚里士多德的诗学》

Hartmann, N. 1957[2]: “Aristoteles und Hegel.” In *Kleinere Schriften*, vol. II. Berlin, 214–52. 《亚里士多德和黑格尔》，载于《短篇论著》第二卷

Hellwig, A. 1973: *Untersuchungen zur Theorie der Rhetorik bei Platon und Aristoteles.* Göttingen. 《柏拉图和亚里士多德修辞学理论研究》

Hintikka, J. 1972: “On the Ingredients of an Aristotelian Science.” *Noûs* 6: 55–69. 《论亚里士多德科学的成分》，载于《奴斯》6

1973: *Time and Necessity. Studies in Aristotle's Theory of Modality.* Oxford. 《时间和必然性：亚里士多德模态理论研究》

1980: “Aristotelian induction.” *Revue internationale de la philosophie* 34. 《亚里士多德的归纳法》，载于《国际哲学评论》

Irwin, T. 1989: *Aristotle's First Principles.* Oxford. 《亚里士多德的第一原理》

Jones, J. 1986: *Aristotle on Tragedy.* London.《亚里士多德论悲剧》

Kahn, Ch. 1978: "Questions and Categories. Aristotle' s Doctrine of Categories in the Light of Modern Research." In *Questions,* ed. H. Hiz. Dordrecht, 227–78.《问题与范畴：在当代研究的视野中看亚里士多德的范畴学说》，载于《问题》

Kapp, E. 1920: "Die Kategorienlehre in der aristotelischen Topik." In: *Ausgewälte Schriften*, ed. H. and I. Diller. Berlin 1968, 215–53.《亚里士多德论题学中的范畴学说》，载于《选集》

1942: *Greek Foundations of Traditional Logic.* New York.《希腊传统逻辑学的基础》

Kennedy, G. A. 1963: *The Art of Persuasion in Greece.* Princeton.《希腊的说服艺术》

Kneale, W./Kneale, M. 1962: *The Development of Logic.* Oxford.《逻辑学的发展》

Kretzmann, N. 1974: "Aristotle on Spoken Sound Significant by Convention." In *Ancient Logic and its Modern Interpretations,* ed. J. Corcoran. Dordrecht, 3–21.《亚里士多德论口述声音对协议的重要意义》，载于：《古代逻辑学及其现代诠释》

Larkin, T. 1971: *Language in the Philosophy of Aristotle.* The Hague.《亚里士多德哲学中的语言》

Lear, J. 1980: *Aristotle and Logical Theory.* Cambridge.《亚里士多德与逻辑学理论》

Lesher, J. H. 1973: "The Meaning of Nous in the Posterior Analytics." *Phronesis* 18: 44–68.《后分析篇中奴斯的意义》，载于《实践智慧》18

Leszl, W. 1970: *Logic and Metaphysics in Aristotle. Aristotle's Treatment of Types of Equivocity and its Relevance to his Metaphysical Theories.* Padua.《亚里士多德的逻辑学与形而上学：亚里士多德对含

糊性类型的处理及其与他形而上学理论的重要关联》

Lukasiewicz, J. 19583: *Aristotle's Syllogistic from the Standpoint of Modern Formal Logic*. Oxford. 《现代形式逻辑立场上的亚里士多德三段论》

Maier, H. 1896–1900: *Die Syllogistik des Aristoteles*, 3 vols. Tübingen. 《亚里士多德的三段论》

Mansion, S. （ed.） 1961: *Aristote et les problèmes de méthode. Communications présentées au Symposium Aristotelicum à Louvain*. Louvain/Paris. 《亚里士多德和方法问题：在鲁汶亚里士多德研讨会上发表的论文》

Marx, Fr. 1900: *Aristoteles' Rhetorik. In: Rhetorica. Schriften zur aristotelischen und hellenistischen Rhetorik*, ed. R. Stark. Hildesheim, 1968, 36–123. 《亚里士多德的修辞学》，载于《修辞学：亚里士多德与希腊人修辞学论文》

McKirahan, R. D. 1992: *Principles and Proofs. Aristotle's Theory of Demonstrative Science*. Princeton. 《原理与证明：亚里士多德的示范科学理论》

Menne, A./ Öffenberger, N. （eds.） 1983, 1985, and 1988: *Zur modernen Deutung der aristotelischen Logik*. Hildesheim/New York. Vol. I. *über den Folgerungsbegriff in der aristotelischen Logik;* vol. II. *Formale und nicht-formale Logik bei Aristoteles;* vol. III. *Modallogik und Mehrwertigkeit*. 《论亚里士多德逻辑学的当代阐释》，卷一《亚里士多德逻辑学中的因果概念》，卷二《亚里士多德的形式和非形式逻辑》，卷三《模态逻辑和多价性》

Miller, J. W. 1938: *The Structure of Aristotle's Logic*. London. 《亚里士多德逻辑学的结构》

Nortmann, U. 1996: *Modale Syllogismen, mögliche Welten, Essentialismus. Eine Analyse der aristotelischen Modallogik*. Berlin/New

York.《模态三段论，可能性的世界，本质主义：对亚里士多德模态逻辑的分析》

Oehler, K. 1962: *Die Lehre vom noetischen und dianoetischen Denken bei Platon und Aristoteles. Ein Beitrag zur Erforschung des Bewussteinproblems in der Antike.* München.《柏拉图和亚里士多德的理性和超理性思维学说：古代意识问题研究论文》

Owen, G. E. L. 1961: "Tithenai ta phainomena." In: *Aristote et les problèmes de méthode,* ed. S. Mansion. Louvain, 83–103.《安置现象》，载于《亚里士多德与方法问题》

（ed.）1968: *Aristotle on Dialectic. The Topics. Proceedings of the Third Symposium Aristotelicum.* Oxford.《亚里士多德论辩证法：论题篇；第三届亚里士多德研究论坛论文集》

de Pater, W. A. 1965: *Les Topiques d'Aristote et la dialectique platonicienne.* Fribourg.《亚里士多德的论题学与柏拉图的辩证法》

Patterson, R. 1995: *Aristotle's Modal Logic. Essence and Entailment in the Organon.* Cambridge.《亚里士多德的模态逻辑：工具篇中的本质与内涵》

Patzig, G. 1969[3]: *Die aristotelische Syllogistik. Logisch-philosophische Untersuchungen über das Buch A der "Ersten Analytiken."* Göttingen.《亚里士多德的三段论》

Prantl, K. 19553: *Geschichte der Logik im Abendlande,* vol. I（1st edn. Leipzig 1855）. Graz/Berlin.《西方的逻辑学史》

Primavesi, O. 1996: *Die Aristotelische Topik. Ein Interpretationsmodell und seine Erprobung am Beispiel von Topik B*, München.《亚里士多德的论题学：以论题B为例的诠释模式及其检测》

Rapp, Ch. 1993: "Aristoteles über die Rechtfertigung des Satzes vom Widerspruch." *Zeitschrift für philosophische Forschung* 47: 521–41.《亚里士多德论矛盾律的辩护》，载于《哲学研究期刊》

Rorty, A. O.（ed.）1992: *Essays on Aristotle's Poetics*. Princeton.《亚里士多德诗学论文》

（ed.）1996: *Essays on Aristotle's Rhetoric*. Berkeley.《亚里士多德修辞学论文》

Schadewaldt, W. 1955: "Furcht und Mitleid? Zur Deutung des Aristotelischen Tragödiensatzes." In: *Die Aristotelische Katharsis. Dokumente ihrer Deutung im 19. und 20. Jahrhundert,* ed. M. Luserke. Hildesheim/Zurich/New York, 1991, 246–88.《畏惧与同情？关于亚里士多德悲剧学说的阐释》，载于《亚里士多德的内心净化说：19、20世纪关于此的阐释文献》

Seel, G. 1982: *Die Aristotelische Modaltheorie.* Berlin/New York.《亚里士多德的模式理论》

Solmsen, F. 1975^2: *Die Entwicklung der Aristotelischen Logik und Rhetorik.* Berlin.《亚里士多德逻辑学和修辞学的发展》

Spengel, L. 1851: *Über die Rhetorik des Aristoteles.* Abhandlung der bayrischen Akademie der Wissenschaften, philosophisch-philologische Klasse 6, 2. München.《论亚里士多德的修辞学》，巴伐利亚科学院论文，哲学–语音学类6

Sprute, J. 1982: *Die Enthymemtheorie der aristotelischen Rhetorik.* Göttingen.《亚里士多德修辞学中的可能性理论》

Welsch, W. 1987: *Aisthesis*. Stuttgart.《亚里士多德》

Whitaker, C. W. A. 1996: *Aristotle's De Interpretatione. Contradiction and Dialectic.* Oxford.《亚里士多德的〈解释篇〉：矛盾与辩证法》

Wörner, M. H. 1990: *Das Ethische in der Rhetorik. Freiburg/* München.《修辞学中的伦理之事》

Wolf, U. 1979: *Möglichkeit und Notwendigkeit bei Aristoteles und heute.* München..《亚里士多德的可能性和必然性与今日》

3. 自然科学、自然哲学和心理学

Cassirer, H. 1932: *Aristoteles Schrift "Von der Seele" und ihre Stellung innerhalb der aristotelischen Philosophie.* Tübingen.《亚里士多德〈论灵魂〉的文本及其在亚里士多德哲学内的地位》

Cooper, J. 1982: "Aristotle on natural teleology." In *Language and Logos,* ed. M. Schofield and M. Nussbaum. Cambridge, 197–222.《亚里士多德论自然目的论》，载于《语言和逻各斯》

Craemer–Ruegenberg, I. 1980: *Die Naturphilosophie des Aristoteles.* Freiburg/ München.《亚里士多德的自然哲学》

Devereux, D./Pellegrin, P.（eds.）1990: *Biologie, logique et métaphysique chez Aristote.* Paris.《亚里士多德的生物学、逻辑学和形而上学》

Dierauer, U. 1977: *Mensch und Tier im Denken der Antike.* Amsterdam.《古代思想中的人和动物》

Düring, I.（ed.）1969: *Naturphilosophie bei Aristoteles und Theophrast.* Heidelberg.《亚里士多德和泰奥弗拉斯特的自然哲学》

1961. "Aristotle' s Method in Biology." In: *Aristote et des problèmes de méthode. Communications présentées au Symposium Aristotelicum tenu à Louvain,* ed. S. Mansion. Louvain, 213–21（German tr. in. G. A. Seeck, ed. *Die Naturphilosophie des Aristoteles.* Darmstadt 1975, 49–58）.《亚里士多德的生物学方法》，载于《亚里士多德和方法问题：在鲁汶举行的亚里士多德研讨会上发表的论文》

Fortenbaugh, W. W. 1975: *Aristotle on Emotion.* London.《亚里士多德论情绪》

Furley, D. J. 1967: *Two Studies in the Greek Atomists.* Princeton.《希腊原子论的两个研究》

Furth, M. 1988: *Substance, Form, and Psyche. An Aristotelian*

Metaphysics. Cambridge. 《实体，形式与心灵：亚里士多德的形而上学》

Freudenthal, G. 1995: *Aristotle's Theory of Material Substance, Heat and Pneuma, Form and Soul*. Oxford. 《亚里士多德物质实体理论，热量与元气，形式与灵魂》

Gill, M. L. 1989: *Aristotle on Substance. The Paradox of Unity*. Princeton. 《亚里士多德论实体：统一体的悖论》

Gill, M. L./Lennox, J. G. 1994: *Self-Motion. From Aristotle to Newton*. Princeton. 《自身运动：从亚里士多德到牛顿》

Gotthelf, A. （ed.） 1985: *Aristotle on Nature and Living Things*. Pittsburgh/Bristol. 《亚里士多德论自然和生命之物》

Gotthelf, A./Lennox, J. （eds.） 1987: *Philosophical Issues in Aristotle's Biology*. Cambridge. 《亚里士多德生物学中的哲学论题》

Granger, G. G. 1976: *La théorie aristotélicienne de la science*. Paris. 《亚里士多德的科学理论》

Heath, T. 1949: *Mathematics in Aristotle*. Oxford. 《亚里士多德的数学》

Horn, H. J. 1994: *Studien zum dritten Buch der aristotelischen Schrift De Anima*. Göttingen. 《亚里士多德论著〈论灵魂〉第三卷的研究》

Horstschäfer, T. M. 1998: *über Prinzipien. Eine Untersuchung zur methodischen und inhaltlichen Geschlossenheit des ersten Buches der Physik des Aristoteles*. Berlin/New York. 《论原理：对亚里士多德〈物理学〉第一卷方法和内容完整性的研究》

Judson, L. （ed.） 1991: *Aristotle's Physics. A Collection of Essays*. Oxford. 《亚里士多德的物理学：文集》

Kosman, L. A. 1969: "Aristotle' s Definition of Motion." *Phronesis* 14: 40–62. 《亚里士多德对运动的定义》，载于《实践智慧》14

Krämer, H. J. 1968: "Grundbegriffe akademischer Dialektik in den biologischen Schriften von Aristoteles und Theophrast." *Rheinisches Museum* 111: 293–333.《在亚里士多德和泰奥弗拉斯特生物学著作中的学园辩证法的基本概念》

Kullmann, W. 1979[2]: *Wissenschaft und Methode. Interpretationen zur aristotelischen Theorie der Naturwissenschaft.* Berlin/New York.《科学和方法：对亚里士多德自然科学理论的诠释》

1998: *Aristoteles und die moderne Wissenschaft.* Stuttgart.《亚里士多德和现代科学》

Kullmann, W./Föllinger, S.（eds.）1997. *Aristotelische Biologie. Intentionen, Methode, Ergebnisse.* Akten des Symposiums über Aristoteles' Biologie von 24.–28. Juli 1995. Stuttgart.《亚里士多德的生物学：意向，方法和结果》，载于《1995年七月24–28日亚里士多德生物学学术研讨会论文集》

Le Blond, J.–M. 1939（1973[3]）: *Logique et méthode chez Aristote. étude sur la recherche des principes dans la "Physique" aristotélicienne.* Paris.《亚里士多德的逻辑学与方法：对亚里士多德〈物理学〉中的原理的研究》

Lesky, E. 1951: *Die Zeugungs- und Vererbungslehre in der Antike und ihr Nachwirken.*Mainz.《古代产生和流传的学说及其效用》

Lewis, F. A./Bolton, R.（eds.）1996: F*orm, Matter, and Mixture in Aristotle.* Oxford.《亚里士多德的形式、物质和混合物》

Lloyd, G. E. R. 1961: "The Development of Aristotle's Theory of the Classification of Animals." *Phronesis* 6: 59–81.《亚里士多德动物分类理论的发展》

1996: *Aristotelian Explorations.* Cambridge.《亚里士多德研究》

Lloyd, G. E. R./ Owen, G. E. R.（eds.）1978: *Aristotle on Mind and Senses.* Cambridge.《亚里士多德论意识和感知》

Meyer, J. B. 1855: *Aristoteles Thierkunde. ein Beitrag zur Geschichte der Zoologie, Physiologie und alten Philosophie.* Berlin.《亚里士多德的动物科学：对动物学、生理学和古代哲学历史的献文》

Modrak, D. K. W. 1987: *Aristotle. The Power of Perception.* Chicago.《亚里士多德：知觉的力量》

Nussbaum, M. C./Rorty, A. O.（eds.）1992: *Essays on Aristole's De anima.* Oxford.《亚里士多德<论灵魂>的论文》

Nuyens, F. 1948: *L'évolution de la psychologie d'Aristote.* Paris.《亚里士多德的心理学革命》

Pellegrin, P. 1982: *La classification des animaux chez Aristote. statut de la biologie et unité de l'aristotélisme.* Paris.《亚里士多德的动物分类：亚里士多德的生物学与统一体》

Preus, A. 1975: *Science and Philosophy in Aristotle's Biological Works.* Hildesheim/New York.《亚里士多德生物学著作中的科学与哲学》

Robinson, H. M. 1974: "Prime Matter in Aristotle." *Phronesis* 19: 168–88.《亚里士多德的首要之事》，载于《实践智慧》

Seeck, G. A., ed. 1975: *Die Naturphilosophie des Aristoteles.* Darmstadt.《亚里士多德的自然哲学》

Solmsen, F. 1960: *Aristotle's System of the Physical World.* Ithaca/New York.《物理世界的亚里士多德视角》

Sorabji, R. 1980: *Necessity, Cause, and Blame. Perspectives on Aristotle's Theory.* Ithaca/New York.《必然性、因果和责任：亚里士多德理论的视角》

1983: *Time, Creation and Continuum. Theories in Antiquity and the Early Middle Ages.* London.《时间，创造和连续性：古代和中世纪早期的理论》

Theiler, W. 1924: *Zur Geschichte der teleologischen Naturbetrachtung bis auf Aristoteles.* Berlin（seond edn. 1965）.《直至亚里士多德的目的论自然研究的历史》

Waterlow, S. 1982: *Nature, Change, and Agency in Aristotle's Physics.* Oxford.《亚里士多德物理学中的自然、变迁和媒介》

1982: *Passage and Possibility.* Oxford.《片段和可能性》

Wieland, W. 1992[3]: *Die aristotelische Physik. Untersuchungen über die Grundlagen der Naturwissenschaften und der sprachlichen Bedingungen der Prinzipienforschung bei Aristoteles.* Göttingen.《亚里士多德的物理学：关于自然科学的奠基研究以及亚里士多德原理研究之语言条件的研究》

4. 第一哲学或者形而上学

Albritton, R. 1957: "Forms of Particular Substances in Aristotle' s Metaphysics." *Journal of Philosophy* 54: 699–708.《亚里士多德形而上学中的特殊物质形式》，载于《哲学期刊》

Arpe, C. 1938: *Das ti ên einai bei Aristoteles.* Hamburg.《亚里士多德的历史》

Aubenque, P. 1972[3]: *Le problème de l'être chez Aristote.* Paris.《亚里士多德的问题》

（ed.）1979: *études sur la Métaphysique d'Aristote.* Paris.《亚里士多德形而上学研究》

Burnyeat, M.（ed.）1979: *Notes on Book Z of Aristotle's Metaphysics.* Oxford.《亚里士多德〈形而上学〉中Z卷笔记》

1984: *Notes on Book êta and Thêta of Aristotle's Metaphysics.* Oxford.《亚里士多德〈形而上学〉》

Elders, L. 1972: *Aristotle's Theology. A Commentary on Book Lambda of the Metaphysics.* Assen.《亚里士多德的神学：对〈形而上学〉λ卷的注解》

Fine, G. 1993: *On Ideas. Aristotle's Criticism of Plato's Theory of*

Forms. Oxford.《论理念：亚里士多德对柏拉图形式理论的批判》

Frede, D. 1970: *Aristoteles und die "Seeschlacht." Das Problem der Contigentia Futura in De Int. 9*. Göttingen.《亚里士多德与"海战"：〈解释篇〉9中的未来潜能问题》

Frede, M. 1978: "*Individuen bei Aristoteles." Antike und Abendland* 24: 16–39.《亚里士多德论个体》，载于《古代和西方》24

1987a: "Substance in Aristotle' s Metaphysics." In: *Essays in Philosophy*. Oxford, 72–80.《亚里士多德形而上学中的实体》，载于《哲学论文》

1987b: "The Unity of Special and General Metaphysics." In: *Essays in Philosophy*. Oxford, 81–95.《特殊的与一般的形而上学之统一》，载于《哲学论文》

Gill, M. L. 1989: *Aristotle on Substance. The Paradox of Unity*. Princeton.《亚里士多德论实体：统一体的悖论》

Graeser, A.（ed.）1987: *Mathematics and Metaphysics in Aristotle-Mathematik und Metaphysik bei Aristoteles. Akten des X. Symposium Aristotelicum*. Bern/Stuttgart.《亚里士多德的数学和形而上学》，载于《第十届亚里士多德研讨会文集》

Graham, D. W. 1987: *Aristotle's Two Systems*. Oxford.《亚里士多德的两个体系》

Hafermann, B. 1998: *Aristoteles' transzendentaler Realismus. Inhalt und Umfang Erster Prinzipien in der "Metaphysik."* Berlin/New York.《亚里士多德的先验实在论：〈形而上学〉中第一原则的内容和范围》

Hager, F. P.（ed.）1975: *Metaphysik und Theologie des Aristoteles*. Darmstadt.《亚里士多德的形而上学与神学》

Happ, H. 1971: *Hyle. Studien zum aristotelischen Materie-Begriff*. Berlin.《质料：亚里士多德物质概念研究》

Hartmann, E. 1977: *Substance, Body, and Soul. Aristotelian*

Investigations. Princeton.《实体、身体与心灵：亚里士多德研究》

Heidegger, M. 1958: "Vom Wesen und Begriff der PHYSIS." In *Wegmarken*. Frankfurt/M., 1967, 237–99.《论自然的本质与概念》，载于《路标》

Inciarte, F. 1994: "Die Einheit der Aristotelischen Metaphysik." *Philosophisches Jahrbuch* 101: 1–21.《亚里士多德形而上学的统一体》，载于《哲学年鉴》101，1–21页。

Jäger, W. 1912. *Studien zur Entstehungsgeschichte der Metaphysik des Aristoteles*. Berlin.《亚里士多德形而上学发生史研究》

Krämer, H. J. 19672. *Der Ursprung der Geistmetaphysik. Untersuchungen zur Geschichte des Platonismus zwischen Platon und Plotin*. Amsterdam.《精神形而上学的起源：对柏拉图和普罗提诺之间的柏拉图主义的研究》

1973: "Aristoteles und die akademische Eidoslehre. Zur Geschichte des Universalienproblems im Platonismus." *Archiv für Geschichte der Philosophie* 55: 119–90.《亚里士多德和学园的Eidos学说：论柏拉图主义中普遍性问题的历史》，载于《哲学史文献》

Leszl, W. 1975: *Aristotle's Conception of Ontology*. Padua.《亚里士多德的本体论概念》

Lewis, F. A. 1991: *Substance and Predication in Aristotle*. Cambridge.《亚里士多德的实体与谓述》

Liske, Th.-M. 1985: *Aristoteles und der aristotelische Essentialismus. Individuum, Art, Gattung*. Freiburg/München.《亚里士多德和亚里士多德学派的本质主义：个体、类别、种属》

Loux, M. 1991: *Primary OUSIA. An Essay on Aristotle's Metaphysics Z and H*. Ithaca.《第一实体：关于亚里士多德〈形而上学〉Z卷和H卷的论文》

Manuwald, B. 1989: *Studien zum Unbewegten Beweger in der*

Naturphilosophie des Aristoteles. Stuttgart.《对亚里士多德自然哲学中不动的推动者的研究》

Nortmann, U. 1997: *Allgemeinheit und Individualität. Die Verschiedenartigkeit der Formen in "Metaphysic Z."* Paderborn.《普遍性和个别性：〈形而上学〉Z卷中形式的不同类型》

Oehler, K. 1973: "Der höchste Punkt der antiken Philosophie." In: *Einheit und Vielheit,* ed. E. Scheibe/G. Süssmann. Göttingen, 45–59.《古代哲学的巅峰》，载于《统一与多元》

1984: *Der Unbewegte Beweger bei Aristoteles.* Frankfurt.《亚里士多德的不动的推动者》

Owen, G. E. L. 1960: "Logic and Metaphysics in Some Earlier Works of Aristotle." In: Düring/Owen （see section 1）, 13–32.《在亚里士多德部分早期著作中的逻辑学和形而上学》

1965: "The Platonism of Aristotle." *Proceedings of the British Academy* 51: 125–50.《亚里士多德的柏拉图主义》，载于《英国科学院院刊》

Owens, J. 1978[3]: *The Doctrine of Being in the Aristotelian Metaphysics. A Study in the Greek Background of Medieval Thought.* Toronto, Pont. Inst. of Medieval Studies.《亚里士多德形而上学中的存在学说：中世纪思想的希腊背景下的研究》

Preus, A./Anton, J. P.（ed.）1992: *Aristotle's Ontology.* Albany.《亚里士多德的本体论》

Rapp, Ch. 1995a: "Allgemeines konkret. Ein Beitrag zum Verständnis der Aristotelischen Substanzlehre." *Philosophisches Jahrbuch* 102: 83–100.《具体的普遍之物：关于亚里士多德实体学说之理解的论文》，载于《哲学年鉴》102

1995b. *Identität, Persistenz und Substantialität.* Freiburg/München.《同一性，持续性和实体性》

（ed.） 1996. *Aristoteles. Die Substanzbücher der Metaphysik* （*Zêta, êta, Thêta*）. Berlin （Reihe Klassiker Auslegen）. 《亚里士多德：〈形而上学〉中的实体卷（ Z， H， Θ ）》

Reale, G. 1994[6]: Il concetto di filosofia prima e l’ unita della metafisica di Aristotele. Mailand. 《亚里士多德的第一哲学概念与形而上学的统一》

Reiner, C. 1954: “Die Entstehung und ursprüngliche Bedeutung des Namens Metaphysik.” *Zeitschrift für philosophische Forschung* 8: 210–37. 《形而上学之名的出现和原初含义》，载于《哲学研究期刊》8

1955: “Die Entstehung der Lehre vom bibliothekarischen Ursprung des Namens Metaphysik. Geschichte einer Wissenschaftslegende.” *Zeitschrift für philosophische Forschung* 9: 77–99. 《形而上学之名的文本学起源学说的出现：一个科学神话的历史》，载于《哲学研究期刊》

Scaltsas, T./Charles, D./Gill, M. L. （eds.） 1994: *Unity, Identity, and Explanation in Aristotle's Metaphysics.* Oxford. 《亚里士多德形而上学中的统一，同一性和解释》

Schmitz, H. 1985: *Die Ideenlehre des Aristoteles*, 3 vols. Bonn. 《亚里士多德的理念论》

Spellmann, L. 1995: *Substance and Separation in Aristotle.* Cambridge. 《亚里士多德的实体与分离》

Steinfath, H. 1991: *Selbständigkeit und Einfachheit. Zur Substanztheorie des Aristoteles.* Frankfurt. 《独立与单一：论亚里士多德的实体理论》

Sykes, R. D. 1975: “Forms in Aristotle: Universal or Particular?” *Philosophy* 50: 311–31. 《亚里士多德的形式：普遍的还是特殊的？》，载于《哲学》50

Tugendhat, E. 1988[4]: *TI KATA TINOS. Eine Untersuchung zu Struktur und Ursprung aristotelischer Grundbegriffe.* Freiburg i. Br. 《述说某物于

某物：对亚里士多德基本概念的结构与起源的研究》

1983: “Über den Sinn der vierfachen Unterscheidung des Seins bei Aristoteles.” In: *Philosophische Aufsätze.* Frankfurt, 1992. 《论亚里士多德对存在进行多重区分的意义》

Wiggins, D. 1980: *Sameness and Substance.* Oxford. 《种子与物质》

Witt, Ch. 1989: *Substance and Essence in Aristotle.* Ithaca/London. 《亚里士多德的实体与本质》

5. 伦理学与政治学

Allan, D. J. 1963/64: “Aristotle’s Criticism of Platonic Doctrine Concerning Goodness and the Good.” *Proceedings of the Aristotelian Society* 64. 《亚里士多德对柏拉图关于美德和善良之事学说的批评》，载于《亚里士多德学会论文集》64

Anagnostopoulos, G. 1994: *Aristotle on the Goals and the Exactness of Ethics.* Berkeley. etc. 《亚里士多德论伦理学的目标与精确性》

Annas, J. 1993: *The Morality of Happiness.* Oxford. 《快乐的德性》

Aubenque, P. 1963: *La prudence chez Aristote.* Paris. 《亚里士多德的警告》

Barnes, J./Schofield, M./Sorabji, R. （eds.） 1978: *Articles on Aristotle, vol. II. Ethics and Politics.* New York. 《亚里士多德论文》，第二卷，《伦理学与政治》

Bien, G. 1973. *Die Grundlegung der politischen Philosophie bei Aristoteles.* Freiburg i. Br./München. 《亚里士多德政治哲学的奠基》

Broadie, S. W. 1991: *Ethics with Aristotle.* New York. 《伴随着亚里士多德的伦理学》

Charles, D. 1984: *Aristotle's Philosophy of Action.* London. 《亚里士多德的行动哲学》

Cooper, J. M. 1975: *Reason and Human Good in Aristotle.* Cambridge. 《亚里士多德的理性和人的善》

Dahl, N. O. 1984: *Practical Reason, Aristotle, and Weakness of the Will.* Minneapolis. 《实践理性、亚里士多德和意志薄弱》

Davidson, D. 1980: "How Is Weakness of the Will Possible?" In *Essays on Actions and Events.* Oxford. 《意志薄弱如何可能？》，载于《关于行动和事件的论文》

Detel, W. 1995: "Griechen und Barbaren." *Deutsche Zeitschrift für Philosophie* 43: 1019–43. 《希腊人和野蛮人》，载于《德国哲学期刊》

Dihle, A. 1994: *Die Griechen und die Fremden.* München . 《希腊人与陌生人》

Dirlmeier, F. 1962: *Merkwürdige Zitate in der Eudemischen Ethik des Aristoteles.* Sitzungsber. d. Heidelb. Akad. d. Wiss., Phil.-Hist. Kl. 《亚里士多德〈优苔谟伦理学〉中值得注意的引文》

Engberg-Pedersen, T. 1983: *Aristotle's Theory of Moral Insight.* Oxford. 《亚里士多德的道德洞察理论》

Gosling, J. C. B./Taylor, C. C. W. 1982: *The Greeks on Pleasure.* Oxford. 《希腊人论快乐》

Hager, F.-P. （ed.）1972: *Ethik und Politik des Aristoteles.* Darmstadt. 《亚里士多德的伦理学和政治》

Hardie, W. F. 1968: *Aristotle's Ethical Theory.* Oxford. 《亚里士多德的伦理学理论》

Heinaman, R. 1988: "Eudaimonia and Self-sufficiency in the 'Nicomachean Ethics.'" In: *Phronesis* 33: 31–53. 《〈尼各马可伦理学〉中的幸福主义和自立》

Höffe, O. 1979: *Ethik und Politik.* Frankfurt. 《伦理学与政治》

1987: *Politische Gerechtigkeit. Grundlegung einer kritischen Philosophie von Recht und Staat.* Frankfurt. 《政治正义：为一门法律和

国家的批判哲学奠基》

1990: “Universalistische Ethik und Urteilskraft. Ein aristotelischer Blick auf Kant.” *Zeitschrift für philosophische Forschung* 44: 537–63. 《普遍主义伦理学和判断力：以亚里士多德的视角看康德》，载于：《哲学研究期刊》

19962: *Praktische Philosophie-Das Modell des Aristoteles.* Berlin（1st edn.München/Salzburg, 1971）.《实践哲学：亚里士多德的模式》

Höffe, O.（ed.）1995: *Aristoteles, Nikomachische Ethik.* Berlin（Reihe Klassiker Auslegen）. Hutchinson, D. S. 1986. *The Virtues of Aristotle.* London.《亚里士多德：尼各马可伦理学》，重版《亚里士多德的美德》

Irwin, T. 1992: “Who Discovered the Will?” In: *Philosophical Perspectives* 6: 453–73.《谁发现了意志？》，载于《哲学视角》

Joachim, H. H. 1962[2]: *Aristotle. The Nicomachean Ethics.* Oxford.《亚里士多德的〈尼各马可伦理学〉》

Kamp, A. 1985: *Die politische Philosophie des Aristoteles und ihre metaphysischen Grundlagen. Wesenstheorie und Polisordnung.* Freiburg/München.《亚里士多德的政治哲学及其形而上学奠基》

Kenny, A. 1978: *The Aristotelian Ethics.* Oxford.《亚里士多德的伦理学》

1979: *Aristotle's Theory of the Will.* London.《亚里士多德的意志理论》

1992: *Aristotle on the Perfect Life.* Oxford.《亚里士多德论完美人生》

Keyt, D./Miller, F. D.（eds.）1991: *A Companion to Aristotle's Politics*. Cambridge, Mass.《亚里士多德政治学指南》

Kraut, R. 1989: *Aristotle on the Human Good.* New Jersey.《亚里士多德论人之善》

von Leyden, W. 1985: *Aristotle on Equality and Justice.* London.《亚里士多德论平等和正义》

Loening, R. 1903: *Die Zurechnungslehre des Aristoteles.* Jena.《亚里士多德的归因理论》

MacIntyre, A. 1981（19842）: *After Virtue.* London.《美德之后》

Meikle, S. 1995: *Aristotle's Economic Thought.* Oxford.《亚里士多德的经济学思想》

Meyer, S. S. 1993: *Aristotle on Moral Responsibility.* Oxford/ Cambridge, Mass.《亚里士多德论道德责任》

Miller, F. D., Jr. 1995: *Nature, Justice, and Rights in Aristotle's Politics.* Oxford.《亚里士多德政治学中的自然、正义和权利》

Milo, R. D. 1996: *Aristotle on Practical Knowledge and the Weakness of Will.* The Hague.《亚里士多德论实践知识和意志薄弱》

Moraux, P./Harlfinger, D. 1971: *Untersuchungen zur Eudemischen Ethik.* Berlin.《优苔谟伦理学研究》

Mueller-Goldingen, Ch.（ed.）1988: Schriften zur aristotelischen Ethik. Hildesheim/ Zurich/New York.《关于亚里士多德伦理学的论著》

Mulgan, R. G. 1977: *Aristotle's Political Theory. An Introduction for Students of Political Theory.* Oxford.《亚里士多德的政治理论：为了政治理论学习者的一个导论》

Patzig, G.（ed.）1990: *Aristoteles' "Politik." Akten des XI. Symposium Aristotelicum.* Göttingen.《亚里士多德的〈政治学〉：第十一届亚里士多德研讨会文集》

Price, A. W. 1989: *Love and Friendship in Plato and Aristotle.* Oxford.《柏拉图和亚里士多德的爱和友谊》

Reeve, C. D. C. 1992: *Practices of Reason. Aristotle's Nicomachean Ethics.* Oxford.《理性的实践：亚里士多德的尼各马可伦理学》

Reverdin, O. 1965: *La politique d'Aristote.* Geneva.《亚里士多德的

政治学》

Rhodes, P. J. 1981: *A Commentary on the Aristotelian Athenaion Politeia*. Oxford.《对亚里士多德雅典政制的注疏》

Ricken, F. 1976: *Der Lustbegriff in der Nikomachischen Ethik des Aristoteles* Göttingen.《亚里士多德尼各马可伦理学中的乐趣概念》

Schleiermacher, F. 1817: "Über die ethischen Werke des Aristoteles." In *Sämtliche Werke*, Dritte Abtheilung, Dritter Band. Berlin, 1835, 306–33.《论亚里士多德的伦理学著作》，载于《全集》，第三部，第三卷

Sherman, N. 1989: *The Fabric of Character. Aristotle's Theory of Virtue*. Oxford.《品格的构造：亚里士多德的美德理论》

Sparshott, F. 1994: *Taking Life Seriously. A Study of the Argument of the Nicomachean Ethics*. Toronto.《严肃对待生活：对于尼各马可伦理学中论证的研究》

Stein, S. M. 1968: *Aristotle and the World State*. London/Colchester.《亚里士多德的世界城邦》

Sternberger, D. 1980: "Der Staat des Aristoteles und der unsere." In *Staatsfreundschaft, Schriften IV*. Frankfurt, 35–52.《亚里士多德的国家和我们的国家》，载于《国家友谊》第四卷

Stern-Gillett, S. 1995: *Aristotle's Philosophy of Friendship*. Albany.《亚里士多德的友谊哲学》

Strauss, L. 1964: *The City and the Man*. Chicago.《城邦与人》

Swanson, J. A. 1992: *The Public and the Private in Aristotle's Political Philosophy*. Ithaca/London.《亚里士多德政治哲学中的公共与私人》

Teichmüller, G. 1879: *Neue Studien zur Geschichte der Begriffe III. Die praktische Vernunft bei Aristoteles*. Gotha.《关于第三概念历史的新研究：亚里士多德的实践理性》

Urmson, J. 1988: *Aristotle's Ethics*. Oxford.《亚里士多德的伦理学》

Walsh, J. J./ Shapiro, H. L. （eds.） 1976: *Aristotle's Ethics. Issues and Interpretations*. Belmont.《亚里士多德的伦理学：问题和解释》

Wolf, F. 1991: *Aristote et la politique*. Paris.《亚里士多德的政治学》

Yack, B. 1993: *The Problems of a Political Animal. Community, Justice, and Conflict in Aristotelian Political Thought*. Berkeley/Los Angeles/London.《政治动物的问题：亚里士多德政治思想中的共同体、正义和冲突》

6. 亚里士多德主义，新亚里士多德主义，亚里士多德研究

Arens, H. 1984: *Aristotle's Theory of Language and its Tradition*. Amsterdam.《亚里士多德的语言理论及其传统》

Badawi, A. 1968: *La transmission de la philosophie grècque au monde arabe*. Paris.《希腊哲学向阿拉伯世界的传播》

Bianchi, L./Randi, E. 1990: *Le verità dissonanti. Aristotele alla fine del Medioevo*. Rome/Bari.《不和谐的事实：亚里士多德在中世纪晚期》

Blumenthal, H./Robinson, H.（eds.）1991: *Aristotle and the Later Tradition*. Oxford（Oxford Studies in Ancient Philosophy, Supplementary Vol.）.《亚里士多德与晚近传统》

Booth, E. 1983: *Aristotelian Aporetic Ontology in Islamic and Christian Thinkers*. Cambridge.《伊斯兰教和基督教思想家那里亚里士多德批判本体论》

Brink, K. O. 1940: "Peripatos." In: *Realencyclopädie der classischen Altertumswissenschaften,* Suppl. 7, col. 899–949. "逍遥学派"，《经典古典研究百科全书》

Burnett, Ch.（ed.）1993: *Glosses and Commentaries on Aristotelian Logical Texts: the Syriac, Arabic, and Medieval Traditions*. London.《亚里士多德逻辑文本的摘要和注释：叙利亚、阿拉伯和中世纪传统》

Clagett, M. 1961: *The Science of Mechanics in the Middle Ages.* Madison.《中世纪力学科学》

Düring, I. 1954: “Von Aristoteles bis Leibniz. Einige Hauptlinien in der Geschichte des Aristotelismus.” *Antike und Abendland* 4: 118–54（repr. in P. Moraux （ed.）. *Aristoteles in der neueren Forschung.* Darmstadt 1968, 250–313）.《从亚里士多德到莱布尼茨：亚里士多德主义历史中的几条主线》，载于《古代与西方》4，（重印于《晚近研究中的亚里士多德》）

Flüeler, Ch. 1992: R*ezeption und Interpretation der Aristotelischen “Politica” im späten Mittelalter.* Amsterdam/Philadelphia.《中世纪晚期对于亚里士多德〈政治学〉的接受和诠释》

Green-Pedersen, N. J. 1984: *The Tradition of the Topics in the Middle Ages. The Commentaries on Aristotle's and Boethius' “Topics.”* Munich/Vienna.《中世纪的论题学传统：对亚里士多德和波爱修〈论题学〉的评注》

Joest, W. 1967: *Ontologie der Person bei Luther.* Göttingen.《路德的位格本体论》

Kohls, E. W. 1975: “Luthers Verhältnis zu Aristoteles, Thomas und Erasmus.” *Theologische Zeitschrift* 31: 289–301.《路德与亚里士多德、托马斯及伊拉斯谟的关系》，载于《神学期刊》31

Kretzmann, N. （ed.） 1982: *The Cambridge History of Later Medieval Philosophy.* Cambridge.《晚期中世纪哲学的剑桥史》

Lohr, Ch. 1988: *Commentateurs d'Aristote au moyen-age latin. Bibliographie de la literature secondaire récente.* Freiburg i. ü.《中世纪拉丁语亚里士多德评注：最新研究文献书目》

Lee, T.-S. 1984: *Die griechische Tradition der aristotelischen Syllogistik in der Spätantike.* Göttingen.《古代晚期亚里士多德三段论的希腊传统》

Lynch, J. P. 1972: *Aristotle's School. A Study of a Greek Educational Institution.* Berkeley.《亚里士多德的学校：对希腊教育机构的研究》

Merlan, Ph. 1955: "Aristoteles, Averroes und die beiden Eckharts." In: *Kleine philosophische Schriften.* Hildesheim/New York, 1976.《亚里士多德、阿威罗伊和两位埃克哈特》，载于《哲学短篇》

1969: *Monopsychism, Mysticism, Metaconsciousness. Problems of the Soul in the Neoaristotelian and Neoplatonic Tradition.* The Hague.《独白心理学、神秘主义、原意识：新亚里士多德主义和新柏拉图主义传统中的灵魂问题》

Moraux, P. 1973: *Der Aristotelismus bei den Griechen. Von Andronikos bis Alexander von Aphrodisias, vol. I. Die Renaissance des Aristotelismus im I. Jahrhundert v. Chr.* Berlin/New York.《希腊人的亚里士多德主义：从安德罗尼科到阿弗罗狄西亚的亚历山大》，卷一《公元前一世纪亚里士多德主义的复兴》

1984: *Der Aristotelismus bei den Griechen. Von Andronikos bis Alexander von Aphrodisias, vol. II. Der Aristotelismus im I. und II. Jahrhundert n. Chr.* Berlin/New York.《希腊人的亚里士多德主义：从安德罗尼科到阿弗罗狄西亚的亚历山大》，卷二《公元一世纪和二世纪的亚里士多德主义》

Minio-Paluello, L. 1972: *Opuscula. The Latin Aristotle.* Amsterdam.《手册：拉丁语亚里士多德》

Oehler, K. 1968: "Aristoteles in Byzanz." In *Aristoteles in der neueren Forschung,* ed. P. Moraux. Darmstadt, 381–99.《拜占庭的亚里士多德》，载于《晚近研究中的亚里士多德》

1969: *Antike Philosophie und Byzantinisches Mittelalter, Aufsäze zur Geschichte des griechischen Denkens.* München.《古代哲学和拜占庭的中世纪：希腊思想史的论文》

Peters, F. E. 1968a: *Aristoteles Arabus. The Oriental Translations and*

Commentaries on the Aristotelian "Corpus." Leiden.《阿拉伯的亚里士多德：对亚里士多德〈文集〉的东方翻译和注解》

1968b: Aristotle and the Arabs. *The Aristotelian Tradition in Islam.* New York.《亚里士多德和阿拉伯人：伊斯兰教中的亚里士多德传统》

Schmitt, C. B. 1983: *Aristotle and the Renaissance.* Cambridge, Mass./London.《亚里士多德与启蒙运动》

Sorabji, R.（ed.）1990: *Aristotle Transformed. The Ancient Commentators and Their Influence.* Ithaca/New York.《转型的亚里士多德：古代注释家及其影响》

van Steenberghen, F. 1955[2]: *Aristotle et l'occident. Les origines de l'Aristotélisme parisien. Louvain,* 1946.《亚里士多德和西方：巴黎亚里士多德主义的起源》

Wehrli, F.（ed.）1944–59: *Die Schule des Aristoteles. Texte und Kommentar,* 10 fascicles and 2 supplements. Basle.《亚里士多德的学派：文本和注解》

1983: "Der Peripatos bis zum Beginn der römischen Kaiserzeit." In: *Die Philosophie der Antike*（Überweg）, vol. 3, ed. H. Flashar. 459–599.《直至罗马帝国初期的逍遥学派》，载于《古代哲学（宇伯威克）》

III．其他引用的著作

Arendt, H. 1960: *Vita activa oder Vom tätigen Leben.* München.《论积极生活》

Bubner, R. 1990: *Dialektik als Topik. Bausteine zu einer*

lebensweltlichen Theorie der Rationalität. Frankfurt.《作为论题的辩证法：关于理性的生活世界理论的基石》

Dihle, A. 1985: *Die Vorstellung vom Willen in der Antike.* Göttingen.《关于古代意志的讲演》

Ferber, R. 1981: *Zenons Paradoxien der Bewegung und die Struktur von Raum und Zeit.* München.《关于运动以及空间时间结构的芝诺悖论》

Höffe, O. 1993: *Moral als Preis der Moderne. Ein Versuch über Wissenschaft, Technik und Umwelt.* Frankfurt.《道德作为现代性代价：关于科学、技术和环境的尝试》

Höffe, O./Pieper, A.（eds.）1995: *F. W. J. Schelling-über das Wesen der menschlichen Freiheit.* Berlin（Reihe Klassiker Auslegen）.《谢林：论人类自由的本质》

Horn, Ch. 1996. "Augustinus und die Entstehung des philosophischen Willensbegriffs." *Zeitschrift für philosophische Forschung* 50.《奥古斯丁和哲学中意志概念的产生》，载于《哲学研究期刊》50

Lausberg, H.（ed.）19732: *Handbuch der literarischen Rhetorik. Eine Grundlegung der Literaturwissenschaft.* München.《文献修辞学手册：文献学基础》

MacIntyre, A. 1990: *Three Rival Versions of Moral Enquiry. Encyclopedia. Genealogy.* Tradition. London.《道德探究的三个竞争性版本：百科全书，发生学，传统》

Mayr, E. 1984: *Die Entwicklung der biologischen Gedankenwelt.* Berlin.《生物学思想世界的发展》

Quine, W. V. O. 1950: "Identity, ostension, and hypostasis." In: *From a Logical Point of View.* Cambridge/London.《同一性，表面张力和潜在实体》，载于《从逻辑角度看》

Raaflaub, K. 1985: *Die Entdeckung der Freiheit. Zur historischen*

Semantik und Gesellschaftsgeschichte eines politischen Grundbegriffs der Griechen. München .《发现自由：论历史语义学与希腊人一个政治概念的社会史》

Salmon, W. C. （ed.） 1970: *Zeno's Paradoxes.* Indianapolis/New York.《芝诺的悖论》

Seidl, H. 1986²: *Thomas von Aquin. Die Gottesbeweise.* Hamburg.《托马斯·阿奎那：上帝存在证明》

3. 人名索引

4. 主题索引

Aristotelismus 亚里士多德主义
Art（*eidos*） 类，种类
Astronomie 天文学
Aufklärung 启蒙运动
autarkeia 自给自足
Autonomie （参见Freiheit） 自主
Axiom,Axiomatik 公理，公理体系

Barbaren 野蛮人
Beispiel（*paradeigma*） 例子
Begierde（*epithymia*） 欲望，欲求
Besonnenheit（*sôphrosynê*）
Bewegung（*kinêsis*） 运动
Beweis（*apodeixis*） 证明
Billigkeit（*epieikeia*） 公道
Biologie 生物学
böse 恶的，不善的
boulêsis 希望
bouleusis 思考，考虑

Charakter（êthos） 特性，特征
Chronologie 年代学，时间顺序
chronos 时间
Common sense 常识
contingentia futura 可能的未来

daß（*hoti*） 如何
Deduktion 演绎法，推论
Definition（*horismos*） 定义
deinotês 机灵

Deismus 自然神论
Demokratie 民主，民主制
Denken des Denkens（*noêseôs noêsis*）
关于思想之思想，思想的转向自身
deon（das Sich–Ziemende）
相匹配之物
Dialektik 辩证法
Dialoge 对话
Didaskalien 曲目集
dihairesis 区分，分离
dihoti 为何
dikaion（gerecht） 公正的
dikaiosynê（Gerechtigkeit） 公正性
Diskurstheorie 交谈理论
doxa 观点，信念
Dynamik 动力
dynamis 可能性，潜能

Ehre（*timê*） 荣誉
eidos 种类，形式
Eigentümlichkeit（*idion*） 特性
Einheitswissenschaft 统一科学
ekklêsia（Volksversammlung）全民集会
Ekthesis 显示法
eleutheria（Freiheit） 自由
eleutheriotês（Freigebigkeit） 慷慨，慷慨大方
empeiria（Erfahrung） 经验
Empirismus 经验主义
endoxa 共同意见
energeia（Akt, Wirklichkeit）现实性，行动

Entelechie 圆满实现,隐德来希
Enthymem 省略三段论
Entscheidung（*prohairesis*） 决断
epagôgê（Induktion） 归纳
epistêmê（Wissen） 知识
epithymia（Begierde） 欲望，欲求
Erinnerung（*mnêmê*） 回忆，记忆
Erkenntnisleitende Interessen 以认识为导向的兴趣
Essentialismus 本质主义
Ethik 伦理学
ethismos（Gewöhnung） 习惯
eudaimonia（Glück） 幸福
eupraxia（gutes Handeln） 善的行为
eu zên（Gutes Leben） 美好的生活
Evolution 进化
Exoterische Schriften 秘传文献
Experiment 实验

Figuren（*schêmata*） 形式，格式
Frau 妇女
freiwillig（*hekôn/hekousion*） 自主的（unfreiwillig:*akôn* 不自主的; nicht freiwillig:*ouch hekôn*非自主的）
Freundschaft（*philia*） 友爱
Friede 和平
Fundamentalismus 基础主义
Fundamentalphilosophie 基础哲学

Gattung（*genos*） 属
Geist（*noûs*） 精神，心灵，理性
Geld 金钱
Gemeinwohl 公共利益
Genauigkeit（*akribeia*） 准确性
Gerissenheit（*panourgia*） 狡猾，诡计多端
Geschichtsschreibung 历史著作
Gesetz（*nomos*） 法律
Gewaltenteilung 权利分配，三权分立
Gott（*theos*） 神，上帝
Gottesbeweis 上帝证明
Grammatik 语法
Großgesinntheit（*megalopsychia*） 庄重
Grundriß（*typos*） 概要，概论
Grund- und Menschenrechte 基本权利和人权

Haltung（*hexis*） 态度，立场
Handlung（*praxis*） 行为
hedonô（*Lust*） 快感
Herrschaft（*archê*） 统治
Herrschaftsfreiheit（*anarchia*） 统治自由
Herstellen（poiêsis） 生产，创制
Hochherzigkeit（*megalopripeia*） 豁达大度
Homonymie 同名现象
hôs epi to poly（zumeist） 大多数时候
hylê（Materie） 质料，材料
hypokeimenon（Substrat） 基质
Hypothese 假设

Idealimus 唯心主义
Idee（*idea*） 理念

Intuition（*noûs*） 直觉

kalon（das In-sich-Gute） 自身中的善
Kardinaltugenden 基本美德
Kategorien 范畴
katharsis（Reinigung） 净化过程
Klugheit（*phronêsis*） 聪明/明智
Kohärenz, kohärentistisch 关联，联系；相关联的
Konversion 转换，转变
Köper（*sôma*） 身体，躯体
Kommunikationsdreieck 交流的三角关系
Kommunitarismus 社群主义
Komödie 喜剧
Konklusion（*symperasma*） 结论
Kontinuum（*syneches*） 连续性
Konvention（*synthêkê*） 约定
Kosmologie 宇宙论
Kritische Theorie 批判理论
Kunst（*–fertigkeit*） 技术熟练

Leben（*zên*） 生活，生命
Lebensform（*bios*） 生活形式
Genußleben（*bios apolaustikos*） 享乐生活
Kaufmannsleben（*bios chrêmatistês*） 商人生活
moralisch-politisches Leben（*bios politikos*） 道德–政治生活
theoretisches Leben（*bios theôrêtikos*） 理论生活

Legalität 合法性
Leidenschaft（*pathos*） 激情
Logica nova 新逻辑
Logica vetus 老式逻辑
Logik 逻辑学
logos 逻各斯
Lykeion 吕克昂

malakos（weichlich） 软弱
Mathematik 数学
Medizin 医学
Metapher 比喻
Metaphysica generalis 一般形而上学
Metaphysica specialis 特殊形而上学
Metaphysik 形而上学
Metaphysik, praktische 实践的形而上学
Meteorologie 气象学
Methode 方法
Metöke 无公民权的市民
mimêsis（Nachahmung） 模仿
Mischverfassung 混合式宪政
Mitte（*mesotês*） 中点，均衡
Mitte für uns（*meson proshêmas*） 我们之中的中点
Mitte der Sache（*pragmatosmeson*） 客观的中点
Modallogik 模态逻辑
Möglichkeit（*dynamis*） 可能性
Moralität 道德性
Münchhausen–Trilemma 明希豪森三重困境
Mythos 神话

Natur（*physis*） 自然
Naturphilosophie 自然哲学
Naturrecht 自然权利，天赋权利
Notwendigkeit（anankê） 必然性

Ökonomie 经济学
Oligarchie 寡头政治
on（Seiendes） 存在
on hê on（Seiendes als Seiendes）作为存在的存在
onoma（Wort） 语词
Ontologie 本体论
orexis（Streben） 追求
Organimus 有机体
Organon 工具论
Ort（*topos*） 位置/空间
ousia（Substanz） 实体

paradeigma（Beispiel） 例子
Paronymie 同源字
Peripatos 佩里帕托斯，回廊
Phänomene 现象
Physik 物理学
Poetik 诗学
poion（Qualität） 质性，质量
polis（Staat） 城邦（国家）
politeia（Verfassung） 政（宪法）
Politik 政治学
Positives Recht 积极的权利
poson（Quantität） 数量
Potenz（*dynamis*） 潜能，潜力
Prädikabilien 范畴和谓述
Prämisse（*protasis*） 前提
Pragmatien 未发表的文献
Pragmatik 实用主义
Praktische Philosophie 实践哲学
Praktische Syllogismus 实践三段论
prepon（das SichGehörende,Übliche） 相宜之物
Prinzip（archê） 原则
Privation（sterêsis） 私人化，缺乏
Pros hen–Beziehung 趋向统一的关系
pros ti（Relation） 关系
psychê（Seele） 灵魂
Psychologie 心理学

Rationalismus 理性主义
Rationalität 理性
Reductio ad impossibilea/bsurdum 归谬法
Regreß ins Unendliche 无穷倒退
Rezeptionsästhetik 接受美学
Rhetorik 修辞学

Satz vom ausgeschlossenen Dritten 排中律
Satz vom Widerspruch 矛盾律
scala naturae 自然的等级阶梯
Schulphilosophie，Scholastik 经院哲学
Semantik 语义学
Semiotik 符号学
Sklaverei 奴隶制
sophia（Weisheit） 智慧
Sozialstaatlichkeit 福利国家制度

Sprachanalyse 语言分析
Sprache（*logos*） 语言（逻各斯）
Sprechakt 言说行为
Staunen（*thaumazein*） 惊异
Subsidiarität 辅助性
Syllogismus, Syllogistik 三段论
symbolon（Zeichen） 符号
synesis（Verständigkeit） 理解
Synonymie 同义
System 体系，系统

Teleologie 目的论
telos（Ziel, Zweck） 目的，目标
Theologie 神学
Ethiktheologie 伦理神学
Kosmostheologie 宇宙神学
Ontotheologie 存在神学
Theorie（*theôria*） 理论
thêriotês（tierische Roheit） 野蛮残暴
thymos（Zorn） 愤怒
tí ên einai（was-es-war-zu-sein） 怎么是，如何存在
ti estin（Wesen） 本质
tode ti（ein Dieses, dieses Etwas） 确定的此物
toionde（So-Beschaffenes） 如此这般的东西
Topik 论题学
Tragische Lust 悲剧的快感
Tragödie 悲剧
transzendental,Transzendentalphilosophie 先验的，先验哲学
Transzendentalien 先验性质
Tugend（*aretê*） 美德
Charaktertugend（*aretê êthikê*） 本性的美德
Verstandestugend（*aretê dianoêtikê*）理智的美德
tychê（Zufall） 偶然
Tyrannis 僭主政治

Unbewgter Beweger 不动的推动者，第一推动者
Universalien 普遍之物
Unsterblichkeit der Seele 灵魂的不死性
Ursache（aitia） 起因，起源
Finalursache 终极因
Formursache 形式因
Matrialursache 质料因
Wirkursache 效果因

Vererbung 遗传
Verfremdung（*xenikon*） 间离
Vernunft（*logos*） 理性（逻各斯）
Wahrscheinlichkeit 或然性，可能性
Weltstaat 世界国家
Wille 意志
Wirkungsgeschichte 效果历史
Wissen, Wissenschaft（*epistêmê*） 知识，科学
poietische Wissenschaft 生产型科学
praktische Wissenschaft 实践科学
theoretische Wissenschaft 理论科学
Wissenschaftsethik 科学伦理学
Wissenschaftstheorie 科学理论

Zahl 数字
Zeugung 生殖

Ziel, Zweck（*telos*） 目的，目标

dominantes Ziel 统治性的目标

inklusives Ziel 包容性的目标

Zirkel 循环

Zoologie 动物学

译后记

本书的译稿最早完成于2010年4月，当时庞学铨教授委托我翻译赫费的这部影响很广的哲学读本，当时参照的德文本是德国Beck出版社1999年所出的第二版。译稿完成后由于责编的原因，一直未能出版，直到2021年才在研究出版社的慷慨帮助下得以付梓，在这过程中也特别要感谢刘东教授的引介。在正式进入出版程序之前，我和戴思羽博士又对照本书最新的2014年第四版对译稿重新进行了校对，戴博士负责三、四、五章的校对。

赫费教授的这本著作是德语世界最为出色的全面介绍亚里士多德哲学的著作之一。全书论述举重若轻，体现出他作为一位古希腊哲学尤其是亚里士多德的研究专家，对相关文本和知识领域的熟稔，同时在对亚里士多德政治哲学、伦理学等部分的诠释中，也显示了他在实践哲学上的创见。尽管这是一本篇幅不大的导论式读本，但却以学术论文的严谨方式在很多论述和观点之后标注了亚里士多德的原著出处，并且列举了很多代表性的研究观点，提示了相关的研究文献，因此在研究层面也有非常值得借鉴的意义。尤其是附录部分的文献和术语索引对于亚里士多德研究大有裨益。

我个人的研究兴趣和重点是当代西方哲学，对古典哲学近乎门外汉。但是冥冥之中，命运指引我翻译了这本著作，在某种意义上为我的实践现象学和生活艺术哲学的研究提供了一个古代哲学的视角。

最后还有几点关于中译本的技术性说明：

1. 文中［］里的内容为译者所加，多为关键概念或者疑难词的外文原词，或者一些汉译中不常见的人名地名的外文原词；

2. 德文原书正文中的斜体字，对应的在中译本中以黑色加粗标出；

3. 书中亚里士多德著作的引文出处均以缩写形式出现，汉译本作了保留。比如“《形而上学》I 1，981a15”，指的是《形而上学》第一卷，第1章，981a页（按照标准的Bekker版），第15行。

本人学力有限，翻译中错漏之处难免，望各位同行不吝指正。

2021年9月于杭州紫金港